Avaliando crianças com dificuldades de aprendizagem específicas

Dados Internacionais de Catalogação na Publicação (CIP)
(Câmara Brasileira do Livro, SP, Brasil)

Elbeheri, Gad
   Avaliando crianças com dificuldades de aprendizagem específicas : um guia prático para professores / Gad Elbeheri, Gavin Reid, John Everatt ; tradução de Guilherme Summa. – Petrópolis, RJ : Vozes, 2021.
   Título original: Assessing children with specific learning difficulties
   Bibliografia.
   ISBN 978-65-5713-399-6
   1. Crianças – Dificuldade de aprendizagem 2. Crianças – Dificuldade de aprendizagem – Avaliação I. Reid, Gavin. II. Everatt, John. III. Título.

21-75843 CDD-371.92

Índices para catálogo sistemático:
   1. Crianças com dificuldade de aprendizagem : Educação 371.92

Cibele Maria Dias – Bibliotecária – CRB-8/9427

GAVIN REID
GAD ELBEHERI
JOHN EVERATT

Avaliando crianças com dificuldades de aprendizagem específicas

UM GUIA PRÁTICO PARA PROFESSORES

Tradução de Guilherme Summa

EDITORA
VOZES

Petrópolis

© 2016, Gavin Reid, Gad Elbeheri and John Everatt
Tradução autorizada a partir da edição em língua inglesa publicada pela Routledge, membro do Grupo Taylor & Francis.

Tradução realizada a partir do original em inglês intitulado *Assessing Children with Specific Learning Difficulties – A teacher's practical guide*

Direitos de publicação em língua portuguesa – Brasil:
2021, Editora Vozes Ltda.
Rua Frei Luís, 100
25689-900 Petrópolis, RJ
www.vozes.com.br
Brasil

Todos os direitos reservados. Nenhuma parte desta obra poderá ser reproduzida ou transmitida por qualquer forma e/ou quaisquer meios (eletrônico ou mecânico, incluindo fotocópia e gravação) ou arquivada em qualquer sistema ou banco de dados sem permissão escrita da editora.

CONSELHO EDITORIAL

Diretor
Gilberto Gonçalves Garcia

Editores
Aline dos Santos Carneiro
Edrian Josué Pasini
Marilac Loraine Oleniki
Welder Lancieri Marchini

Conselheiros
Francisco Morás
Ludovico Garmus
Teobaldo Heidemann
Volney J. Berkenbrock

Secretário executivo
Leonardo A.R.T. dos Santos

Editoração: Maria da Conceição B. de Sousa
Diagramação: Sheilandre Desenv. Gráfico
Revisão gráfica: Nilton Braz da Rocha / Fernando Sergio Olivetti da Rocha
Capa: Renan Rivero

ISBN 978-65-5713-399-6 (Brasil)
ISBN 978-0-415-59759-3 (Reino Unido)

Editado conforme o novo acordo ortográfico.

Este livro foi composto e impresso pela Editora Vozes Ltda.

Sumário

Lista de figura e tabelas, 7

Introdução, 9

1. As DAEs em contexto – Indicadores para a prática, 13
2. O processo de avaliação, 30
3. Avaliação do professor – Alfabetização, 56
4. Habilidades matemáticas – Dificuldades de aprendizagem em matemática, 73
5. Avaliação do professor – Movimento, 86
6. Problemas comportamentais – Transtorno do déficit de atenção com hiperatividade e distúrbios emocionais e comportamentais, 102
7. Avaliação e o papel do psicólogo educacional, 120
8. Reconhecendo e lidando com autoestima, motivação e necessidades emocionais, 135
9. Identificar e utilizar preferências e estilos de aprendizagem, 147
10. Ensino superior e local de trabalho, 159
11. Desenvolvendo uma estrutura de avaliação, 171
12. Fontes e recursos para avaliação, 184

Referências, 201

Índice remissivo, 232

Lista de figura e tabelas

Figura

3.1 Algumas dificuldades acadêmicas e de alfabetização experimentadas por pessoas com dislexia, 59

Tabelas

1.1 Fonética e matemática, 18

1.2 A sobreposição, 23

2.1 Uma visão holística das barreiras à aprendizagem, 41

Introdução

Sentimos que este livro se faz necessário. Uma das principais mudanças no campo das dificuldades de aprendizagem específicas (DAEs) nos últimos anos ocorreu na área de formação de professores. No Reino Unido, isso certamente "deslanchou" e o desenvolvimento de órgãos reguladores e de garantia de qualidade no treinamento de professores especializados, como o Conselho de Acreditação de Professores da Associação Britânica de Dislexia, o PATOSS e o Centro de Dislexia Helen Arkell fizeram muito para garantir que o treinamento seja sólido, acessível e relevante.

Como resultado, agora há um grande número de professores especializados no Reino Unido conduzindo avaliações de dislexia e outras DAEs. Esta é talvez uma situação única em termos mundiais. Muitos países têm professores especialistas qualificados para realizar avaliações, mas o papel regulador e de certificação dessas principais organizações do Reino Unido assegurou um certo grau de garantia de qualidade, uniformidade e confiança pública. Agora há certeza de que avaliações de professores especializados bem conduzidas por profissionais devidamente treinados são uma adição bem-vinda e útil à gama de opções de diagnóstico e avaliação de crianças em risco ou com DAEs.

Neste livro, decidimos usar o termo "dificuldades de aprendizagem específicas". Trata-se de uma denominação abrangente e nós a escolhemos propositalmente, já que incorpora alfabetização, movimento e habilidades matemáticas, bem como problemas relacionados à atenção. Essas áreas são abordadas em diferentes capítulos do livro.

Também incluímos alguns capítulos gerais para examinar os principais fatores que podem ser úteis para avaliadores e professores ao realizar uma avaliação. Ressaltamos que a avaliação é um processo e não um recurso isolado capaz de fornecer todas as respostas de uma só vez! Preferencialmente, deve envolver vários profissionais, bem como os pais, mas a chave para uma avaliação bem-sucedida é a comunicação. É importante que as informações sejam transmitidas entre os indivíduos envolvidos na avaliação. Isso pode incluir:

professor, professor de apoio à aprendizagem, psicólogo, fonoaudiólogo, terapeuta ocupacional, optometrista e pais.

Optamos por dedicar um capítulo ao papel do psicólogo porque, tradicionalmente, os psicólogos estão envolvidos no diagnóstico. Pode-se observar em tal capítulo, entretanto, que esse papel tradicional não é mais tão claramente definido como antes. A publicação do relatório do grupo de trabalho da Sociedade Britânica de Psicologia sobre dislexia e avaliação em 1999 (BPS, 1999) certamente ajudou muito os psicólogos e proporcionou um caminho mais claro a ser seguido, mas a maioria dos psicólogos está trabalhando sob os auspícios da autoridade educacional e isso, em grande medida, teve impacto em suas práticas de trabalho.

Mencionamos com bastante ênfase neste livro que a avaliação é mais do que realizar um teste. Sem dúvida, o teste é fundamental, mas uma avaliação também precisa reunir informações e incorporar aspectos relacionados ao currículo e às práticas de sala de aula.

Também estamos muito cientes das preferências individuais dos alunos e de suas necessidades. Portanto, dedicamos capítulos às preferências individuais de aprendizagem, autoestima e necessidades emocionais. A pesquisa indica que existe uma alta correlação entre as dificuldades de aprendizagem e a incompetência aprendida e isso tem um impacto na autoestima. Pode-se, de fato, argumentar que a autoestima é o elemento mais crucial para uma aprendizagem bem-sucedida. Portanto, é interessante que os resultados da avaliação possam realmente ajudar a aumentar a autoestima da criança. Isso pode ser feito por meio de um *feedback* embasado e atencioso e, se possível, a criança deve ser incluída neste processo.

Afirmamos no livro que a avaliação deve ter um vínculo claro com a prática e, por meio desse vínculo, deve ser possível incluir recomendações para intervenções. Isso deve ajudar a criança a acessar o currículo, mas também aumentar sua autoestima.

Estamos cientes de que muitos países já possuem legislação que, de alguma forma, teve impacto na avaliação e no diagnóstico. É o caso no Reino Unido com a recente legislação de educação especial (Special Educational Needs and Disability Regulations 2014, que entrou em vigor em setembro de 2014). Além disso, temos que considerar os regulamentos dos centros de exames e do Joint Qualifications Council (JQC) em relação ao tipo e à qualidade das informações de que precisam para autorizar as acomodações dos exames.

Tentamos fazer isso ao mesmo tempo que nos aferramos aos objetivos e propósitos deste livro, que não é apenas fornecer orientação aos professores, mas também ajudá-los a se conscientizarem das questões-chave e da noção de que existem diferentes maneiras de se fazer uma avaliação. É importante, portanto, considerar o contexto local e, sobretudo, a criança em questão. Decidimos, no entanto, não dedicar capítulos à legislação e às orientações prescritivas (que geralmente estão disponíveis na web), mas ajudar os professores e leitores do livro a refletir sobre suas próprias práticas e justificar por que fazem as coisas de determinada forma. Por esse motivo, incluímos algumas teorias, embora o objetivo principal seja apresentar um livro com enfoque prático. Mas tentamos vincular teoria e prática; isso pode ser notado particularmente nos capítulos de alfabetização e movimento, mas, na verdade, é uma característica de todo o livro.

Embora os autores sejam colegas e tenham colaborado em um grande número de projetos ao longo de muitos anos, é interessante notar que eles têm experiências internacionais recentes de diferentes países – Gavin Reid do Canadá e da Escócia, Gad Elebheri do Kuwait e Estados Unidos, e John Everatt da Nova Zelândia, bem como do Reino Unido. Cada um de nós trabalhou em muitos países e concordamos que isso enriqueceu nossa perspectiva e ajudou a moldar nossas ideias e, na verdade, este livro.

Esperamos que você obtenha alguns *insights* novos e seja capaz de abraçar as ideias e estratégias contidas nas páginas deste livro. Sempre indicamos que a comunicação é a chave para uma avaliação e intervenção bem-sucedidas e esperamos que este livro abra um caminho para nos comunicarmos com você, a fim de auxiliarmos no desenvolvimento de ideias e estratégias que você possa utilizar em seu trabalho profissional.

Dr. Gavin Reid, Edimburgo, Reino Unido
Dr. Gad Elbeheri, Kuwait
Dr. John Everatt, Christchurch, Nova Zelândia
Janeiro de 2015.

1
As DAEs em contexto
Indicadores para a prática

Dificuldades de aprendizagem específicas (DAEs)

A denominação "dificuldades de aprendizagem específicas" refere-se a crianças que vivenciam uma série de obstáculos em uma ou mais das seguintes áreas: alfabetização, habilidades matemáticas, escrita, movimento e atenção. Também pode incluir outros aspectos da aprendizagem que podem impedi-las de alcançarem seu potencial. Em algumas crianças, essas dificuldades podem ser muito significativas e constituem uma barreira real para os alunos, impossibilitando-os de acessar o currículo de maneira eficaz. As dificuldades variam de leves a severas.

Há uma variedade de classificações que podem ser usadas para descrever aspectos individuais das DAEs e muitas delas podem apresentar características sobrepostas. Isso é conhecido como comorbidade ou coocorrência. As classificações que ocorrem com maior frequência incluem dislexia, dispraxia, discalculia, disgrafia e transtorno do déficit de atenção com hiperatividade (TDAH). Há um crescente corpo de evidências que sugere que a comorbidade pode ser altamente prevalente (Bishop e Snowling, 2004) e, de fato, ser a norma em vez da exceção.

A sobreposição e o *continuum*

Conforme indicado antes, as DAEs podem ser observadas em um *continuum* e é provável que haja alguma sobreposição entre várias delas. Não raro a dislexia, a dispraxia e, até certo ponto, o TDAH compartilhem alguns fatores comuns. Antes de discutir a validade ou não do termo "comorbidade", será oportuno descrever de maneira sucinta as classificações individuais popularmente utilizadas compreendidas pela denominação "dificuldades de aprendizagem específicas".

Dislexia

Uma das definições de dislexia é apresentada a seguir.

> Dislexia é uma diferença de processamento vivenciada por indivíduos de todas as idades, muitas vezes caracterizada por dificuldades de alfabetização, podendo afetar outras áreas cognitivas como memória, velocidade de processamento, gerenciamento do tempo, coordenação e aspectos relativos à orientação. Pode haver dificuldades visuais e fonológicas e geralmente há alguma discrepância no desempenho em diferentes áreas de aprendizagem. É importante que as diferenças individuais e os estilos de aprendizagem sejam reconhecidos, uma vez que afetarão o resultado da aprendizagem e da avaliação. Também é importante considerar o contexto de aprendizagem e trabalho, já que a natureza das dificuldades associadas à dislexia pode ser mais pronunciada em algumas situações de aprendizagem (Reid, 2009).

Trata-se de uma definição abrangente e em vista da gama de dificuldades que podem estar associadas à dislexia, esta é uma das vantagens desta definição. Alguns indicadores precoces específicos de dislexia são mostrados a seguir:

- dificuldades com a memória operacional (esquecimento);
- dificuldade de linguagem e fala;
- dificuldade em traçar letras;
- dificuldade em lembrar as letras do alfabeto e a sequência;
- histórico de dislexia na família;
- dificuldades de coordenação; por exemplo, esbarrar em mesas e cadeiras (pode ser também um sinal de dispraxia);
- dificuldade com tarefas que requerem habilidades motoras finas, como amarrar cadarços (pode ser também um sinal de dispraxia);
- relutância em se concentrar em uma tarefa por um tempo razoável (pode ser também um sinal de dificuldade de atenção);
- confundir palavras que soam parecido;
- relutância em ir para a escola;
- sinais de não estar gostando da escola;
- relutância em ler;
- dificuldade em aprender palavras e letras;
- dificuldade com fonética (sons);
- dificuldades gerais de coordenação (pode ser também um sinal de dispraxia);

- perder itens;
- dificuldade em traçar letras;
- dificuldade para copiar;
- dificuldade para colorir;
- má organização dos materiais.

Dispraxia

A dispraxia é uma dificuldade motora/de coordenação. Pode ser observada em um *continuum* de leve a severo e pode afetar atividades motoras finas, como segurar um lápis, e atividades motoras grossas, como movimento e equilíbrio. Portwood (1999) descreve a dispraxia como "dificuldades motoras causadas por problemas sensoriais, especialmente dificuldades motoras visuais e cinestésicas".

A definição de dispraxia fornecida pelo Dyspraxia Trust na Inglaterra é "deficiência ou imaturidade na organização do movimento que leva a problemas associados com a linguagem, percepção e pensamento" (Dyspraxia Trust, 2001).

Crianças com dispraxia podem apresentar dificuldades com:
- habilidades motoras grossas – equilíbrio, coordenação;
- coordenação;
- força empregada ao lançar uma bola;
- equilíbrio/postura;
- correr, pular e saltar;
- fechar botões e amarrar cadarços;
- memória cinestésica;
- usar as duas mãos simultaneamente;
- consciência espacial e consciência direcional.

No ensino médio, podem também ter dificuldades com:
- copiar e ler diagramas;
- relembrar instruções detalhadas;
- leitura e escrita;
- copiar do quadro;
- usar materiais em sala de aula como, por exemplo, régua, compasso, tesoura;
- acompanhar os horários;
- encontrar o caminho para a escola e também para algumas aulas, como educação física.

Crianças com dispraxia também podem apresentar dificuldades com:
- fala e linguagem;
- habilidades sociais;
- atenção/concentração.

Algumas crianças com dispraxia podem inclusive mostrar sinais de disgrafia, embora a disgrafia possa existir isoladamente. Algumas das características da disgrafia incluem:
- discrepância na grafia de uma mesma letra;
- mistura de maiúsculas e minúsculas;
- tamanho e formato das letras irregulares;
- letras inacabadas;
- muitas vezes, relutância em escrever;
- má percepção visual;
- habilidades motoras finas deficientes.

Com a disgrafia, portanto, é importante considerar o seguinte:
- domínio da mão;
- empunhadura do lápis;
- postura;
- posição do papel;
- pressão no papel;
- movimento do pulso;
- traçado de letras;
- orientação da esquerda para a direita;
- letras ao contrário;
- espaçamento;
- tamanho da letra, uniformidade do traçado;
- estilo – união das letras;
- rapidez;
- fatores de fadiga.

Algumas das dificuldades descritas anteriormente estão relacionadas a habilidades que são necessárias para uma série de tarefas de aprendizagem diárias e tais dificuldades podem afetar a atenção, a memória e o desenvolvimento da leitura. Isso significa que, embora a dispraxia possa ser a dificuldade primária em alguns casos, pode haver indicadores secundários de dislexia ou dificuldades de atenção.

Discalculia

A discalculia é uma condição que afeta a capacidade de adquirir habilidades aritméticas. Alunos com discalculia geralmente apresentarão dificuldade em compreender conceitos numéricos simples, carecendo de uma compreensão intuitiva de números e problemas para aprender fatos e procedimentos numéricos. Mesmo que produzam uma resposta correta ou usem um método adequado, podem fazê-lo mecanicamente e sem confiança (DfES, 2001).

O Dr. Steve Chinn, prolífico autor e reconhecido especialista em discalculia, sugere, em relação a identificar discalculia como um indicador básico, que a criança terá um desempenho abaixo da expectativa. As dificuldades que podem ser observadas incluem:

- problemas para entender o valor dos números;
- problemas para entender a relação entre os números, por exemplo, nove é um menos que dez;
- não ser capaz de lembrar rapidamente fatos básicos relativos a números;
- pode se lembrar de fatos matemáticos, mas sem uma compreensão real.

Henderson, Came e Brough (2003) indicam que os fatores que precisam ser considerados no desenvolvimento e protocolo de avaliação para discalculia incluem:

- as dificuldades da aprendizagem da linguagem matemática;
- organização e apresentação do trabalho;
- velocidade de trabalho;
- memória e sequenciamento;
- ansiedade e medo da matemática;
- aprender fatos básicos;
- confusão relativa à orientação e dificuldades de sequenciamento;
- estilos de pensamento e aprendizagem ("lagartas" e "gafanhotos"; Chinn, 2009).

Parece que a linguagem da matemática é um fator importante; se não for explicada claramente à criança, ela falhará na tarefa de matemática e logo ocorrerá a desmoralização da matemática e a impotência apreendida. É quando se instala o medo da matemática.

Henderson, Came e Brough (2003) sugerem que uma abordagem fonética é útil, como na Tabela 1.1.

Wardrop (2014, comunicação pessoal) também adota essa linha e utiliza os princípios e as práticas da abordagem Orton-Gillingham.

Uma estratégia de planejamento semelhante à mostrada no exemplo anterior pode ser aplicada à memória em matemática – isto é, o que procurar e como ajudar. Isso também fornece um bom exemplo da ligação entre avaliação e ensino, que tem sido um ponto central neste capítulo.

Tabela 1.1 Fonética e matemática

O que procurar	Como ajudar
A pronúncia e a grafia de palavras complexas da matemática, como "triângulo isósceles", podem causar problemas.	Ensine a ortografia de palavras da matemática de uma forma multissensorial como, por exemplo, traçar, colorindo partes significativas da palavra ou padrões de letras semelhantes. Tome o cuidado de articular as palavras da matemática com clareza como no caso, por exemplo, da diferença entre 60 e 70.
Reconhecimento visual da palavra e reconhecimento da grafia correta deficientes.	Aprenda visualmente as palavras complicadas. Reconheça a forma da palavra e desenhe o contorno de uma palavra.
O vocabulário matemático complexo dentro de um tópico costuma ser difícil de ler.	Ensine a decodificação de palavras da matemática longas por meio do trabalho com as sílabas. Faça um painel com palavras de tópicos difíceis.
Palavras da matemática muitas vezes são difíceis de soletrar, por exemplo, horizontal, perpendicular, *doze* ou *dose*.	Ensine palavras em grupos ou blocos trabalhando com as sílabas ou padrões de letras semelhantes em famílias de palavras.
Lentidão para escrever palavras comuns e confusão com palavras pequenas.	Permita mais tempo para registrar o trabalho, copiar do quadro etc. Mostre com clareza palavras pequenas comuns.
Ao fazer uma apuração, o aluno pode ter dificuldades de sequenciamento, que afetam a forma como registra um cálculo. O aluno frequentemente se esquece da primeira etapa do método.	Fale sobre o método e incentive-o a anotar cada etapa à medida que trabalham na apuração.

Transtornos do déficit de atenção (TDA e TDAH)

Tem havido um considerável debate sobre o conceito de transtornos de atenção. Uma série de perspectivas pode ser observada, desde a médica e educacional até a social.

A orientação mais amplamente aceita sobre TDAH pode ser vista no *Manual Diagnóstico e Estatístico de Transtornos Mentais* da Associação Americana de Psiquiatria (DSM-V, 2013)[1]. Tal orientação indica que: "O TDAH é caracterizado

---

1. *DSM* é o manual usado por médicos e pesquisadores para diagnosticar e classificar transtornos mentais. A Associação Americana de Psiquiatria (AAP) publicou o *DSM-V* em 2013, resultado de um processo de revisão de 14 anos.

por um padrão de comportamento, presente em vários ambientes (p. ex., escola e casa), que pode resultar em problemas de desempenho em ambientes sociais, educacionais ou de trabalho".

Como em seu antecessor, o *DSM-IV*, os sintomas são divididos em duas categorias de desatenção e hiperatividade e impulsividade que incluem comportamentos como não prestar atenção aos detalhes, dificuldade de organizar tarefas e atividades, fala excessiva, inquietação ou incapacidade do indivíduo em permanecer sentado em situações apropriadas.

As crianças devem apresentar pelo menos seis sintomas ou do grupo de critérios de desatenção ou de critérios de hiperatividade e impulsividade (ou de ambos), enquanto adolescentes mais velhos e adultos (acima de 17 anos) devem apresentar cinco.

Os nove sintomas de desatenção são:
- muitas vezes, deixa de prestar atenção aos detalhes ou comete erros por descuido nos trabalhos escolares, no trabalho ou durante outras atividades (p. ex., ignora ou deixa passar detalhes, o trabalho é impreciso);
- muitas vezes, tem dificuldade em manter a atenção em tarefas ou atividades lúdicas (p. ex., dificuldade em permanecer focado durante palestras, conversas ou leituras demoradas);
- muitas vezes, parece não ouvir enquanto lhe é dirigida a palavra diretamente (p. ex., a mente parece estar em outro lugar, mesmo na ausência de qualquer distração óbvia);
- muitas vezes, não segue as instruções e deixa de terminar o dever de casa, tarefas domésticas ou trabalhos na escola (p. ex., inicia as tarefas, mas rapidamente perde o foco e é facilmente distraído);
- muitas vezes, tem dificuldade em organizar tarefas e atividades (p. ex., dificuldade em gerenciar tarefas sequenciais; dificuldade em manter materiais e pertences em ordem; trabalho bagunçado e desorganizado; gere mal o tempo; falha em cumprir prazos);
- muitas vezes, evita ou reluta em se envolver em tarefas que exijam esforço mental contínuo (p. ex., trabalhos escolares ou de casa; para adolescentes mais velhos e adultos, preparar relatórios, preencher formulários, revisar documentos extensos);
- muitas vezes, perde coisas necessárias para tarefas ou atividades (p. ex., materiais escolares, lápis, livros, ferramentas, carteiras, chaves, papelada, óculos e telefones celulares);

- costuma ser facilmente distraído por estímulos externos (p. ex., para adolescentes mais velhos e adultos, isso pode incluir pensamentos não relacionados).

Além disso, o indivíduo pode apresentar esquecimento nas atividades diárias (p. ex., realizar tarefas, executar incumbências; para adolescentes mais velhos e adultos, retornar ligações, pagar contas, comparecer a consultas médicas).

Os nove sintomas hiperativo-impulsivos são:

- muitas vezes, inquieta-se, batuca com as mãos ou se contorce no lugar no assento;
- muitas vezes, abandona a cadeira em situações em que se espera que permaneça sentado (p. ex., abandona seu lugar na sala de aula, no escritório ou outro local de trabalho, ou em outras situações que requeiram a permanência no lugar);
- muitas vezes, corre ou escala em situações em que não é apropriado (em adolescentes ou adultos, isto pode se limitar a sentir-se inquieto);
- muitas vezes, é incapaz de brincar ou se envolver em atividades de lazer em silêncio;
- está frequentemente "em movimento", agindo como se "conduzido por um motor" (p. ex., é incapaz de permanecer ou sente-se desconfortável parado por um longo tempo, como em restaurantes ou reuniões; pode ser percebido por outras pessoas como inquieto ou difícil de acompanhar);
- muitas vezes, fala em excesso;
- muitas vezes, deixa escapar respostas antes que as perguntas sejam concluídas (p. ex., completa as frases das pessoas; não consegue esperar sua vez na conversa);
- muitas vezes, tem dificuldade para esperar sua vez (p. ex., enquanto está em uma fila);
- muitas vezes, interrompe ou se intromete com outras pessoas (p. ex., mete-se em conversas, jogos ou atividades; pode começar a usar as coisas de outras pessoas sem pedir ou receber permissão; para adolescentes e adultos, pode se intrometer ou assumir o que os outros estão fazendo).

No *DSM-IV*, a faixa etária do critério de aparecimento era "alguns sintomas de hiperatividade/impulsividade ou desatenção que causaram deficiência estavam presentes antes dos 7 anos". Isso refletiu o entendimento de que o

TDAH surgia relativamente cedo no desenvolvimento e interferia no funcionamento da criança em uma idade relativamente tenra. No *DSM-V*, isso foi revisado para "vários sintomas de desatenção ou hiperatividade/impulsividade estavam presentes antes de 12 anos". Dessa forma, os sintomas agora podem se manifestar até cinco anos depois. E não há mais a exigência de que os sintomas provoquem deficiência aos 12 anos, apenas que estejam presentes. O *DSM-V* alterou isso para "vários sintomas de desatenção ou hiperatividade/impulsividade estão presentes em duas ou mais configurações".

Assim, os sintomas devem ser evidentes apenas em mais de um contexto, mas não precisam prejudicar o funcionamento de um indivíduo em vários contextos. Isso também é mais brando do que o *DSM-IV* (adaptado de Rabiner, 2013).

Embora exista um volume considerável de literatura sobre o TDAH, ainda há controvérsia em relação ao modelo unitário do TDAH como uma síndrome discreta. Também há algum debate sobre a natureza da síndrome e, particularmente, suas causas primárias. Por exemplo, Barkley (2006) sugere que é uma condição unitária e que o prejuízo primário está relacionado à inibição do comportamento e isso tem um efeito cascata em outras funções cognitivas. Essa visão, entretanto, é contestada por Rutter (1995), que sugere que um déficit cognitivo específico para o TDAH ainda precisa ser determinado e, mesmo que a maioria apresente deficiências cognitivas, o traço não é comum a todas as crianças com TDAH. Talvez seja útil, neste ponto, tentar situar os sintomas e as características do TDAH em alguma forma de estrutura para ajudar a compreender as diferentes vertentes e várias características que podem contribuir para o TDAH.

Comorbidade e TDAH

Não surpreende que haja uma forte visão de que existe uma sobreposição entre o TDAH e a dislexia. Muitos dos mecanismos de processamento da atenção cognitiva com os quais crianças com TDAH parecem ter dificuldade, como memória de curto prazo, atenção sustentada, velocidade de processamento e precisão ao copiar, também podem ser observados em crianças com dislexia. Willcutt e Pennington (2000) observaram em um estudo em grande escala que indivíduos com deficiência de leitura tinham maior probabilidade de atender aos critérios para TDAH do que indivíduos sem deficiência de leitura e que a associação era mais forte para desatenção do que para hiperatividade.

Mas essa noção de comorbidade foi criticada e o valor do termo, questionado (Kaplan et al., 2001). Sugere-se que o termo "comorbidade" presume que as etiologias das diferentes dificuldades específicas são independentes. Ainda assim, na prática, de acordo com Kaplan et al., é muito raro ver condições discretas existindo de forma isolada. Em um estudo envolvendo 179 crianças, os pesquisadores, a fim de investigar a noção de comorbidade, usaram critérios para avaliar sete transtornos – deficiência de leitura, transtorno do déficit de atenção com hiperatividade (TDAH), transtorno de coordenação do desenvolvimento, transtorno desafiador de oposição, transtorno de conduta, depressão e ansiedade. Verificou-se que pelo menos 50% da amostra testada preenchiam os critérios para pelo menos dois diagnósticos e as crianças com TDAH tinham maior risco de ter um segundo transtorno. A questão apresentada por Kaplan et al. é se as crianças estão realmente exibindo vários transtornos comórbidos ou, de fato, estão exibindo manifestações de um transtorno subjacente. Isso, é claro, levanta questões sobre os procedimentos de avaliação e foi a razão por trás do questionário SNAP (Weedon e Reid, 2003, 2005, 2009). Isso indica que é provável que as crianças apresentem indicadores de outras condições e o acúmulo de informações descritivas sobre as dificuldades apresentadas pode ser útil para o professor da turma. É importante, entretanto, que as informações não se baseiem apenas na avaliação ou julgamento clínicos; informações também devem ser obtidas de profissionais e pais sobre o desempenho da criança em diferentes situações.

A implicação decorrente da noção de comorbidade está na descrição das características de apresentação, que podem ou não levar a uma classificação – estas podem ser informativas e benéficas em termos de intervenção.

A sobreposição

A Tabela 1.2 a seguir destaca a sobreposição entre as DAEs; isso pode ter implicações significativas para avaliação e ensino. Portanto, é vantajoso definir as prioridades com base nas dificuldades apresentadas, e não na classificação. Isso significa que o objetivo da avaliação não é necessariamente obter uma classificação, mas identificar os desafios e dificuldades presentes que impedem a criança de acessar o currículo.

Tabela 1.2 A sobreposição

Dificuldade	Dislexia	Dispraxia	TDAH	Discalculia
Dificuldades de memória de trabalho	Sim	Sim	Sim	Sim
Esquecimento (memória de longo prazo)	Sim	Sim	Sim	Sim
Dificuldade de fala	Sim	Sim	Não	Não
Inversão de letras	Sim	Sim	Não	Sim
Dificuldade em lembrar letras e a sequência do alfabeto	Sim	Sim	Sim	Sim
Confundir palavras que soam parecido	Sim	Sim	Talvez	Talvez
Dificuldade com fonética	Sim	Sim	Talvez	Talvez
Dificuldade em formar letras, colorir e copiar	Sim	Sim	Talvez	Talvez
Histórico familiar significativo	Sim	Sim	Sim	Sim
Dificuldades de coordenação; por exemplo, esbarrar em mesas e cadeiras	Talvez	Sim	Talvez	Talvez
Tarefas que requerem habilidades motoras finas, como amarrar cadarços	Sim	Sim	Talvez	Talvez
Lentidão na reação a algumas tarefas	Sim	Sim	Talvez	Talvez
Dificuldade em se concentrar em tarefas mais longas	Sim	Sim	Sim	Sim
Relutância em ir para a escola	Talvez	Talvez	Talvez	Talvez
Sinais de não estar gostando da escola	Sim	Sim	Talvez	Sim
Relutância em ler	Sim	Sim	Talvez	Talvez
Má organização	Sim	Sim	Talvez	Talvez

Implicações para a avaliação

Barreiras à aprendizagem

Pode-se concluir da Tabela 1.2 anterior que, em vista da potencial sobreposição, pode ser útil perceber a DAE em termos de barreiras à aprendizagem em vez de se focar na classificação real, o que significa que as dificuldades apresentadas serão o foco, e isso terá implicações para a avaliação. Tal abordagem é importante porque haverá uma grande variação de necessidades, mesmo em crianças com a mesma classificação, o que terá implicações para a intervenção – por exemplo, nem todas as crianças com dislexia responderão ao mesmo tipo de intervenção (Reid, 2008). A intervenção precisa ser individualizada e isso tem implicações na identificação das necessidades e no processo de avaliação em geral.

Perspectiva holística na avaliação

Ao identificar as barreiras à aprendizagem, é importante contemplar de forma holística as necessidades dos alunos. Isso incluiria: capacidade cognitiva (habilidades de aprendizagem), ambiental (experiência de aprendizagem) e progresso nas realizações básicas (aquisição de alfabetização). Isso destaca uma série de fatores-chave relacionados ao aluno, à tarefa e à experiência de aprendizagem, enfatizando a necessidade de não apenas se focar na criança e no que ela pode ou não fazer, mas observar a tarefa que está sendo apresentada, as expectativas colocadas no aluno e a prontidão do aluno para a tarefa. Partindo dessa premissa, o primeiro passo é identificar aqueles fatores – cognitivos, educacionais, ambientais e sociais/emocionais – que podem apresentar barreiras ao aluno e impedi-lo de adquirir uma alfabetização competente e outras habilidades.

É importante que os alunos com DAEs obtenham algum sucesso, pois isso os ajudará a desenvolver uma autoestima positiva. Isso é crucial para uma aprendizagem eficaz. O sucesso geralmente pode ser conseguido se o aluno tiver êxito, por isso, é importante garantir que a tarefa seja alcançável. Se não for possível, ela precisa ser dividida em unidades menores e mais gerenciáveis.

Fatores a considerar

Planejamento

- *Conhecimento dos pontos fortes e dificuldades da criança*: isso é essencial, especialmente porque nem todas as crianças com qualquer uma das DAEs, como dislexia, apresentarão o mesmo perfil, embora possam compartilhar as mesmas dificuldades básicas. Este é, portanto, o melhor ponto de partida, pois muitas vezes os pontos fortes podem ser usados para ajudar a lidar com os pontos fracos. Por exemplo, crianças disléxicas geralmente mostram preferência pela aprendizagem visual e cinestésica e dificuldade para aprendizagem auditiva. Assim, a instrução fonética, que depende muito dos sons e, portanto, da modalidade auditiva, precisa ser introduzida junto com as formas visuais e experienciais de aprendizagem. A modalidade tátil, que envolve tocar e sentir a forma das letras que produzem sons específicos, também deve ser utilizada, bem como o símbolo visual dessas letras e as combinações letra/som.
- *Consultoria*: a responsabilidade de lidar com crianças com dificuldades de aprendizagem específicas em sala de aula não deve recair exclusivamente sobre o professor da turma. Idealmente, deve ser encarada como uma responsabilidade de toda a escola. Isso significa que é importante consultar a direção da instituição de ensino e outros colegas, e também é importante que seja disponibilizado tempo para isso.

- *Informações de professores anteriores, pessoal de apoio, gestão escolar e pais*: isto é importante e essa articulação conjunta pode ajudar a garantir a colaboração necessária para fornecer apoio ao professor da turma. É importante ressaltar que isso deve ser incorporado aos procedimentos da escola e ao processo de avaliação e não ser uma mera reação a um problema ocorrido – essa colaboração pode, portanto, ser vista como preventiva e proativa.
- *Nível atual de aquisição alfabética/matemática*: uma avaliação precisa e completa do nível atual de conquistas da criança é necessária para se planejar efetivamente um programa de aprendizagem. A avaliação deve incluir compreensão, bem como precisão de leitura e fluência, e operações com números. No caso da dislexia, a compreensão auditiva/leitura muitas vezes pode ser um guia mais preciso para as habilidades e entendimento de crianças disléxicas do que a precisão da leitura e da grafia. Na verdade, muitas vezes é a discrepância entre a compreensão ao ouvir ou ler e a precisão da leitura que pode ser um fator-chave na identificação da dislexia. As informações sobre o nível de conquistas serão um fator instrumental no planejamento da aprendizagem.
- *Fatores culturais*: são importantes porque podem influenciar na seleção de livros e materiais de ensino e determinar se alguns dos conceitos no texto precisam ser destacados para uma explicação adicional e diferenciada. Os valores culturais são um fator importante. Foi sugerido que a "grande queda" no desempenho observada em algumas crianças bilíngues no fim da escola primária pode ser explicada por uma falha dos profissionais em compreender e considerar os valores culturais e o nível real de competência da criança bilíngue, particularmente em relação ao desenvolvimento conceitual e competência em habilidades de pensamento. Para que uma abordagem de ensino com alunos bilíngues seja totalmente eficaz, ela deve ser abrangente, o que significa que precisa incorporar as opiniões dos pais e da comunidade. Isso requer preparação e pré-planejamento consideráveis, bem como consultas com pais e organizações comunitárias.

Avaliação e intervenção: o elo

É essencial considerar isso desde o início. Não deve ser um complemento, mas, na verdade, um dos principais objetivos da avaliação. Alguns dos pontos gerais que podem ser considerados são destacados a seguir, usando a dislexia como exemplo.

Compreensão

Muitas vezes, o aluno com dislexia, ou mesmo qualquer uma das outras DAEs, pode não entender realmente a tarefa. Isso, de fato, ofereceria uma explicação para ele responder a uma pergunta aparentemente diferente daquela pretendida. Compreender a tarefa, portanto, pode ser uma barreira que confronta o aluno com DAE na maioria das disciplinas. Não é porque eles não têm as habilidades cognitivas necessárias para entender a tarefa, mas é porque a tarefa é apresentada de uma forma que a torna muito desafiadora para o aluno.

Identificando os pontos-chave
Muitos alunos com DAEs podem ter dificuldade em reconhecer o que a tarefa ou o texto sugere porque não foram capazes de identificar os pontos cruciais. Eles podem captar algumas questões tangenciais que os desviam para um caminho diferente e isso pode levar a um tipo de resposta diferente daquele pretendido. É crucial destacar os pontos-chave, em vez de esperar que os alunos com dislexia os identifiquem por conta própria.

Processando informação
Dois dos principais componentes que precisam ser considerados em relação à identificação e tratamento das barreiras para alunos com dislexia estão relacionados à distinção entre processamento e raciocínio. Normalmente, a criança com dislexia tem boa capacidade de raciocínio – uma vez que as barreiras tenham sido removidas, ela será capaz de acessar as habilidades de raciocínio e mostrar uma boa compreensão. O processamento de informações, entretanto, pode ser mais problemático. Isso geralmente pode ser observado durante a avaliação.

O processamento envolve:
• *Compreender a tarefa*: isso significa que o aluno deve ser capaz de acessar o vocabulário e a finalidade da tarefa – para alguns alunos, isso pode ser difícil. Isso destaca a importância da discussão pré-tarefa. Durante esse tempo, o professor discute a tarefa, o vocabulário, os conceitos e a finalidade da tarefa com o aluno. Isso é essencial para garantir que o aluno tenha um esquema apropriado para a tarefa, pois isso ajudará no acesso e na utilização do conhecimento prévio e das habilidades existentes. Isso indica que um dos principais problemas não é a questão de "o que", mas a questão de "como" – isto é, como faço isso, de quais informações preciso e o que devo fazer primeiro? Isso significa que o aluno com dislexia precisa de suporte no processo de aprendizagem real. Este será um tempo bem gasto, pois há indícios de que, muitas vezes, os alunos com dislexia podem ter consciência metacognitiva

baixa (Tunmer e Chapman, 1996), sinalizando que consideram o processo de aprendizagem um desafio; depois de receberem apoio nessa área, eles geralmente conseguem lidar com a tarefa com mais competência. Isso, portanto, pode ter implicações para a avaliação, pois é importante que a criança tenha entendido a questão real.

• *Execução da tarefa*: ou seja, poder utilizar as informações fornecidas para auxiliar na resposta à pergunta. Isso implicaria ser capaz de identificar os pontos-chave e focar na tarefa real. É possível que os alunos com DAEs sejam desviados e atentem para questões que, embora sejam importantes, podem não estar diretamente relacionadas à tarefa.

• *Aprendizagem autônoma*: muitas vezes acontece que os alunos com DAEs se tornam dependentes de um professor ou professor de apoio quando estão lidando com questões. Isso significa que eles estão se inclinando para uma cultura de dependência e se tornando muito dependentes de outra pessoa. Isso, no curto prazo, pode ser exatamente o que precisam, mas tem seus perigos. Um perigo inerente a tal situação pode ser deduzido da "Teoria da Atribuição". Isso implicaria que, se os alunos se tornassem dependentes de apoio, atribuiriam seu sucesso à presença do professor. É importante que isso seja alterado a fim de que eles atribuam o sucesso aos seus próprios esforços. Este é o primeiro e essencial passo para se tornar um aluno independente.

• *Avaliação da tarefa*: é um fator importante, pois este é o componente final da aprendizagem que muitas vezes é visto como uma medida de competência. No entanto, os alunos com DAEs podem frequentemente ter competência na aprendizagem, mas não conseguem exibi-la por escrito ou oralmente. Isso pode ser frustrante e, desta forma, é importante que haja apoio disponível para ajudar na organização, sequenciamento e estruturação dos pontos-chave para auxiliar na apresentação da tarefa realizada. Isso pode ter implicações específicas para crianças com dislexia e disgrafia.

Avaliação proativa
Antecipando e lidando com as barreiras
Alguns pontos-chave:

• *Planejamento*: como atender às necessidades e lidar com as barreiras que a criança enfrenta são questões que devem ser consideradas no estágio de planejamento. Isso é crucial e o conhecimento da criança é um fator importante. O planejamento não deve ocorrer isoladamente, mas precisa ser contextualizado para o ambiente de aprendizagem, a experiência de aprendizagem prevista e o aluno real. É importante, portanto, ter um conhecimento prévio de cada aluno ao se engajar no planejamento. Isso também pode ser alcançado através do desenvolvimento de um cronograma ou estrutura de observação que pode ajudar a fornecer dados tanto para o planejamento quanto para o ensino. Também é fundamental obter informações dos pais neste estágio.

• *Diferenciação*: trata-se realmente de bom ensino e planejamento avançado. Se o currículo for diferenciado de forma eficaz para levar em conta a tarefa, a entrada, a saída e os recursos que devem ser usados, é provável que todos os alunos sejam atendidos de alguma forma. A diferenciação consiste em apoiar o aluno e guiá-lo de onde se encontra agora para onde deveria estar. Em outras palavras, trata-se de ajudar a tornar acessíveis todos os materiais curriculares. Também é importante atentar para os materiais de avaliação, pois eles podem ter que ser diferenciados para alunos com dislexia. A diferenciação, portanto, precisa considerar o aluno, a tarefa e o resultado, bem como os recursos.

• *Consciência do aluno/estilo de aprendizagem*: vale a pena passar algum tempo com o aluno para que ele esteja ciente de suas próprias preferências de aprendizagem. Será útil para ajudá-lo a compreender que existem vantagens e desvantagens em cada estilo de aprendizagem e auxiliá-lo a identificar seu próprio estilo particular de aprendizagem e como pode usar esse estilo de forma eficaz.

• *Reconhecer a criatividade (pensar fora da caixa)*: isso pode ter implicações para a avaliação, pois a criança pode dar uma resposta não ortodoxa a uma situação ou pergunta convencional. Como Tom West sugeriu em seu livro *In the Mind's Eye* (1997), "para alunos dislexicos, o difícil é fácil e o fácil é difícil"! Muito se escreveu sobre criatividade e dislexia (ibid.). Embora vários alunos com dislexia tenham habilidades criativas naturais, isso não se aplica a todos. Ao mesmo tempo, é importante que cada aluno receba oportunidades e apoio para desenvolver e utilizar a criatividade e formas individuais de usar a informação.

Algumas táticas de conversa interna são descritas a seguir:

- • Reconhecendo
  - Essa é uma ideia nova.
  - Eu entendo.
  - Argumento interessante.
- • Reformulando
  - Você quer saber...?
  - Isso significa...?

- Você está dizendo...?
- Então você discorda de...?
- Você acha...?
- Esclarecendo
    - Por que você diz isso?
    - Eu não entendo muito bem o que você quer dizer
    - O que realmente estamos discutindo aqui?
    - Isso parece estar relacionado com...
- Discordando
    - Você fez uma observação interessante, já considerou...?
    - É possível que...?
    - Aqui está outra forma de pensar...
- Pensamento desafiador
    - Eu me pergunto como sabemos...?
    - Você pode dar algumas razões para...?
- Redirecionando
    - Como isso se relaciona com...?
    - Bom argumento, mas acabamos de discutir...
- Expandindo
    - Eu me pergunto com o que mais isso poderia se relacionar?

Comentários finais

Este capítulo enfocou em linhas gerais as várias DAEs e, em particular, as implicações e a ligação entre avaliação e ensino. Isso foi deliberado, pois é importante estabelecer, no início, a natureza dessa ligação. Esta é uma consideração significativa no desenvolvimento de um protocolo de avaliação e a ligação com a prática deve ser levada em consideração no estágio de planejamento, na seleção das ferramentas de avaliação e no seguimento da avaliação.

É fundamental, portanto, considerar – independentemente de quais ferramentas estão sendo usadas e da natureza das dificuldades da criança – que, seja o que for que seja obtido por meio da avaliação, deve haver um vínculo com a intervenção. Este é, acima de tudo, o objetivo da avaliação: fornecer dados para a intervenção. Por essa razão, este capítulo forneceu um foco claro sobre os fatores que podem ser considerados no planejamento da avaliação. O processo de avaliação-intervenção deve ser recíproco, cada um informando o outro.

2
O processo de avaliação

Este capítulo examinará o processo que pode ser usado ao conduzir uma avaliação para qualquer uma das dificuldades de aprendizagem específicas (DAEs). Haverá também recomendação de vincular a avaliação à intervenção, uma vez que esta deve ser uma questão central do processo de avaliação.

É importante compreender que as DAEs não devem ser identificadas *apenas* por meio de um teste; a avaliação deve ser um processo e esse processo envolve muito mais do que a aplicação de um teste. A avaliação precisa levar em consideração os fatores da sala de aula e do currículo, bem como as dificuldades e pontos fortes específicos apresentados pela criança. Esses princípios se aplicam a todas as DAEs e serão examinados com mais detalhes posteriormente neste livro.

O processo de avaliação: alguns aspectos gerais

Alguns princípios gerais a serem considerados são mostrados a seguir.

- É importante que a falta de disponibilidade de um teste não impeça que as dificuldades de uma criança sejam reconhecidas – avaliar envolve muito mais do que usar um teste.
- Muitas das características que podem contribuir para um diagnóstico podem ser observadas na sala de aula. Portanto, é importante que os comentários e opiniões do professor da turma sejam levados em consideração.
- É importante que os professores tenham uma compreensão da gama de DAEs para que essas características possam ser reconhecidas na sala de aula.
- Também é importante que materiais e programas de ensino apropriados sejam desenvolvidos a partir dos resultados da avaliação; conforme indicado no capítulo anterior, a avaliação deve estar vinculada à intervenção!

Ao identificar qualquer uma das DAEs, é importante desenvolver uma fundamentação e uma estratégia para a avaliação. Muitas vezes, a suspeita da presença de dificuldades pode ser identificada por meio da observação, ou dos resultados de rotina de avaliações de linha de base ou triagem cognitiva e comportamental. Essas informações precisam ser contextualizadas para que um retrato geral do perfil da criança possa ser visualizado e haver a comprovação de uma DAE. É útil se isso for feito em relação ao currículo e as barreiras à aprendizagem forem identificadas. Isso é necessário, pois um dos objetivos da avaliação é identificar as abordagens de ensino e aprendizagem mais adequadas. Alguns aspectos gerais relativos ao objetivo de uma avaliação são relacionados a seguir.

O objetivo de uma avaliação

Uma avaliação deve fornecer:
- uma indicação dos pontos fortes e fracos do aluno;
- uma indicação do nível atual de desempenho do aluno nas realizações;
- uma explicação para a falta de progresso do aluno;
- identificação de aspectos do desempenho do aluno em leitura, escrita e ortografia, o que pode tipificar um "padrão de erros";
- identificação de áreas de competência específicas;
- compreensão sobre o estilo de aprendizagem do aluno;
- indicação de aspectos do currículo que podem interessar e motivar o aluno;
- aspectos específicos do currículo que representam um desafio para a criança;
- as necessidades emocionais e habilidades sociais da criança, bem como seu nível de autoestima.

(Cf. o capítulo 11 sobre recursos para obter uma lista de testes que podem ser usados para dislexia, dispraxia, discalculia e dificuldades de atenção.) Algumas das características específicas da dislexia que podem ser observadas incluem as descritas a seguir:

- **Memória**
  - carência de memória de curto prazo, o que se traduz em provável dificuldade em lembrar listas;
  - também pode ser devido à confusão ou falta de compreensão e carência de estratégias organizacionais.

- **Organização**
    - carência de estratégias organizacionais em geral;
    - carência de organização de horários, materiais e equipamentos;
    - dificuldade em lembrar a lição de casa e organizar o caderno da lição de casa.
- **Movimento**
    - pode apresentar dificuldade com a coordenação e em tarefas como amarrar os cadarços;
    - esbarrar nos móveis da sala de aula, tropeçar e muitas vezes cair.
- **Desenvolvimento da fala**
    - confundir sons semelhantes;
    - articulação deficiente;
    - dificuldade em misturar sons para formar palavras;
    - carência de consciência da rima;
    - carência de estrutura sintática;
    - dificuldades de nome às coisas.

É importante reconhecer que muitos dos fatores listados antes podem ser observados em um *continuum* de dificuldades de leves a severas, e a extensão e a gravidade dessas dificuldades terão um impacto nos resultados da avaliação e nas recomendações de suporte subsequentes. Embora foquem-se na dislexia, também podem ser encontrados na dispraxia e em outras DAEs, como discalculia e dificuldades de atenção.

Considerações e estratégias de avaliação: dislexia

A dislexia não deve ser identificada apenas por meio de um teste. A avaliação da dislexia é um processo e esse processo envolve muito mais do que a simples aplicação de um teste. A avaliação precisa levar em consideração os fatores da sala de aula e do currículo, bem como as dificuldades e pontos fortes específicos apresentados pela criança.

A avaliação deve considerar especificamente três aspectos – dificuldades/pontos fortes, discrepâncias e diferenças – e estes devem estar relacionados ao ambiente da sala de aula e ao currículo.

A dificuldade central geralmente está relacionada à decodificação, ou codificação de padrões, e isso pode ser o resultado de diferentes fatores contribuintes. Por exemplo, algumas dificuldades podem incluir processamento fonológico; problemas de memória; dificuldades organizacionais e de sequenciamento; movimento e coordenação; problemas de linguagem ou dificuldades perceptivo-visuais/perceptivo-auditivas.

As discrepâncias podem ser aparentes na comparação da decodificação e a compreensão leitora/auditiva, entre respostas orais e escritas e no desempenho dentro das diferentes disciplinas do currículo.

Também é importante reconhecer **as diferenças** entre crianças com dislexia. O processo de identificação deve, portanto, considerar também estilos de aprendizagem e estilos cognitivos. Levar isso em consideração pode ajudar a vincular efetivamente avaliação e ensino.

Desafios

Os principais desafios geralmente estão relacionados à decodificação, ou codificação de impressão. Isso pode dever-se a dificuldades com:
- adquirir consciência fonológica;
- problemas de memória;
- dificuldades organizacionais e de sequenciamento;
- movimento e coordenação;
- problemas de linguagem;
- dificuldades perceptivo-visuais/perceptivo-auditivas.

Discrepâncias

As discrepâncias podem ser aparentes:
- na comparação de habilidades de decodificação com a compreensão leitora/auditiva;
- entre habilidades orais e escritas;
- no desempenho dentro das diferentes disciplinas do currículo.

Diferenças

Também é importante reconhecer as diferenças entre crianças com dislexia. O processo de identificação deve, portanto, considerar também:
- estilos de aprendizagem;
- preferências ambientais para aprendizagem;
- estratégias de aprendizagem.

Meio

Fatores que precisam ser considerados incluem:
- organização da sala de aula;
- sistema de valores da escola;
- grupos sociais;
- relações entre colegas dentro da classe.

Avaliação formativa

A avaliação formativa pode ser complementar ao uso de testes mais formais. Geralmente, é informal, embora nem sempre, mas há espaço para o uso de medidas mais informais na avaliação informal, o que pode fornecer aos professores oportunidades para:
- observar o que está acontecendo durante as atividades de aprendizagem;
- reconhecer que direção está tomando a aprendizagem de indivíduos e grupos de alunos;
- ver como eles podem ajudar a levar essa aprendizagem adiante.

Isso fornece oportunidades para os educadores se tornarem "professores reflexivos". Há um consenso geral de que os profissionais reflexivos têm a capacidade de notar o que é diferente ou incomum nos padrões de progresso na aprendizagem do aluno. Eles ponderam cuidadosa e profundamente sobre o que as informações de avaliação lhes revelam sobre a compreensão do aluno e também mais particularmente sobre seu próprio ensino e o que eles deveriam ou podem fazer de maneira diferente para se conectar e responder ao pensamento de cada aluno. Assim, é possível fornecer um tipo diferente de *feedback* ao aluno.

Por exemplo, o *feedback* pode:
- focar nas tarefas e na aprendizagem associada, não necessariamente nas dificuldades do aluno;
- confirmar se ele ou ela está no caminho certo;
- incluir sugestões que ajudem o aluno (ou seja, que sustentam sua aprendizagem);
- ser frequente e fornecido quando há oportunidade para o aluno de agir;
- ser no contexto de um diálogo sobre a aprendizagem.

O *feedback* que se conecta diretamente a metas específicas e desafiadoras relacionadas ao conhecimento e experiência anteriores dos alunos ajuda esses alunos a se concentrarem de forma mais produtiva em novas metas e próximos passos de aprendizagem.

Avaliação formal: estratégias e materiais
Avaliação fonológica

Em grande medida, isso pode ser realizado pelo professor a partir de materiais adaptados pelo próprio educador ou, de fato, por meio da observação do padrão de leitura da criança. Abrange as seguintes áreas:

- leitura de não palavras;
- reconhecimento de som;
- segmentação de sílabas;
- reconhecer prefixos, sufixos e sílabas;
- reconhecimento e produção de rimas;
- segmentação de fonema, como união, reconhecimento de fonemas iniciais e finais.

Triagem cognitiva e comportamental/avaliação de linha de base

Existem algumas questões que podem ser levantadas em relação à triagem cognitiva e comportamental e à avaliação de linha de base. Estas incluem:

- Qual é a idade (ou idades) mais desejável para as crianças passarem por essas avaliações?
- Para quais competências, habilidades e realizações em seus desempenhos as crianças devem ser avaliadas?
- Como devem ser usados os resultados de quaisquer procedimentos de triagem cognitiva e comportamental?

É importante que os resultados da triagem cognitiva e comportamental e da avaliação de linha de base sejam usados para diagnóstico e não para rotular crianças prematuramente. Existem alguns testes de triagem que foram desenvolvidos especificamente para identificar a possibilidade de dislexia. Estes podem render informações muito úteis, mas devem ser usados em conjunto com outros dados obtidos a partir de observações feitas pelo professor sobre o trabalho e o progresso da criança em sala de aula e em diferentes áreas do currículo.

Listas de verificação informais

Esta forma de avaliação pode fornecer alguns dados gerais sobre as amplas áreas de dificuldade vividas pela criança. Por exemplo, o professor pode decidir que a criança tem uma dificuldade pronunciada no uso de pistas contextuais, mas isso não fornece informações sobre por que essa dificuldade persiste e o tipo de dificuldades que o aluno experimenta com pistas contextuais. A criança usa pistas contextuais em algumas ocasiões e sob certas condições? O professor seria obrigado a realizar investigações para obter mais explicações sobre tal dificuldade.

Discrepâncias

Uma abordagem de avaliação que pode ser prontamente realizada pelo professor pode envolver a observação de discrepâncias entre os diferentes componentes da leitura. Isso pode incluir o seguinte:

- teste de decodificação (teste de leitura de não palavras);
- teste de leitura de palavras;
- teste de consciência fonológica;
- teste de compreensão auditiva;
- teste de compreensão de leitura.

As informações obtidas a partir desse tipo de estratégia de avaliação podem ser comparadas e quaisquer discrepâncias óbvias podem ser observadas. Por exemplo, uma criança com dislexia pode ter uma pontuação baixa em um teste de decodificação e, particularmente, um que envolve não palavras, enquanto que, no teste de compreensão auditiva, ela pode ter uma pontuação consideravelmente mais alta.

As diferenças

É importante obter informações sobre as diferenças, bem como as dificuldades e discrepâncias. O índice de estilo observacional interativo mostrado aqui pode fornecer algumas dicas sobre o tipo de informação que pode ser útil.

Esse tipo de informação pode ajudar a indicar a prática docente e pode ser usada antes de enveredar para o desenvolvimento de materiais diferenciados. Deve-se reconhecer que nem todos os alunos com dislexia terão os mesmos comportamentos de aprendizagem. Portanto, o tipo de intervenção e a apresentação dos materiais serão diferentes; o máximo de informação possível deve ser obtido sobre as preferências do aluno.

É importante, portanto, anotar na avaliação observacional o modo preferido de aprendizagem. Muitas crianças, é claro, mostrarão preferências e habilidade sem uma série de modos de aprendizagem. O ensino multissensorial, portanto, é crucial para acomodar tantos modos quanto possível.

Índice de estilo observacional interativo
Emocional
- Motivação
  - Que temas, tarefas e atividades interessam à criança?
  - Sobre quais assuntos a criança fala demonstrando autoconfiança?
  - Que tipo de sugestões e pistas são necessárias para aumentar a motivação?
  - Que tipo de incentivo motiva a criança: oportunidades de liderança, trabalhar com colegas, estrelinha de ouro, momentos de lazer, atividade física e assim por diante?
  - A criança parece trabalhar por interesse em aprender ou para agradar outras pessoas – pais, professores, amigos?
- Persistência
  - A criança se detém em uma tarefa até sua conclusão sem interrupções?
  - São necessárias pausas frequentes ao trabalhar em tarefas difíceis?
  - Qual é a qualidade do trabalho da criança com e sem intervalos?
- Responsabilidade
  - Em que medida a criança assume a responsabilidade pela sua própria aprendizagem?
  - A criança atribui seus sucessos e fracassos a si mesma ou a outros?
  - A criança compreende a relação entre o esforço despendido e os resultados alcançados?
  - A criança está de acordo com as rotinas de sala de aula ou responde sistematicamente com desconformidade?
- Estrutura
  - Os pertences pessoais da criança (mesa, roupas, materiais) estão bem organizados ou espalhados?
  - Como a criança reage a alguém que lhe impõe uma estrutura organizacional?
  - Quando são fornecidas orientações específicas e detalhadas para a conclusão de uma tarefa, a criança as segue fielmente ou as faz do seu jeito?

Social
- Interação
  - Existe uma diferença perceptível entre o ânimo positivo da criança e as interações ao trabalhar sozinha, individualmente, em um pequeno grupo ou com a classe inteira?
  - Quando os melhores resultados da criança são alcançados: quando ela trabalha sozinha, com um colega ou em um pequeno grupo?

- A criança busca por aprovação ou pede para que seu trabalho seja verificado com frequência?
- Comunicação
    - A linguagem da criança é espontânea ou é necessária uma orientação?
    - A criança gosta de contar histórias com um considerável número de detalhes?
    - A criança fornece os eventos principais e ignora os detalhes?
    - A criança ouve os outros quando falam ou ela interrompe constantemente?

Cognitivo
- Preferência de modalidade
    - Que tipo de instruções – escritas, orais, visuais – a criança compreende mais facilmente?
    - A criança responde mais rápida e facilmente às perguntas sobre histórias ouvidas ou lidas?
    - A comunicação oral da criança inclui variações adequadas de tom, entonação e volume?
    - Nas horas vagas, a criança desenha, constrói coisas, escreve, pratica esportes ou ouve música?
    - Quando trabalha no computador por prazer, a criança brinca, procura por informações ou pratica o desenvolvimento de competências acadêmicas?
    - A criança faz anotações, escreve uma palavra para lembrar como se pronuncia ou desenha mapas ao dar instruções?
    - Diante de um leque de opções e se solicitada a demonstrar seu conhecimento sobre um tema, desenhando, escrevendo, fazendo um relato oral ou demonstrando/agindo, o que a criança escolheria?
    - Em que tipos específicos de aprendizagem (leitura, matemática, esportes etc.) mostram-se evidentes sinais de tensão, como roer as unhas, mau comportamento, expressões faciais angustiadas, contato visual limitado e assim por diante?
- Aprendizagem sequencial ou simultânea
    - A criança começa com o primeiro passo e prossegue de forma ordenada ou tem dificuldade em seguir as informações sequenciais?
    - A criança pula de uma tarefa para outra e de volta para a anterior ou permanece focada em um tópico?
    - Existe uma sequência lógica para as explicações da criança ou seus pensamentos "saltam" de uma ideia para outra?

- Ao contar uma história, a criança começa pelo início e dá uma sequência de eventos passo a passo ou vai pulando os eventos, partilha os destaques ou fala principalmente sobre a *sensação* de que o filme lhe passou?
- Quando solicitada a escrever um relatório, a criança busca por orientações detalhadas ou quer apenas o tema?
- Que tipos de tarefas são mais passíveis de serem realizadas com autoconfiança?
- Impulsivo *versus* reflexivo
  - As respostas da criança são rápidas e espontâneas ou retardadas e reflexivas?
  - A criança volta a um tópico ou comportamento muito depois de os outros terem parado de falar sobre ele?
  - A criança parece considerar eventos passados antes de agir?
  - A criança responde motoricamente antes de obter detalhes adequados para a tarefa?

Físico

- Mobilidade
  - A criança se movimenta com frequência pela classe ou fica inquieta no lugar quando está sentada?
  - A criança gosta de ficar em pé ou andar enquanto aprende algo novo?
  - A criança senta-se na carteira de forma desleixada ou ereta quando trabalha?
  - A criança costuma agitar o pé?
  - A criança fica enrolada na carteira quando trabalha silenciosamente?
- Ingestão de alimentos
  - A criança belisca alguma coisa, mastiga o lápis ou morde o dedo quando está estudando?
  - A criança procura água com frequência quando está estudando?
  - A criança mastiga os cabelos, a gola ou o botão enquanto trabalha?
- Horário do dia
  - Em que momento do dia a criança está mais alerta?
  - Existe uma diferença perceptível entre o trabalho da manhã concluído e o trabalho da tarde?

Reflexos

- Som
  - Em que condições – com som ou em silêncio – a criança fica relaxada, mas alerta enquanto aprende?
  - A criança procura locais de trabalho particularmente silenciosos?

- Luz
  - A criança aperta os olhos com iluminação "normal"?
  - Há tendência da criança de abaixar a cabeça em salas de aula muito iluminadas?
  - A criança gosta de trabalhar em áreas pouco iluminadas ou diz que a luz está muito forte?
- Temperatura
  - A criança está de casaco quando os outros parecem confortáveis na temperatura ambiente?
  - A criança parece confortável em salas abaixo dos 20ºC?
- Disposição dos móveis
  - Quando pode escolher, a criança senta-se no chão, deita-se ou senta-se reta numa cadeira para ler?
  - Quando tem tempo livre, a criança escolhe uma atividade que requeira postura formal ou informal?
- Metacognição
  - A criança está ciente dos pontos fortes de seu estilo de aprendizagem?
  - A criança analisa o ambiente no que diz respeito à sua aprendizagem com questões como:
    - - O nível de luz é adequado para mim?
    - - Consigo me concentrar com esse nível de som?
    - - O móvel é confortável para mim?
    - - Estou confortável com a temperatura?
  - A criança demonstra avaliação interna de si mesma fazendo-se perguntas como:
    - - Já fiz isso antes?
    - - Como eu resolvi isso?
    - - O que eu achei fácil?
    - - O que foi difícil?
    - - Por que achei fácil ou difícil?
    - - O que eu aprendi?
    - - O que devo fazer para realizar esta tarefa?
    - - Como devo lidar com isso?
    - - Devo lidar com isso da mesma maneira que antes?
- Previsão
  - A criança faz planos e trabalha para atingir metas ou deixa as coisas acontecerem como querem?
  - A criança está disposta a correr riscos acadêmicos ou prefere ser cautelosa respondendo apenas quando solicitada?

- A criança demonstra entusiasmo em adquirir novos conhecimentos e habilidades ou hesita?
- Existe uma relação entre o "mau comportamento" da criança e as tarefas difíceis?
- Feedback
- Como a criança responde a diferentes tipos de *feedback*: não verbal (sorriso), sinais de verificação, elogio oral, uma explicação detalhada, tapinhas no ombro, comparação das notas com as anteriormente obtidas, comparação das notas com o desempenho dos colegas e assim por diante?
- Quanta orientação externa é necessária antes que a criança possa acessar conhecimentos prévios?

(Adaptado de Given e Reid, 1999)

Tabela 2.1 Uma visão holística das barreiras à aprendizagem

Aspectos cognitivos	Aspectos emocionais
Diferenças no processamento de informações: • processamento visual-ortográfico • processamento fonológico • memória de trabalho de capacidade limitada • carência de sequenciamento • consciência espacial deficiente • falta de coordenação/destreza	• Leitura, ortografia, escrita • Revisão • Números • Organização, planejamento, controle do tempo • Identificação inadequada • Comunicação social • Comportamento na tarefa
Fatores sociais/emocionais podem ser responsáveis por: • falta de autoconfiança • baixa autoestima • isolamento • ansiedade • estresse • falta de compreensão dos colegas e adultos • falta de esperança devido ao histórico de fracasso	**Fatores ambientais** que são incompatíveis com necessidades de aprendizagem: • exigências de alfabetização • falta de auxílios/sinais visuais • pressões de tempo indevidas • expectativas de colegas e sociais • acesso limitado à tecnologia • níveis de ruído • situações de aprendizagem formal criam desconforto, estresse, falta de concentração

Diagnóstico e avaliação informal

Um exemplo de estratégia de diagnóstico é mostrado a seguir.

Análise de erros durante a leitura oral: contexto

A estratégia conhecida como análise de erros é baseada na abordagem *top-down* (de cima para baixo) de leitura que foi desenvolvida a partir do trabalho de Goodman (1967). Goodman argumenta que o leitor primeiro precisa fazer previsões quanto ao significado mais provável do texto. Tais previsões são baseadas em como o leitor percebe as informações gráficas, sintáticas e semânticas contidas no texto.

Goodman sugere que, ao usar a análise de erros, um professor pode ouvir uma criança ler e determinar se dessa leitura resulta um engano ou um "erro". Esses erros podem se manifestar como erros simbólicos, sintáticos ou semânticos. Erros simbólicos significariam que a criança interpretou mal a(s) letra(s) e isso pode ser resultado de uma dificuldade visual. Erros sintáticos podem ocorrer quando, por exemplo, a criança lê a palavra "de" em vez de "para". Isso indicaria que a criança não tem as estruturas gramaticais das frases, mas pode efetuar uma boa tentativa nas características simbólicas da palavra – mesmo que ainda esteja errada. O outro tipo de erro – erros semânticos – são bastante comuns com crianças com dislexia, pois esses tipos de erro indicam que o leitor é muito dependente do contexto. Um exemplo de erro semântico seria ler a palavra "ônibus" em vez de "carro".

Os tipos de erros frequentemente observados na análise de erros e a sua significância são mostrados a seguir:

- **Omissões** – Podem ocorrer se a criança estiver lendo buscando significado em vez da impressão propriamente dita. A criança pode omitir palavras pequenas que não acrescentam nada significativo ao significado do trecho.
- **Adições** – Podem refletir uma leitura superficial com, talvez, uma dependência excessiva de pistas de contexto.
- **Substituições** – Podem ser substituições visuais ou semânticas e podem refletir uma dependência excessiva de pistas de contexto.
- **Repetições** – Podem indicar ataque direcional deficiente, especialmente se a criança ler a mesma linha novamente. Isso também pode indicar alguma hesitação por parte da criança, talvez sendo incapaz de ler a próxima palavra na linha.
- **Reversões** – Podem refletir a falta de orientação esquerda-direita. As reversões também podem indicar alguma dificuldade visual e talvez uma falta de leitura para o significado.

- **Hesitações** – Podem ocorrer quando o leitor não tem certeza do texto e talvez não tenha confiança na leitura. Pelo mesmo motivo que podem ocorrer repetições, o leitor também pode estar antecipando uma palavra difícil mais adiante na frase.
- **Autocorreções** – Ocorrem quando o leitor se torna mais consciente do significado e menos dependente do simples reconhecimento de palavras. É importante reconhecer a extensão das autocorreções, pois isso pode indicar que a criança tem uma compreensão do trecho.

Crianças com dislexia podem apresentar a maioria dos erros observados antes, especialmente porque, muitas vezes, elas leem em busca de significado e, portanto, acréscimos e substituições podem ser bastante comuns.

Barreiras à aprendizagem

É útil ver a identificação precoce e, de fato, o processo de avaliação em termos de superar as barreiras à aprendizagem, em vez de por meio do enfoque nas deficiências da criança. Na realidade, porém, tanto as informações sobre a criança quanto o currículo são necessários. Essencialmente, a abordagem de "superar barreiras à aprendizagem" requer que todas as crianças tenham o mesmo currículo, independentemente das habilidades e dificuldades percebidas. Um exemplo disso pode ser a maneira pela qual os objetivos do currículo são identificados e avaliando até que ponto a criança os atingiu e quais ações podem ser necessárias para ajudá-la a cumprir os objetivos de forma mais completa. Esta ação pode assumir a forma de alguma assistência à criança, mas também pode ser no sentido de reavaliar os objetivos ou refiná-los de alguma forma para torná-los mais acessíveis.

Um aspecto fundamental disso é o processo de monitoramento, que deve ser baseado nas realizações reais do currículo. O processo pode ser estendido para incluir detalhes da natureza do trabalho dentro do currículo que a criança considera desafiadores; por exemplo, quais letras a criança conhece e não conhece e quais livros ela pode ler fluentemente e por que deveria ser esse o caso? Essa abordagem precisa ver as aulas da criança de uma maneira abrangente e detalhada, caso contrário, pode se tornar apenas outro tipo de lista de verificação. Além disso, um certo grau de precisão é necessário para ajudar o professor a ver se a criança está atingindo as metas. Para fazer isso, uma amostra do trabalho é necessária e deve ser extraída do trabalho real da classe.

A importância desse tipo de perspectiva é que a ênfase está nas barreiras que impedem a criança de atingir essas metas, em vez de identificar o que a criança não consegue fazer. Esta é, essencialmente, uma responsabilidade do corpo docente e, portanto, uma responsabilidade de toda a escola, pois é importante que as atitudes relacionadas ao progresso e ao acesso ao currículo sejam coerentes em toda a escola. Deve haver uma visão consistente em toda a escola sobre a compreensão da dislexia e o papel dos professores e do planejamento curricular para tornar a aprendizagem eficaz uma realidade para todas as crianças, incluindo aquelas com dislexia.

Professores especialistas e envolvimento de toda a escola

De acordo com Bell e McLean (2015), o campo de formação de professores e avaliadores especializados está evoluindo, tanto em termos de nossa compreensão da dislexia e das dificuldades de alfabetização quanto em relação aos sistemas e protocolos de ensino e aprendizagem para pessoas com necessidades educacionais especiais (NEE) dentro do sistema escolar e além dele. Na Inglaterra, embora a rede de professores e avaliadores especializados esteja se expandindo, a política governamental declara inequivocamente que *todo e qualquer* professor é um professor de crianças com necessidades educacionais especiais (DfE/DoH, 2014). O *Código de Práticas de NEE* abrange alunos com até 25 anos e enfatiza a responsabilidade das escolas de avaliar e apoiar todos os alunos que não estão fazendo progresso de acordo com as expectativas nacionais. Isso significa que escolas, faculdades, universidades e outros organismos de formação atualmente precisam desenvolver as habilidades de especialistas em suas equipes. Como parte desta disposição, os Planos de Educação, Saúde e Cuidados destinam-se a crianças ou jovens com NEE que necessitem de programas de ensino. Professores especializados treinados provavelmente serão agentes fundamentais no processo.

Bell e McLean também argumentam que foi reconhecido pela administração trabalhista de Gordon Brown (2007-2010) que havia a necessidade de um professor especialista em dislexia em cada escola e o financiamento por um período limitado foi destinado a treinar tais professores, usando cursos de formação de alto nível (DCSF, 2009). Se e quando essas metas para professores especializados forem alcançadas, cada escola de inglês deve decidir sobre as prioridades para o uso de seu financiamento de NEE em relação à dislexia e isso dependerá do número de alunos na escola e de suas diversas necessidades. Isso foi reforçado por uma exigência do recente *Código de Prática* (DfE/DoH, 2014) para todas as autoridades locais na Inglaterra, para colaborar com escolas e outras agências, para publicar uma "Oferta Local" indicar o apoio a NEE. Isso estabelece a disponibilização para crianças e jovens com NEE na região.

É opinião de muitos envolvidos nesta área que a identificação da dislexia e como ensinar crianças disléxicas são responsabilidade de especialistas, e tais especialistas devem, portanto, ser identificados dentro das escolas e assumir a responsabilidade de reconhecer e atender as necessidades das crianças com dislexia. No entanto, nem sempre deve ser esse o caso. A responsabilidade, preferencialmente, deve envolver toda a escola e todos os professores devem ter algum conhecimento sobre dislexia – em particular, a alfabetização e as necessidades de aprendizagem de crianças com dislexia –, e isso pode complementar o papel dos especialistas.

Avaliação da capacidade e habilidades de leitura (extraído de Came e Reid, 2008)

1) **Informações básicas**: um resumo das informações relacionadas à leitura do aluno com base em pontuações de testes de desempenho padronizados, testes com referência a critérios e testes básicos de fim de livro. O estado de leitura atual do aluno é indicado assim como qualquer ajuda complementar que ele esteja recebendo.

2) **Objetivo do encaminhamento**: um resumo dos motivos da solicitação de avaliação diagnóstica. Estão incluídos comentários sobre preocupações específicas quanto à leitura expressas por professores de sala de aula, profissionais especializados, psicólogos da escola, pais etc.

3) **Teste**: uma breve descrição do comportamento do aluno e atitude manifestada durante a bateria de testes. Também são mencionadas as áreas específicas de leitura que foram testadas.

4) **Resumo do diagnóstico**: uma explicação dos resultados dos testes administrados em cada área de habilidade de leitura:

   a) **Habilidades emergentes/de prontidão**
   - Verifica: habilidades de leitura iniciais.
   - Indício de deficiência: dificuldade em compreender e seguir instruções.

   b) **Habilidades auditivas**
   - Verifica: ouvir e lembrar sons de palavras.
   - Indício de deficiência: dificuldade em compreender e seguir orientações orais, instruções, discussões em sala de aula e estabelecer relações de som/símbolo necessárias para a instrução fônica.

   c) **Habilidades visuais**
   - Verifica: ver e lembrar de material impresso ou escrito.
   - Indício de deficiência: dificuldade em lembrar letras em palavras – consequentemente, escrever palavras com letras invertidas ou misturadas ou perceber palavras incorretamente para decodificação.

   d) **Habilidades de reconhecimento de palavras**
   - Verifica: reconhecer e aplicar os sons para os símbolos como generalizações fônicas e princípios silábicos.

- Indício de deficiência: dificuldade de leitura fluente com muitas pronúncias incorretas.

e) **Desenvolvimento de linguagem e vocabulário**
- Verifica: compreender e expressar linguagem adequada e os conceitos de palavras escritas.
- Indício de deficiência: dificuldade em compreender o material escrito e compreender as instruções em sala de aula.

f) **Leitura/compreensão oral**
- Verifica: capacidade de decodificação, fluência, precisão e compreensão.

g) **Leitura/compreensão silenciosa**
- Verifica: entendimento do vocabulário e compreensão.

h) **Compreensão auditiva**
- Verifica: processar informações apresentadas oralmente e comparar a capacidade de ouvir com a capacidade de leitura oral/silenciosa.

5) **Interpretação do diagnóstico:** a opinião do aplicador do teste sobre o que pode estar impedindo o desenvolvimento da leitura do aluno – os pontos fracos de leitura e os pontos fortes que o professor deve levar em consideração ao ajustar o currículo para atender às necessidades do aluno.

6) **Objetivos de aprendizagem:** uma lista sucinta de objetivos que o aplicador do teste criou para aprimorar a aprendizagem para leitura do aluno.

7) **Recomendações de ensino:** sugestões e métodos específicos para auxiliar no ensino adequado para que o aluno alcance os objetivos.

8) **Atividades de aprendizagem:** as sugestões são elaboradas para ajudá-lo a compreender e auxiliar o aluno no enfrentamento da condição.

(Reproduzido com permissão da Learning Works; Came e Reid, 2008.)

Isso enfatiza sua visão de que a avaliação não deve ser realizada isoladamente. É necessário um contexto, um propósito e um vínculo apropriado com a intervenção. Da mesma forma, o ensino da leitura não deve ser realizado de forma isolada. A avaliação, portanto, é o ponto de partida, mas é importante que o tempo destinado à avaliação seja usado de forma adequada e produtiva. É por isso que os autores sugerem que uma variedade de materiais seja usada e que o professor precisa ser capacitado para assumir alguma responsabilidade pelo processo de avaliação – para observar, diagnosticar, monitorar.

Contextualizando a avaliação com vista à intervenção

É importante garantir que o processo de avaliação e os resultados de quaisquer testes usados sejam contextualizados em relação ao currículo e à natureza da situação de aprendizagem da criança. Às vezes, fatores dentro da sala de aula e os materiais que estão sendo usados podem ser responsáveis pelas dificuldades que a criança está demonstrando tanto quanto seus próprios atributos. Came e Reid (2008) abordam a questão da avaliação da alfabetização do ponto de vista de identificar a preocupação e capacitar o professor para estar em posição de fazê-lo. Em sua publicação *Concern, Assess, Provide (CAP) It All!* (ibid.), Came e Reid fornecem uma variedade de materiais que podem ser usados no contexto da sala de aula e focar diretamente no trabalho atual do aluno. Eles fazem a pergunta-chave: "O que é alfabetização?" E sugerem que a resposta a essa pergunta determinará a seleção de informações para realizar uma avaliação. Isso pode significar abordar os aspectos funcionais da alfabetização (técnicos) ou o propósito da alfabetização (significado). Um dos aspectos importantes disso é ter mecanismos de monitoramento eficientes e concretos para garantir que todos os aspectos do processo de leitura sejam tratados. Ao contrário de alguns outros testes, eles incluem a avaliação da compreensão inferencial das crianças sobre o texto, bem como o significado literal do trecho. Identificar as inferências em textos é um elemento importante para o desenvolvimento de habilidades de raciocínio e processamento de alto nível, e particularmente importante para crianças com dislexia, já que frequentemente seu foco principal tende a ser o domínio das sub-habilidades de leitura de baixo para cima; os significados inferenciais do texto às vezes se perdem.

Avaliação metacognitiva

Metacognição refere-se ao conhecimento próprio da criança sobre a aprendizagem. Ele examina a qualidade do processo de aprendizagem: a estrutura e organização da base de conhecimento do aluno, dos modelos mentais (esquemas) e da eficiência do automonitoramento do aluno. O conhecimento metacognitivo, portanto, envolve o conhecimento do conteúdo e do processo. A maioria das formas tradicionais de avaliação olha apenas para a base do conteúdo, e o que a criança pode e não pode fazer torna-se o produto da avaliação. É importante considerar, no entanto, que a preocupação em identificar a natureza das dificuldades não deve impedir uma avaliação dos processos de aprendizagem da criança. Isso tem uma ligação considerável com o ensino apropriado e como os materiais devem ser apresentados.

Existem várias maneiras de avaliar as estratégias metacognitivas do aluno. Algumas delas são descritas a seguir.

Avaliação assistida

Brown e Campione (1994), insatisfeitos com as informações limitadas que podiam ser obtidas a partir dos procedimentos normativos, desenvolveram um modelo amplamente pesquisado para avaliação assistida, ou dinâmica, com foco na tarefa e no processo de aprendizagem. Eles também vincularam esta forma de avaliação ao modelo de intervenção conhecido como "ensino recíproco" (Palincsar e Klenk, 1992).

O foco do trabalho de Campione e Brown está relacionado a aspectos de aprendizagem e transferência; as informações obtidas fornecem uma indicação da natureza e da quantidade de ajuda necessária para a criança, ao invés do nível de realização ou melhoria da criança. Isso pode ser revelado por meio de "prompts", tarefas de memória e ajuda no desenvolvimento de estratégias de aprendizagem.

Campione e Brown argumentam que deve haver uma ligação entre avaliação e instrução. Eles argumentam que os testes tradicionais se destinam a ser preditivos e prescritivos, mas falham em ambos os casos. Seu argumento baseia-se nas afirmações de que as crianças podem ser classificadas erroneamente com demasiada facilidade e que os testes tradicionais não fornecem uma indicação clara do que é realmente necessário para a instrução. Eles declaram que o contexto da avaliação é importante e dividem a avaliação em dois aspectos.

- Testes estáticos

Nestes, a criança trabalha sem auxílio em conjuntos de itens e só lhe é dada uma única chance de demonstrar sua proficiência. Assim, nenhuma ajuda é fornecida; a interação social entre o aplicador do teste e a criança é minimizada; sistemas de pontuação objetivos podem ser prontamente implementados e normas podem estar disponíveis.

Embora esses testes possam cumprir um propósito útil, eles têm deficiências consideráveis, pois dizem muito pouco sobre os processos envolvidos na aquisição das respostas. Por exemplo, algumas crianças podem obter a resposta certa pelo motivo errado.

- Testes dinâmicos

Os testes do tipo dinâmico enfatizam o potencial de mudança do indivíduo. Esses testes não tentam avaliar quanta melhoria ocorreu, mas sim quanta ajuda as crianças precisam para atingir um critério especificado e quanta ajuda elas precisarão para transferir isso para novas situações. Esses testes são, portanto, metacognitivos, pois podem fornecer informações sobre como a criança está aprendendo. Ao observar as pistas necessárias para facilitar a resposta correta da criança, o professor pode obter algumas informações sobre como a criança pensa e aprende. Essas informações podem ser retransmitidas para a criança para ilustrar como ela conseguiu obter a resposta correta. Assim, a avaliação é uma experiência de aprendizagem, não de teste.

O papel da metacognição na aprendizagem é de grande importância, pois se relaciona com a consciência do aluno de pensar e aprender. Tunmer e Chapman (1996) mostraram como crianças disléxicas têm carência de consciência metacognitiva e isso as leva a adotar comportamentos de aprendizagem inadequados na leitura e na ortografia.

Essencialmente, a metacognição está relacionada a pensar sobre o pensar, estar ciente do processo de aprendizagem e utilizar isso na nova aprendizagem. O professor, então, tem um papel instrumental a desempenhar no desenvolvimento da consciência metacognitiva (Peer e Reid, 2001). Isso pode ser alcançado fazendo ao aluno algumas perguntas fundamentais e observando o seu comportamento de aprendizagem, como no exemplo a seguir.

Facilitando a consciência metacognitiva

Ao lidar com uma nova tarefa, a criança demonstra autoavaliação, fazendo perguntas como:
- Já fiz isso antes?
- Como eu enfrentei isso?
- O que eu achei fácil?
- O que foi difícil?
- Por que achei fácil ou difícil?
- O que eu aprendi?
- O que devo fazer para realizar esta tarefa?
- Como devo lidar com isso?
- Devo lidar com isso da mesma maneira que antes?

Estratégias metacognitivas

O uso de estratégias metacognitivas pode ajudar a desenvolver a compreensão de leitura e habilidades de escrita expressivas. Algumas estratégias metacognitivas específicas incluem:
- Imagens visuais – discutir e esboçar imagens a partir de texto.
- Frases resumidas – identificar as ideias principais no texto.
- Rede – o uso de mapas conceituais das ideias de um texto.
- Autoquestionamento – fazer perguntas sobre o que os alunos já sabem sobre um tópico e o que se espera que aprendam com o novo trecho.

A abordagem usada com mais frequência para avaliar a compreensão metacognitiva é perguntar diretamente aos alunos o que eles sabem ou o que fazem enquanto estão envolvidos em atividades cognitivas específicas. Os relatos verbais são normalmente obtidos por meio de entrevistas estruturadas, como a originalmente usada por Flavell, ou por questionários que incluem várias opções de resposta a uma série de itens.

A maioria dos questionários é de domínio específico (p. ex., eles se concentram apenas em leitura ou apenas em matemática), mas alguns são destinados a serem mais de domínio geral. Um inventário de domínio geral pode avaliar o conhecimento de um indivíduo sobre cognição e regulação da cognição (incluindo planejamento, monitoramento e autoavaliação de sua aprendizagem). Uma estratégia útil de autorrelato para avaliar a consciência metacognitiva é pedir aos alunos que verbalizem sobre o que estão fazendo e pensando enquanto resolvem um problema ou leem um texto. Em seguida, você observaria as etapas que eles estão realizando. Isso é particularmente importante para crianças com dislexia, pois elas podem muito bem obter a resposta correta, mas não ter certeza de como obtiveram tal resposta.

Ao longo de toda a avaliação – seja ela formal ou informal –, o avaliador deve considerar qual seria a forma mais adequada de intervenção. O avaliador deve procurar pistas sobre as estratégias mais apropriadas que o aluno pode acessar. Wray, a seguir, destaca algumas das habilidades que podem ser exibidas por bons leitores e isso pode dar alguma indicação para algumas estratégias de leitura desejáveis.

Habilidades apresentadas por bons leitores (Wray, 1994)

É importante, portanto, considerar alguns dos elementos identificados por Wray (1994) em relação às habilidades apresentadas por bons leitores, pois estas fornecem um bom exemplo de consciência metacognitiva na leitura.

Bons leitores geralmente:
- produzem perguntas enquanto leem;
- monitoram e resolvem problemas de compreensão;
- utilizam imagens mentais enquanto leem;
- releem quando necessário;
- corrigem a si mesmos se houver erro na leitura.

Usando os fatores descritos por Wray, é importante, portanto, garantir que o leitor tenha uma imagem clara do propósito da leitura e uma compreensão do texto a ser lido. Há evidências consideráveis que sugerem que a discussão pré-leitura pode melhorar a fluência e compreensão da leitura.

Processando informação

Crianças com DAEs, e particularmente dislexia, muitas vezes experimentam uma diferença no processamento de informações e é importante que isso seja reconhecido, pois pode levar a uma intervenção eficaz. O processamento de informações descreve a interação entre o aluno e a tarefa. Essencialmente, o ciclo de processamento de informações é constituído por três componentes principais. São eles:

- **Entrada** – auditiva, visual, tátil, cinestésica;
- **Processamento** – memória, compreensão, organização e dar sentido às informações;
- **Saída** – ler em voz alta, falar, discutir, desenhar, ver, experimentar.

Crianças com DAEs podem ter dificuldade em todos os três estágios desse ciclo. É importante, portanto, recorrer a dados diagnósticos que envolvam essas três etapas. Pode ser útil reconhecer isso ao identificar as dificuldades vividas pela criança. Por exemplo, pode-se perguntar se as mesmas dificuldades são experimentadas se o material for apresentado visualmente e não auditivamente. Talvez o indivíduo possa aprender de maneira mais eficaz se for capaz de vivenciar a aprendizagem efetiva por meio da modalidade cinestésica. Embora isso esteja relacionado às abordagens de ensino, é crucial que isso seja reconhecido no processo de identificação e avaliação, pois é importante que as razões para a dificuldade sejam buscadas e que um vínculo claro possa ser estabelecido entre as abordagens de avaliação e de ensino.

Processamento de informações – sugestões para vincular avaliação à intervenção

Entrada

- Identificar o estilo de aprendizagem preferido do aluno, particularmente as preferências visuais, auditivas, cinestésicas ou táteis, pois podem ser cruciais na forma como as informações são apresentadas. É importante direcionar novas informações para a modalidade de preferência do aluno.
- Apresentar novas informações em pequenos passos – isso garantirá que a memória de curto prazo não fique sobrecarregada com informações antes de ser totalmente consolidada.
- O novo material precisará ser repetidamente apresentado durante a aprendizagem. Isso não significa que a repetição deva ser da mesma forma – muito pelo contrário, é importante que ela seja diversificada, usando a maior variedade possível de materiais e estratégias.

- É uma boa ideia apresentar os pontos-chave no estágio inicial de aprendizagem de novos materiais. Isso ajuda a fornecer uma estrutura para o novo material e pode ajudar a relacionar as novas informações ao conhecimento prévio.

Processamento
- A informação deve estar relacionada ao conhecimento prévio. Isso garante que os conceitos sejam desenvolvidos e as informações possam ser dispostas em uma estrutura de aprendizagem, ou esquema, pelo aluno. A aprendizagem bem-sucedida geralmente se deve à organização eficiente das informações. É importante, portanto, agrupar informações e mostrar a conexão entre as duas. Por exemplo, se o tópico a ser abordado for a série de livros de Harry Potter, então conceitos como bruxaria e magia, e as palavras associadas a eles, precisam ser explicados e algumas das ideias relacionadas devem ser discutidas. Isso deve ser realizado antes da leitura do texto.
- Algumas estratégias específicas de memória, como mapeamento mental e mnemônicos, podem ser usadas para ajudar o aluno a lembrar algumas das palavras-chave ou ideias mais desafiadoras. Isso pode ser feito visualmente por meio de mapas mentais.

Saída
- Muitas vezes, crianças com DAEs têm dificuldade em identificar os pontos-chave em uma nova aprendizagem ou em um texto. Isso pode ser superado fornecendo à criança esses pontos-chave ou palavras no estágio inicial de aprendizagem do novo material. Além disso, o aluno pode adquirir habilidades praticando o uso de resumos. Cada período de nova aprendizagem deve ser resumido pelo aluno – isso, por si só, ajuda a identificar os pontos-chave.
- Também pode ser benéfico medir o progresso oralmente em vez de por escrito, principalmente a avaliação contínua em sala de aula. Não é incomum que crianças com dislexia sejam muito mais proficientes oralmente do que por escrito. A apresentação oral de informações pode, portanto, ajudar a inspirar a autoconfiança. Em contraste, muitas vezes um exercício escrito pode ser prejudicial em termos de autoconfiança, a menos que uma preparação e um planejamento consideráveis tenham ajudado a garantir que alguns dos pontos indicados antes sejam colocados em prática.

Uma estrutura de avaliação

A seguir, está um exemplo de estrutura que pode auxiliar no planejamento de uma avaliação.

- Avaliação sensorial: envolve audição, visão etc. Isso é particularmente importante para crianças mais novas.
- Informação dos pais: trata-se de algo fundamental – os pais possuem uma quantidade considerável de informações sobre seus filhos e é importante que isso seja compartilhado com o avaliador.
- Teste de reconhecimento de palavras: também é importante que o avaliador inclua a leitura de palavras isoladas. Isso elimina o uso de contexto, por isso é um teste mais realista das habilidades reais de leitura.
- Teste de reconhecimento de não palavras: este é um teste puro de decodificação, pois as palavras precisam ser decodificadas para que o aluno tenha algum conhecimento de como decodificar a palavra e alguma competência em processamento fonológico.
- Teste de ortografia: é sempre útil incluir um teste de ortografia, pois a ortografia pode ser um bom diagnóstico das dificuldades que as crianças podem estar enfrentando na alfabetização.
- Avaliação fonológica: é particularmente importante para crianças com dislexia, uma vez que a dificuldade fonética é geralmente a principal questão que causa problemas na alfabetização.
- Análise de erros: isso, ou algo semelhante, pode ser usado como forma de diagnóstico para observar os tipos de erros que a criança está cometendo.
- Teste de compreensão leitora/auditiva: é importante obter uma medida da compreensão da criança e é uma boa ideia usar tanto a compreensão de leitura quanto a compreensão auditiva.
- Escrita livre: é sempre útil e pode ser feita em condições temporizadas e não temporizadas. Pode dar uma ideia de como a criança estrutura o trabalho escrito, bem como se é capaz de utilizar o seu vocabulário oral no trabalho escrito.
- Informações do currículo: isso ajuda o avaliador a contextualizar a avaliação com o objetivo de identificar as necessidades do aluno. Também é importante para monitorar o progresso.
- Avaliação observacional: deve, se possível, ser incluída em um protocolo de avaliação. As crianças podem ter um desempenho diferente na situação de teste em comparação com a sala de aula. Também dá uma ideia de como a criança atua e interage com seu grupo de colegas.

- Informações adicionais relevantes: pode haver vários profissionais diferentes envolvidos em uma avaliação, portanto, é útil obter informações de quem pode ter examinado a criança antes disso, incluindo fonoaudiólogos, profissionais médicos, terapeutas ocupacionais e optometristas.

Vinculando avaliação à intervenção

Questões fundamentais

Algumas das questões fundamentais relacionadas a dificuldades de aprendizagem específicas são:
- o conteúdo do assunto – garantir que seja acessível;
- administração da matéria – garantir que a apresentação do currículo reconheça os desafios específicos e o estilo de aprendizagem, bem como os pontos fortes dos alunos com dificuldades de aprendizagem específicas e que o planejamento leve em consideração as dificuldades potenciais que eles podem enfrentar com a aprendizagem;
- avaliação – na medida do possível, uma ampla gama de estratégias de avaliação deve ser usada para que sejam obtidos indicadores de intervenção;
- estilos de aprendizagem – é importante reconhecer que a nova aprendizagem precisa ser apresentada de uma maneira que possa se adequar ao estilo de aprendizagem do aluno.

Indicadores para diferenciação

Também é importante que alguns dos aspectos-chave para a diferenciação sejam considerados na apresentação dos resultados da avaliação, garantindo assim que a avaliação esteja vinculada à intervenção.

Fatores como os mostrados a seguir podem ser úteis:
- conhecimento dos níveis de legibilidade do texto e das fontes de informação;
- o *design* de recursos, incluindo o *layout* e o uso de diagramas; o último precisa ser claramente identificado;
- disponibilização de materiais impressos, como observações, para evitar anotações mecânicas;
- disponibilização de palavras-chave – isso é importante porque pode ajudar a fornecer ao aluno uma estrutura para o tópico e prevenir quaisquer dificuldades que ele possa apresentar com o resgate de palavras;
- listas de ortografia de vocabulário especializado são importantes, pois, em algumas disciplinas (particularmente na escola secundária), pode haver vocabulário técnico especializado;

- uso de papel colorido – há algumas evidências de que diferentes cores de fundo e fonte podem melhorar a leitura e a atenção de algumas crianças;
- o *layout* da página é muito importante e deve ser visual, mas não conter excesso de informações. Fundo colorido também é geralmente preferível. O tamanho da fonte também pode ser um fator importante e não deve ser muito pequeno. Em relação à fonte em si, foi sugerido que as fontes Sasoon, Comic Sans e Times New Roman são bastante acessíveis.

Resumo

Não existe uma fórmula de ouro para identificar e atender às necessidades especiais de aprendizagem de cada aluno que passa por dificuldades de natureza disléxica. Abordar as dificuldades é uma questão de resolver o problema da inter-relação e interação entre as características de cada aluno, os requisitos do currículo e fatores relacionados ao ambiente de aprendizagem e pedagogias dos professores.

A dislexia não deve ser identificada *apenas* por meio de um teste. A identificação da dislexia é um processo e esse "processo" envolve muito mais do que a aplicação de um teste ou grupo de testes. Especificamente, a identificação deve considerar três aspectos em particular – discrepâncias, dificuldades e diferenças (incluindo os pontos fortes) – e estes devem estar relacionados ao ambiente da sala de aula e ao currículo, bem como às preferências de aprendizagem da criança. A avaliação, portanto, precisa considerar os fatores da sala de aula e do currículo, as preferências de aprendizagem da criança e as dificuldades e pontos fortes específicos. Essencialmente, ela precisa considerar a tarefa e o currículo, bem como o ambiente de aprendizagem e a experiência de aprendizagem.

Pontos centrais
- A avaliação da dislexia e, na verdade, das outras DAEs é um processo que envolve mais do que usar um teste.
- O processo de avaliação deve considerar as dificuldades, as discrepâncias e as diferenças.
- Os professores podem desenvolver avaliação fonológica diagnóstica.
- A avaliação da leitura e ortografia deve ser diagnóstica.
- A diferença nos estilos de aprendizagem e nas preferências de aprendizagem deve ser levada em consideração.
- A avaliação precisa ter um vínculo claro com a intervenção.

3
Avaliação do professor
Alfabetização

Introdução

A alfabetização é um conjunto complexo de habilidades que compreendem os processos inter-relacionados de leitura e escrita exigidos em diversos contextos sociais e culturais. A leitura requer decodificação, reconhecimento de palavras preciso e fluente, e compreensão nos níveis de palavra, frase, sentença e texto. A escrita requer formação automática de letras e/ou digitação, ortografia precisa e fluente, construção de frases e a capacidade de compor uma variedade de estruturas de texto diferentes com coerência e coesão. Identificação e memorização de sons, reconhecimento de letras, memorização do alfabeto, reconhecimento instantâneo de palavras e associações de som-símbolo são todos elementos básicos da leitura (Wright e Jacobs, 2003). Se essas habilidades não forem obtidas nem os marcos atingidos, pode ser um desafio para as crianças alcançarem qualquer tipo de sucesso (conforme citado em Martin, Martin e Carvalho, 2008).

Estudos recentes sobre influências genéticas indicam que as habilidades de leitura podem ser parcialmente atribuídas à "conexão" biológica e às experiências de vida (Moats, 2004). Esse entendimento está associado à ideia de que a alfabetização ganha "raízes", muito antes do início da escolaridade, com o desenvolvimento da linguagem. Acredita-se que as crianças expostas aos livros desde tenra idade recebem uma modelagem adequada da linguagem, com a exposição ao alfabeto e à comunicação audível que ele representa.

No Reino Unido, os números do National Literacy Trust sugerem com otimismo que muito mais crianças hoje atingem o nível em alfabetização esperado para sua idade do que em 1997. O indicador principal, a porcentagem de alunos que atingem o nível quatro (o nível esperado para sua idade) nos testes nacionais para o inglês (leitura e escrita) aos 11 anos, aumentou de 63% para 80% nesse período. Em meados da década de 1990, apenas metade das crianças atingiu o nível esperado para sua idade. Essas metas se aplicam a todas as crianças, de todos os graus de capacidade e classes sociais, incluindo aquelas que falam inglês como idioma adicional.

Curtis (2008), no entanto, chama a atenção para o fato de que, na Inglaterra, cerca de 20% das crianças saem de sua experiência na escola primária sem os níveis básicos de sucesso que se espera delas na alfabetização. Isso acontece apesar do enfoque intensivo de dez anos no ensino de alfabetização por parte do governo do Reino Unido. A Enquete sobre Educação e Capacidade do CBI realizada em 2008, "Taking Stock" (Fazendo um balanço) (CBI, 2008), descobriu que 41% dos empregadores entrevistados estavam alarmados com a alfabetização básica dos funcionários. Para empresas com preocupações com habilidades básicas, a qualidade do inglês escrito – elaborar frases bem redigidas com gramática precisa – era o principal receio com a alfabetização (72%). Além disso, de acordo com a Avaliação Nacional Americana de Progresso Educacional (Jitendra, Edwards e Starosta, 2004), 40% dos alunos da quarta série nos Estados Unidos leem abaixo de seu nível de escolaridade.

Este problema também parece aumentar e se tornar mais sério no caso de crianças com DAEs (dislexia). "Dislexia" é um termo popular e aceito no Reino Unido e em muitos outros países e a Associação Britânica de Dislexia (ABD) afirma que 10% da população britânica é disléxica, sendo que 4% apresentam grau severo[2].

Nos Estados Unidos, em 2002, o Departamento de Educação norte-americano (Manset-Williamson e Nelson, 2005) relatou que, dos aproximadamente 2,9 milhões de crianças em idade escolar recebendo assistência social por dificuldades de aprendizagem, a maioria foi identificada como tendo uma deficiência de aprendizagem por causa de atrasos no desenvolvimento da leitura. Nos Estados Unidos, o termo abrangente "dificuldades de aprendizagem" (DA) é empregado para descrever uma ampla variedade de distúrbios, incluindo "distúrbios em um ou mais dos processos psicológicos básicos envolvidos na compreensão ou no uso da linguagem falada ou escrita" (IDEA, 2004 Seção 300.8 (c) (10)) (citado em Reynolds, Johnson e Salzman, 2012).

---

2. Disponível em https://www.bdadyslexia.org.uk/about – Acesso em 01/01/2015.

Fatores a considerar

Os problemas acadêmicos dos alunos com DAEs podem ser evidentes na compreensão auditiva, leitura, escrita ou matemática. Problemas em áreas não acadêmicas, como falta de organização, tomada de decisão impulsiva, escassez de metacognição e carência de controle socioemocional, podem tornar a vida acadêmica ainda mais frustrante (Chang, 1996; Reid, 2009). O site da ABD fornece alguns comentários sobre tais questões (no Reino Unido) dos próprios indivíduos (cf. Figura 3.1), que proporcionam alguns *insights* sobre as dificuldades que eles enfrentam nos níveis acadêmico e de alfabetização.

O número de alunos classificados como tendo DAEs cresceu drasticamente nos últimos 20 anos, o que levou a um aumento na quantidade de pesquisas conduzidas para determinar os métodos de intervenção mais eficazes para o desenvolvimento da leitura e outras habilidades, como escrita, matemática, linguagem e desenvolvimento motor. Crianças com DAEs/dislexia experimentam principalmente dificuldade de leitura (Swanson, 2008) em comparação com a população estudantil em geral.

Habilidades de alfabetização subdesenvolvidas têm consequências profundas para o aluno, sua família e sociedade. Esses efeitos são de natureza acadêmica, social, emocional e econômica. Crianças com dislexia costumam ser preparadas de maneira inadequada para os desafios acadêmicos apresentados em todo o *continuum* educacional, tanto no ensino primário quanto no secundário. Alunos do ensino médio com dislexia apresentam déficits significativos em leitura e matemática quando comparados a outros alunos da mesma série (Dodds e Lumsden, 2001). Além disso, crianças e jovens com dislexia (ou baixos níveis de alfabetização) tendem a abandonar a escola em taxas mais altas do que a população em geral. Nos Estados Unidos, apenas 11% dos alunos com dislexia, em comparação com 53% dos alunos na população geral de estudantes, frequentaram um programa pós-secundário de quatro anos, e Barton (2004) relata que as 25 profissões de crescimento mais rápido têm demandas de alfabetização mais elevadas do que a média, enquanto as profissões em declínio mais rápido têm demandas de alfabetização abaixo da média. Os alunos devem ser competentes não apenas com material impresso, mas também nas habilidades e estratégias exigidas por um ambiente cada vez mais digital. Portanto, é imperativo que a intervenção para alunos com dislexia comece quando as necessidades de alfabetização são identificadas pela primeira vez.

Figura 3.1 Algumas dificuldades acadêmicas e de alfabetização experimentadas por pessoas com dislexia

- "Eu vejo as coisas de uma perspectiva diferente."
- "Eu apresento soluções que ninguém mais pensou e dou uma resposta rápida."
- "Quando estou lendo, um trecho vez ou outra fica todo confuso, mas quando isso acontece, tenho que ler e reler novamente o trecho."
- "Eu sei o que quero dizer, mas nunca consigo encontrar as palavras certas."
- "Em situações formais, embora eu saiba o que quero dizer, tenho dificuldade para fazê-lo, perco o foco e então dá um branco na minha cabeça e eu entro em pânico."
- "Eu tenho as ideias claras, mas não consigo colocá-las no papel"[3].

Sabe-se que a triagem pré-alfabetização tem condições de ser muito eficaz e econômica e pode começar antes do início da alfabetização ou do início da escola (Fawcett e Nicolson, 1995, 2008).

Um bom exemplo disso pode ser visto no Relatório da Força-Tarefa sobre Dislexia (2001).

O relatório recomenda um modelo de avaliação em fases especificamente para identificar as dificuldades decorrentes da dislexia. Tal modelo inclui:

Fase 1 – Identificação inicial de diferenças de aprendizagem (idades de três a cinco anos), que fornece os seguintes indicadores de diferenças de aprendizagem.

Fase 2 – Identificação de uma possível dificuldade de aprendizagem decorrente da dislexia (de cinco a sete anos em diante). Isso inclui monitoramento, observação, análises de avaliação diagnóstica pelo professor da turma e professor de apoio à aprendizagem, e consideração de abordagens de intervenção, que também podem incluir programas casa/escola.

Fase 3 – Esta fase relata a identificação formal da dislexia e uma análise das necessidades dos sete aos doze anos em diante. Isso inclui uma revisão das intervenções que foram implementadas até aquele ponto, incluindo a contribuição dos pais e também dos professores. Esta fase também considera os efeitos da dificuldade de aprendizagem da criança em sua autoestima, bem como os efeitos de qualquer outra dificuldade de aprendizagem relacionada.

Fase 4 – Envolve a disponibilidade de avaliações anuais multidisciplinares a partir dos doze anos. Essas análises garantiriam a manutenção de um programa educacional individual. Esta fase também alerta a escola para a possibilidade de dificuldades não reconhecidas que podem não se tornar evidentes até o ingresso no ensino pós-primário.

3. Disponível em http://www.bdadyslexia.org.uk/dyslexia/neurodiversity-and-co-occurring-differences – Acesso em 01/01/2015.

O relatório, portanto, recomenda que um sistema de reconhecimento precoce deve ser implementado em todas as escolas pós-primário – isso deve incluir uma ligação estreita com as escolas primárias formadoras antes da transferência, bem como informações dos pais sobre os alunos que chegam. Obviamente, a produção de um documento bastante abrangente com orientações claras para serem vistas e seguidas por todos é recomendável.

Sabe-se também que há implicações sociais para as dificuldades de alfabetização e uma série de estudos prisionais em muitos países – Reino Unido, Suécia e Estados Unidos, por exemplo – demonstraram que algo em torno de 35 a 50% da população prisional provavelmente mostrarão sinais de dislexia (Reid e Kirk, 2001; Elbeheri, Everatt e Al-Malki, 2009).

Wagner (2000) relata que baixo desempenho em alfabetização se correlaciona com altas taxas de pobreza e desemprego. O impacto dessa realidade é significativo para a sociedade e os consequentes riscos socioemocionais para esses indivíduos são profundos.

A importância da avaliação da alfabetização para professores

A avaliação tem sido uma área de preocupação em todas as fases e áreas da educação. A literatura está repleta de debates em torno dos objetivos e práticas da avaliação. A avaliação formativa, no entanto, é fundamental para qualquer abordagem de ensino e aprendizagem que valorize as ideias das crianças, uma vez que descobri-las no início e, na continuidade, checar com frequência para descobrir como mudaram é um pré-requisito para o ensino com compreensão. Há um corpo de evidências que sugere que a avaliação formativa é uma característica essencial do trabalho em sala de aula e que seu desenvolvimento pode elevar os padrões. A avaliação formativa também pode ser preventiva e abrir caminho para a identificação precoce, principalmente para crianças com risco de dislexia.

A avaliação e análise abrangentes procuram identificar com precisão os padrões de pontos fortes e necessidades de um aluno. Uma avaliação e análise abrangentes devem usar uma versão válida e mais atual de qualquer avaliação padronizada e aplicar vários parâmetros de medição, incluindo avaliações padronizadas e não padronizadas e outras fontes de dados, como histórico de caso e entrevistas com pais, educadores, profissionais relacionados e o aluno (se pertinente), bem como avaliações e informações fornecidas pelos pais. O termo "avaliação" é usado em muitos e diferentes contextos para uma variedade de propósitos em ambientes educacionais, incluindo individual e em grupo, padronizado e informal, formativo e sumativo. Alguns profissionais usam a avaliação de forma ampla para incluir avaliação e análise. Avaliação refere-se à coleta de dados por meio do uso de medidas múltiplas, incluindo instrumentos e procedimentos padronizados e informais. Essas medidas geram dados quantitativos e qualitativos abrangentes sobre um aluno individual. Os resultados do monitoramento contínuo do progresso também podem ser usados como parte das avaliações individuais e em sala de aula. As informações de muitas dessas fontes de dados de avaliação podem e devem ser usadas para ajudar a garantir que a avaliação e a análise abrangentes reflitam com precisão o desempenho de determinado aluno.

A análise segue a avaliação e incorpora informações de todas as fontes de dados. Análise refere-se ao processo de integração, interpretação e resumo dos dados abrangentes da avaliação, incluindo fontes indiretas e preexistentes.

O principal objetivo da avaliação e da análise é permitir que os membros da equipe usem dados para criar um perfil dos pontos fortes e necessidades de um aluno. O perfil do aluno norteia as decisões sobre identificação, elegibilidade, serviços e intervenção. A razão pela qual procedimentos de avaliação e análise abrangentes são necessários é porque qualquer tipo de problema de aprendizagem pode se manifestar de maneira diferente entre os indivíduos ao longo do tempo, em grau de severidade e entre ambientes. É por isso que o monitoramento contínuo é importante, assim como a revisão da intervenção.

Processo de avaliação da alfabetização

A avaliação das necessidades dos alunos é uma das tarefas mais difíceis, mas, ao mesmo tempo, uma das mais importantes que os professores têm como sua responsabilidade. A avaliação adequada leva a uma instrução eficaz e uma aprendizagem mais eficiente e bem-sucedida. A avaliação é um processo contínuo e focado em objetivos para aumentar a aprendizagem do aluno. Sem essa meta, ela deixa de ter significado em um contexto educacional. Conforme indicado nos capítulos anteriores, a avaliação é mais do que aplicação de testes e sua interpretação. Deve incorporar várias fontes, que podem incluir testes padronizados, medidas informais, observações, relatos dos próprios alunos e dos pais, e monitoramento do progresso.

Quando você analisa alguns dos fatores envolvidos na alfabetização, pode ter uma ideia dos diferentes aspectos que precisam ser considerados de alguma forma – seja por meio de uma avaliação padronizada ou por meio da observação.

Estes incluem:
- Fatores auditivos

- reconhecimento de sons de letras;
- reconhecimento de sons e grupos de letras ou padrões;
- sequência de sons;
- diferenciar sons entre si;
- diferenciar sons dentro das palavras.
- Fatores linguísticos
  - o fluxo da linguagem oral nem sempre torna claro o intervalo entre as palavras;
  - reter os sons na memória;
  - articular sons;
  - reconhecer os sons na forma escrita.
- Fatores visuais
  - reconhecer as pistas visuais de letras e palavras;
  - familiaridade com a orientação esquerda-direita;
  - reconhecer padrões de palavras;
  - reconhecer formas de letras e palavras.
- Fatores contextuais
  - adquirir conhecimento de vocabulário;
  - adquirir conhecimentos gerais;
  - recorrer ao contexto como auxílio às habilidades de reconhecimento, compreensão e analogia de palavras.

O desenvolvimento de um cronograma de observação pode ser uma forma útil de incorporar esses pontos. É importante, no entanto, considerar a questão levantada por Bell e McLean (2015), que sugerem que, na sala de aula regular, pode ser fácil deixar de perceber sinais de DAEs, particularmente quando os alunos os disfarçam com mau comportamento, ou procurando não chamar atenção para si mesmos, permitindo que permaneçam indetectáveis em um ambiente movimentado. Os autores sugerem que isso também pode ser pronunciado no caso de adultos com dislexia, que adquirem muita prática em esconder fraquezas no trabalho. Como resultado, eles não recebem o suporte adequado e ajustes simples à sua prática de trabalho que os ajudariam a desempenhar suas funções com mais eficiência e, possivelmente, reduzir seu estresse e ansiedade.

Planejamento

O processo de avaliação deve ser bem planejado para garantir sua abrangência, organização e eficiência. No início do planejamento da avaliação, o professor ou avaliador envolvido deve determinar o que se sabe, o que não se sabe e o que é necessário saber sobre o indivíduo que está sendo avaliado. As informações incluirão potencial de aprendizagem, níveis de desempenho individual, interações com colegas e adultos, interações sociais, adequação social/emocional, ambientes doméstico e escolar e desempenho escolar prévio. Uma vez que as necessidades de informação são identificadas, decisões podem ser tomadas com relação aos tipos apropriados de procedimentos de avaliação a serem usados, quem irá avaliar e suas funções e o cronograma para a conclusão. A seleção e utilização de testes no processo de avaliação é uma decisão crítica. Aplicados corretamente, os testes podem fornecer informações diagnósticas importantes, mas a má seleção e/ou a aplicação incorreta dos testes pode levar à confusão ou, pior, a um diagnóstico não condizente. Uma consideração importante na seleção de um teste deve ser sua adequação técnica. O teste foi devidamente padronizado e é confiável e válido? Todas essas questões e considerações importantes devem ser abordadas durante o planejamento do processo de avaliação. Pode ser útil começar com uma triagem genérica, bem como alguma forma de observação e coleta de dados (cf. mais adiante neste capítulo).

Levantamento de informações

O objetivo nesta fase é coletar informações de forma eficiente por uma variedade de meios, que incluem:

1) uma revisão das informações do histórico obtidas nos registros do aluno;

2) uma revisão das estratégias de ensino e desempenho atual do aluno no ensino diagnóstico;

3) entrevistas com os pais, professores, outras pessoas relevantes na vida do indivíduo e com ele próprio;

4) observação do aluno;

5) qualquer outro teste formal e/ou informal.

Nenhuma fonte de dados única é suficiente para identificar alunos com DAEs; isso inclui os dados de qualquer fórmula quantitativa, como uma discrepância entre habilidade padronizada e pontuação de desempenho. Medidas, procedimentos e práticas de avaliação abrangentes são necessários para permitir que equipes multidisciplinares diferenciem as dificuldades de aprendizagem do baixo rendimento escolar e de outros tipos de problemas de aprendizagem e comportamento.

Cinco pressupostos fundamentais foram amplamente identificados em relação ao processo de avaliação:

1) a pessoa que está aplicando o teste é qualificada;
2) uma certa quantidade de erro estará presente;
3) a aculturação da criança sendo testada é comparável ao grupo no qual o teste foi padronizado;
4) a amostragem de comportamento é adequada em quantidade e representativa em área;
5) comportamento presente é observado, comportamento futuro é inferido.

O examinador do teste deve ser hábil em estabelecer conexão, administrar corretamente o teste, pontuá-lo e interpretar seus resultados. Dois tipos de erro são geralmente reconhecidos: o erro sistemático e o erro aleatório. O erro sistemático é consistente porque é incorporado ao instrumento de teste pelo examinador. O erro aleatório é produzido pela inconsistência do examinador ou do instrumento de teste.

Análise e interpretação

As informações coletadas devem ser analisadas e interpretadas para determinar seu significado. A análise começa com um resumo das descobertas. Bons resumos agrupam as informações de tal forma que cada parte pode receber a consideração apropriada à luz de todas as outras informações. A comparação das informações coletadas leva à determinação dos pontos fortes e fracos acadêmicos e comportamentais do aluno. Uma vez que os pontos fortes e fracos são identificados, esforços devem ser feitos para explicar as discrepâncias significativas encontradas no desempenho do indivíduo. Isso inclui discrepâncias entre o desempenho e o ponto de referência, bem como discrepâncias no desempenho do indivíduo em si. Discrepâncias nas informações coletadas por diferentes integrantes da equipe também devem ser abordadas e explicadas.

Síntese

Síntese é o processo de reunir as partes para formar um todo. O objetivo é desenvolver uma descrição abrangente do indivíduo como aluno em relação ao ambiente. Os efeitos do aluno no ambiente e os efeitos do ambiente no aluno precisam ser incluídos. O ambiente deve incluir a sala de aula e a escola como um todo, por isso é uma boa ideia começar com alguma forma de observação, e isso pode levar em conta o ambiente.

Tomada de decisão

O objetivo do processo de tomada de decisão é aumentar a aprendizagem do aluno, iniciando mudanças dentro do ambiente e/ou programa educacional. As decisões devem ser extensões lógicas da análise e síntese das informações coletadas. Um plano e programa educacionais devem ser desenvolvidos e implementados para atender às necessidades educacionais e para facilitar as mudanças ambientais necessárias (casa, escola, comunidade e as próprias) identificadas na fase de tomada de decisão.

Formas de avaliação da alfabetização

Evidências demonstram que, para crianças com dificuldades de aprendizagem, o modelo e o formato da avaliação que está sendo usada influenciarão significativamente o resultado. Tanto as triagens genéricas quanto a avaliação baseada no currículo são formas bem conhecidas de avaliação, abertas e acessíveis aos professores. A seguir, investigamos mais a fundo sua importância e papel no processo de avaliação, bem como a melhor forma de utilizá-las para aprimorar a aplicação de tais ferramentas para permitir que os professores avaliem a alfabetização de seus alunos.

Avaliação baseada no currículo

A avaliação baseada no currículo envolve a coleta de amostras curtas e repetidas do comportamento de um aluno em uma ou mais áreas do currículo. Os dados coletados podem ser usados para tomar decisões de elegibilidade e/ou planejamento educacional. O uso de materiais curriculares para medir o desempenho do aluno repetidamente ao longo do tempo é análogo à medição dos sinais vitais dos indivíduos pelos médicos, como temperatura e pressão arterial (Rosenberg e Sindelar, 1982). Em ambos os casos, as medições devem ser diretas, contínuas e sensíveis. Um ponto de partida alternativo para a avaliação baseada no currículo é a conclusão de alguns testes de desempenho padronizados e administrados individualmente. A aplicação de testes padronizados tanto em grupo quanto individual serve ao propósito de fornecer orientações para a(s) área(s) específica(s) do currículo em que a avaliação baseada no currículo deve ser focada.

No sistema de avaliação baseado no currículo os professores são os principais responsáveis não apenas pela coleta de dados de avaliação, mas também por desenvolver ou selecionar os materiais de avaliação. Ao contrário dos modelos tradicionais de avaliação educacional, a avaliação baseada no currículo traz as seguintes e claras vantagens:

1) Os dados da avaliação estão diretamente relacionados à instrução e os professores podem utilizar as informações para melhor estruturar o currículo e os métodos de ensino.

2) O teste frequente, que é necessário para a avaliação baseada no currículo, pode melhorar o aprendizado e a motivação do aluno. Definitivamente, fornece *feedback* mais específico aos alunos e os ajuda a se tornarem cientes de seu *status* no cumprimento de metas.

3) A avaliação baseada no currículo é muito eficiente em termos de tempo, pois a maioria das ferramentas de avaliação pode ser administrada em um a três minutos.

A fim de se usar a avaliação baseada no currículo para tomar decisões de elegibilidade, as normas locais de desempenho dos pares em cada uma das medidas acadêmicas precisam ser estabelecidas. O referido desempenho do aluno é comparado com a norma local e as taxas de discrepância nas áreas do currículo podem ser calculadas para ajudar a determinar se a introdução de educação especial é adequada. A avaliação baseada no currículo pode ser usada para verificar os resultados do teste de desempenho individual padronizado, coletando três medições de taxa e precisão de listas de palavras, passagens de texto, fatos matemáticos ou *story starters* (recursos que visam estimular a imaginação da criança por meio de uma sugestão de início de história) selecionados aleatoriamente dos materiais curriculares atuais do aluno e analisando os tipos de erros.

Triagem

O Teste de Triagem de Dislexia (Fawcett e Nicolson, 1995) pode ser útil ao fornecer uma gama de informações que podem ser desenvolvidas com testes mais extensos. O mesmo se aplica aos procedimentos de triagem conhecidos como o Perfil de Avaliação de Necessidades Especiais (SNAP) (Weedon, Long e Reid, 2012). O SNAP é uma avaliação de diagnóstico auxiliado por computador e pacote de criação de perfil que torna possível "mapear" a própria combinação de problemas de cada aluno em uma matriz geral de aprendizagem, dificuldades comportamentais e outras. A partir disso, agrupamentos e padrões de pontos fracos e fortes ajudam a identificar as características centrais das dificuldades de um aluno – visuais, disléxicas, dispráxicas, fonológicas, de atenção ou qualquer outro dos principais déficits visados – e sugerem um diagnóstico que aponta o caminho a seguir para esse determinado aluno (cf. tb. o capítulo 11: Desenvolvendo uma estrutura de avaliação).

As ferramentas de triagem, no entanto, podem resultar em um falso positivo (ou seja, uma pessoa é identificada como possivelmente tendo uma dificuldade de aprendizagem quando, na verdade, este não é o caso) ou em um falso negativo (i. é, o indivíduo não é identificado como tendo uma dificuldade de aprendizagem quando, de fato, pode ter). Esses instrumentos podem variar de uma lista de verificação de cinco minutos a avaliações mais aprofundadas que *podem* levar de uma a duas horas para serem concluídas. Os resultados da ferramenta de triagem devem ser usados em conjunto com outras ferramentas de avaliação para desenvolver uma compreensão clara das necessidades e pontos fortes do aluno. Os instrumentos de triagem mais abrangentes podem (e devem) ser usados para orientar a intervenção em sala de aula.

Um resultado positivo obtido com base em qualquer uma das ferramentas de triagem disponíveis pode resultar em um encaminhamento para um diagnosticador profissional, como um psicólogo educacional, para uma avaliação completa. Normalmente, a avaliação incluirá um teste de inteligência, como a Escala Wechsler de Inteligência para Crianças (4ª edição, WISC-IV (WISC-V nos Estados Unidos)) (Wechsler, 2008), e um teste de desempenho, como a Bateria de Habilidades Cognitivas Woodcock-Johnson® (revisado, WJ-III) (Woodcock, McGrew e Mather, 2001) ou o Teste de Desempenho Individual de Wechsler (2ª edição (3ª edição nos Estados Unidos e Canadá), WIAT-II) (Wechsler, 2005). Os avaliadores têm a possibilidade de procurar por uma discrepância entre inteligência e desempenho, normalmente referida como *baixo desempenho inesperado*, mas é importante lembrar que este é apenas um fator no diagnóstico e pode não ser o aspecto mais importante. O *DSM-V* permite uma discrepância entre 1 e 2 desvios-padrão (Associação Americana de Psiquiatria, 2013). Como os indivíduos com dificuldades de aprendizagem não sofrem necessariamente de comprometimento cognitivo, mas em geral têm um desempenho ruim em certas disciplinas acadêmicas, os modelos de discrepância são intuitivamente lógicos (Kavale, 2002, apud Reynolds, Johnson e Salzman, 2012).

O papel da avaliação da alfabetização no planejamento da aprendizagem

Crianças com dislexia e outras DAEs representam um grupo único de alunos que apresentam desafios distintos para os educadores. Duas crianças não possuem o mesmo conjunto de necessidades e as necessidades daqueles com DAEs costumam ser complicadas pela dificuldade de processamento de informações, comunicação e questões de alfabetização e matemática. Consequentemente, é importante que a avaliação conduza a uma intervenção apropriada. A intervenção precoce, com mecanismos bem-sucedidos de ensino e aprendizagem, pode mirar áreas de deficiência e ajudar os alunos com dislexia a se tornarem leitores proficientes. A intervenção precoce deve se concentrar em uma abordagem dirigida pelo professor, em que habilidades específicas são ensinadas no nível de leitura funcional da criança e o progresso é avaliado com frequência para verificar quaisquer outras dificuldades. Essa instrução explícita permite que os professores trabalhem as habilidades de uma forma sequencial e proporcionem modelagem, orientação e apoio durante o processo de aprendizagem (Martin, Martin e Carvalho, 2008).

No campo da avaliação educacional, um dos aspectos cruciais, conforme indicado nos capítulos anteriores, é a vinculação da avaliação com o planejamento instrucional (Zigmond, Vallecorsa e Silverman, 1983; Crombie, Knight e Reid, 2004; Reid, 2009). O tipo de avaliação que envolve a coleta de informações que podem indicar o ensino é tradicionalmente classificado como avaliação informal. Apesar de seu papel fundamental nas decisões de ensino, os testes informais realizados pelo professor costumam ser considerados simplistas demais para merecer muito crédito. Medidas baseadas em currículos e dados tradicionais, incluindo questionários, trabalhos de casa e notas de provas, são usados para monitorar o progresso do aluno.

O ensino diagnóstico permite que o professor observe o desempenho do aluno e compare-o com o resultado esperado e o nível da turma. Os objetivos do ensino diagnóstico como fonte de informação na avaliação são: 1) diagnóstico diferencial ou 2) planejamento da aprendizagem.

No caso do diagnóstico diferencial, o objetivo último é utilizar estratégias que excluam estímulos distrativos, características do aluno lento, ansiedade como fator inibidor da aprendizagem, motivação como problema, ensino inadequado e falta de oportunidades de aprendizagem[4]. No caso do planejamento de aprendizagem, os objetivos são:

a) descobrir o que o aluno sabe sobre como, o que e por que ele aprende;

b) descobrir como o aluno formulou a resposta e o "por quê" dessa resposta específica;

c) testar as hipóteses desenvolvidas como resultado da síntese de todas as informações recolhidas e analisadas;

d) desenvolver os objetivos e estratégias de ensino que são necessários para atender às necessidades educacionais individuais do aluno;

e) encontrar respostas para questões de discrepância;

---

4. No relatório do grupo de trabalho da Sociedade Britânica de Psicologia (BPS), mencionado anteriormente neste livro, uma das hipóteses para a dislexia era a "Hipótese de Oportunidades de Aprendizagem".

f) determinar o nível de pensamento e compreensão do aluno sobre o aprendizado acadêmico e o aprendizado para a vida e permitir uma comparação do sucesso do aluno com uma variedade de estratégias de ensino.

Avaliação da alfabetização: diretrizes para professores
Compreenda as dificuldades de dislexia/alfabetização

A avaliação e a análise são guiadas por uma compreensão consistente do que realmente queremos dizer com dificuldades de alfabetização ou dislexia. Pode haver equívocos devido às diferenças individuais (Reid, 2009), a grande variação na gravidade (ibid.), mitos populares (Fawcett e Reid, 2009) e controvérsia acadêmica (Eliot e Grigorenko, 2014). Profissionais com experiência em dislexia são essenciais para realizar uma avaliação abrangente. Normalmente, psicólogos educacionais farão isso, mas, conforme indicado nos capítulos anteriores, no Reino Unido existe agora uma série robusta de cursos de treinamento para permitir que professores devidamente qualificados e experientes conduzam avaliações; há vários cursos em DAEs que incluem o *status* de avaliador de professor aprovado e os participantes recebem um Certificado de Prática de Avaliação. A Associação Profissional para Professores de Alunos com Dificuldades de Aprendizagem Específicas (Professional Association for Teachers of Students with Specific Learning Difficulties – PATOSS) tem um guia que pode aconselhar os professores sobre como progredir com avaliação e relatórios a fim de garantir que sua avaliação seja aprovada por bancas examinadoras (Jones e Kindersley, 2013).

Permita que os alunos participem de seu próprio processo de aprendizagem

Idealmente, todos devemos nos esforçar para ajudar os indivíduos com dislexia a se tornarem alunos autorregulados e serem capazes de avaliar seu trabalho, identificar seus méritos, localizar seus pontos fracos e determinar maneiras de melhorá-lo (Nicol, 2009; Sadler, 2009). Parte desse julgamento inclui avaliar a adequação de suas respostas às tarefas de avaliação e se eles fizeram o que lhes foi pedido para fazer (Sadler, 2010). Também exige que eles avaliem quão boa é sua resposta em relação aos padrões de desempenho acadêmico relevantes (Sadler, 2009).

A compreensão dos alunos sobre os objetivos da avaliação e os processos que a envolvem faz parte do contexto dentro do qual eles aprendem a fazer esses julgamentos e se tornam efetivamente autorregulados (Smith et al., 2013). A literatura aqui tende a sugerir que a capacidade das crianças de se tornarem alunos autorregulados bem-sucedidos pode ser afetada por vários aspectos do processo de avaliação.

Argumentamos que, primeiro, os alunos precisam entender o propósito da avaliação e como ela se conecta com seu perfil de aprendizagem e preferências. Em segundo lugar, eles precisam estar cientes dos processos de avaliação para que possam antecipar as próximas etapas. Terceiro, oportunidades para que eles pratiquem a avaliação de suas próprias respostas às tarefas de avaliação precisam ser proporcionadas para que os alunos possam aprender a identificar o que é bom em seu trabalho e o que poderia ser melhorado.

Esta abordagem é essencialmente metacognitiva e Reid (2009) sugeriu que as seguintes etapas podem ser usadas:

- autoquestionamento;
- autoesclarecimento;
- autocompreensão;
- autoconexão;
- autodirecionamento;
- automonitoramento;
- autoavaliação.

A capacidade dos alunos para desenvolver as ferramentas elencadas anteriormente requer uma grande quantidade de ensino estruturado e pequenos passos, mas ajudar os alunos com dislexia a desenvolver sua capacidade de avaliar seu próprio trabalho aumentará seus resultados de aprendizagem (apud Smith et al., 2013).

Antecedentes culturais e linguísticos ao avaliar a alfabetização

A sensibilidade à diversidade cultural e linguística em avaliações e procedimentos de avaliação é um fator-chave e vem recebendo muita atenção na pesquisa em leitura e alfabetização (Figueroa e Newsome, 2006; Wilkinson et al., 2006). Embora os instrumentos de avaliação agora sejam traduzidos para o espanhol, chinês e outras línguas, deve-se tomar cuidado especial ao avaliar os estudantes da língua inglesa (english-language learner – ELL) cujo idioma nativo não é o inglês.

A aquisição da alfabetização é ainda mais desafiadora para alunos com dislexia cuja língua ou cultura nativa difere da língua de intervenção de alfabetização. Os ELLs podem ter origens e experiências complexas que influenciam a aprendizagem (p. ex., escolaridade interrompida ou limitada, viverem longos períodos separados da família, turbulência política ou pobreza). Além disso, as crianças ELL têm duas vezes mais probabilidade do que seus pares de pontuar abaixo dos níveis básicos em habilidades de leitura e escrita e essas lacunas de desempenho (Grigg, Donahue e Dion, 2007; Perie, Grigg e Donahue, 2005)[5].

Como algumas crianças ELL têm o desafio adicional de uma dificuldade de leitura, como a dislexia, é essencial distinguir aquelas cuja proficiência linguística limitada é devida a uma diferença de idioma daquelas que têm uma dificuldade de aprendizagem concomitante (Peer e Reid, 2000). Dada a crescente diversidade da população em muitos países, incluindo o Reino Unido, educadores e provedores de serviços relacionados estão se familiarizando com técnicas de avaliação não tendenciosas; ferramentas de avaliação estão disponíveis em diferentes idiomas e existem protocolos para selecionar ferramentas de avaliação que incluem normas que são sensíveis às diferenças culturais e linguísticas (Mahfoudhi, Elebeheri e Everett, 2009; Haynes et al., 2009).

Os profissionais também estão cada vez mais conscientes da necessidade de serem capazes de interpretar os resultados da avaliação para pais e familiares, bem como para outros profissionais da equipe. Oportunidades de desenvolvimento profissional estão disponíveis, incluindo mais treinamento em questões multiculturais e avaliações imparciais para funcionários do estabelecimento de ensino. Aumentar o recrutamento de profissionais de origens cultural e linguisticamente diversas é outro meio de melhorar os serviços para uma população estudantil cada vez mais diversificada.

Obter informações de várias fontes

Os objetivos da avaliação para alunos com dislexia devem estar ligados diretamente ao ensino. Isso seria realizado de forma mais apropriada e eficaz empregando-se uma abordagem abrangente e baseada em equipe. Isso exigiria a coleta de várias formas de informação, incluindo testes padronizados, análise qualitativa das amostras de trabalho dos alunos, observação e medidas de autorrelato. A avaliação deve levar ao planejamento apropriado do programa, independentemente de um aluno *atender ou não* aos critérios de elegibilidade para um diagnóstico ou rótulo.

---

5. Os dados do censo sugeriram que, no ano 2020, 25% de todas as crianças nos Estados Unidos seriam consideradas ELL.

Resumo e comentários finais

É importante ter uma compreensão dos processos envolvidos na aquisição da alfabetização e algum conhecimento do que pode dar errado e por quê. Combinada com isso está uma compreensão do processo de avaliação educacional e, particularmente, sua importância na determinação do diagnóstico, o perfil de aprendizagem e o caminho para intervenção para crianças em risco de fracasso. A avaliação educacional, portanto, fornece uma descrição do indivíduo como aluno, resultando em uma tomada de decisão que deve levar, por sua vez, a uma maior e melhor aprendizagem da criança.

A avaliação é um processo contínuo da equipe. É uma sequência de eventos bem planejada, de natureza cíclica. É universalmente reconhecido que práticas de avaliação consistentes podem resultar na obtenção de uma base sólida para abordar as questões de dificuldades de alfabetização, diagnóstico, ensino adequado, maior consciência do aluno, confiança dos pais e planejamento apropriado para a aprendizagem.

4
Habilidades matemáticas
Dificuldades de aprendizagem em matemática

Contextualização

Discalculia e dificuldades de aprendizagem em matemática: características e definições

As dificuldades de aprendizagem em matemática podem surgir de várias fontes diferentes. Isso inclui problemas com experiência de ensino inferior à ideal (uma criança que faltou muito à escola, p. ex.), ou podem ser devido a uma dificuldade/deficiência subjacente específica para o aprendizado de matemática; embora, igualmente, a dificuldade subjacente possa não ser específica para a aprendizagem da matemática, mas sim relacionada a outro tipo de dificuldade/deficiência de aprendizagem específica (DAE), como uma deficiência geral de linguagem. O termo "discalculia" e a denominação "dificuldade de aprendizagem em matemática" (DAM) têm sido usados para se referir a indivíduos que têm problemas graves e persistentes com matemática, que parecem resultar de uma diferença neurológica subjacente em comparação com alunos típicos. Uma dificuldade/deficiência de aprendizagem, como discalculia ou DAM, tem, normalmente, sido interpretada como um problema específico de aprendizagem que não é necessariamente devido a um baixo QI. Consequentemente, esses indivíduos podem parecer brilhantes e ter um bom desempenho em outras áreas do currículo, mas têm dificuldade com tarefas relacionadas à matemática. Embora, como em qualquer área do comportamento humano, existam grandes diferenças individuais nos problemas específicos apresentados por essas crianças, os indivíduos com uma dificuldade/deficiência subjacente que leva a um aprendizado de matemática deficiente geralmente demonstram dificuldades em entender conceitos simples de números, e ter uma compreensão intuitiva de números prejudicada; eles também podem apresentar problemas para aprender fatos e procedimentos relacionados aos números, incluindo tarefas básicas como contar; e podem mostrar falta de confiança na execução de procedimentos ou operações matemáticas (cf. discussões em Butterworth e Yeo, 2004; Chinn, 2014; Chinn e Ashcroft, 2007; Geary, 2004; Ramaa, 2000; Everatt, Elbeheri e Brooks, 2013). Desta forma, os problemas decorrentes de uma dificuldade/deficiência subjacente podem ser evidentes mesmo nos estágios iniciais da aprendizagem da matemática.

Embora tanto a DAM quanto a discalculia tenham sido amplamente usadas na literatura para descrever problemas de aprendizagem semelhantes por questões neurológicas ou no desenvolvimento, elas também foram usadas para contrastar diferentes condições: problemas experienciais *versus* problemas congênitos ou distúrbios adquiridos *versus* transtornos de desenvolvimento (cf. discussões em Campbell, 2005; Geary, 2004). Portanto, uma compreensão do uso desses termos por um profissional/avaliador é necessária para se ter clareza sobre onde os problemas vivenciados por uma criança podem se originar – um professor que leia um relatório precisa ter uma noção clara do emprego de tais termos – e, de forma semelhante, as definições do uso desses termos podem ser necessárias para explicar as declarações em relatórios que serão lidos por terceiros. Além disso, embora haja um crescente número de trabalhos sobre as DAMs, em comparação com o trabalho sobre a dificuldade de aprendizagem na alfabetização ou dislexia, as pesquisas relacionadas à discalculia e às DAMs têm sido menos comuns. Por conseguinte, pode haver desenvolvimentos no campo que levem à nossa necessária reconsideração de características e causas. No entanto, o trabalho atual com foco nesta área de DA indica uma dificuldade severa em matemática que não pode ser explicada por dificuldades cognitivas gerais ou oportunidades educacionais, que parece ocorrer em famílias (Shalev et al., 2001). As estimativas variam quanto à prevalência provável da condição, mas em torno de 3 a 6% de uma população instruída parece ser o nível provável de incidência (Berch e Mazzocco, 2007; Geary, 2004; Lewis, Hitch e Walker, 1994; Wilson e Dehaene, 2007), sugerindo cerca de uma criança em cada classe de 30.

A persistência é outra característica definidora de uma dificuldade/deficiência de aprendizagem específica, com dificuldades associadas à discalculia/DAM prosseguindo em todas as séries (Shalev, Manor e Gross-Tsur, 2005). De fato, as informações aprendidas nas séries anteriores podem ser mal-lembradas ou mal-aplicadas nas séries posteriores (Chinn e Ashcroft, 2007). Uma vez que a compreensão dos números (ou valores/quantidades) e suas relações (Wilson e Dehaene, 2007) domina as primeiras experiências da criança em matemática, parece provável que os problemas nesta área básica sejam uma fonte/característica potencial da disfunção subjacente associada com a DA. Consistente com isso, características relativamente iniciais de problemas relacionados à discalculia/DAM são dificuldades em compreender como os números funcionam juntos em padrões, tais como reconhecer que um número tem um valor maior do que outro (Rubinsten e Henik, 2006). Além disso, é provável que haja um uso contínuo de estratégias básicas em cálculos (p. ex., utilizar os dedos como recurso para o ato de contar; cf. Geary, Bow-Thomas e Yao, 1992) e evidências de ansiedade e uma atitude negativa em relação à matemática que podem inibir o desempenho (Beasley, Long e Natali, 2001; Maloney et al., 2010).

Por fim, há também evidências de que o impacto da discalculia/DAM pode se estender a áreas fora da educação, como ao ler as horas ou contar dinheiro (cf. Chinn e Ashcroft, 2007; Miles e Miles, 1992). Isso pode ser evidenciado por problemas emocionais negativos que se originam de experiências de fracasso em matemática e incluir ansiedade ao lidar com números (quando se trata de pagar por algo) ou evitar situações que exijam matemática (inclusive áreas do currículo com a percepção de requererem matemática). Emoções negativas também podem decorrer de sentimentos de constrangimento, frustração e ansiedade ao lidar com questões matemáticas. As crianças podem se sentir estúpidas, serem provocadas ou estigmatizadas pelos colegas, o que pode levar à baixa autoestima, ansiedade, isolamento e atitude negativa. Os adultos podem se ver impedidos de exercer certas profissões, apresentar dificuldade em administrar dinheiro e ter uma compreensão insuficiente de números/valores que podem influenciar na tomada de decisões. A ansiedade relacionada à matemática também pode interagir com habilidades nesta ciência ou déficits subjacentes associados à discalculia (Ashcraft e Krause, 2007; Maloney et al., 2010). Portanto, mesmo que alguns problemas iniciais sejam superados, a falta de autoconfiança que o fracasso produziu pode persistir até o fim da escolaridade e na idade adulta. Qualquer processo de avaliação (conduzido por um professor ou outro profissional) pode precisar levar em consideração as respostas emocionais potenciais que tais experiências têm a capacidade de provocar. As avaliações, portanto, podem precisar ser interrompidas para evitar respostas emocionais que tornam a interpretação dos resultados imprecisa – e talvez ser reiniciadas após algum tempo para permitir que um perfil claro das habilidades e pontos fracos de um indivíduo seja determinado.

Aspectos da aprendizagem da matemática

Os problemas de aprendizagem da matemática podem não resultar simplesmente de uma dificuldade/deficiência de aprendizagem específica. Eles também podem derivar de experiências de aprendizado insatisfatórias e/ou problemas mais associados a outras DAEs (como a dislexia). Para avaliar essas causas potencialmente diversas e suas ligações com a matemática, precisamos considerar alguns modelos básicos de desenvolvimento de habilidades matemáticas. Modelos que descrevem a maneira como as crianças desenvolvem habilidades matemáticas até a fase adulta (cf. Nunes e Bryant, 1997) defendem uma série de componentes interativos, mas distintos – desse modo, alguns componentes podem estar funcionando bem enquanto outros, não. Além disso, o desenvolvimento de algumas habilidades pode exigir a aprendizagem de habilidades anteriores. Por exemplo, reconhecer quantidades (que existe mais de uma coisa do que de outra) pode ser uma das primeiras habilidades relacionadas à matemática a se desenvolver: a maioria das crianças parece ser capaz de distinguir entre um grupo de três brinquedos e um de dois brinquedos, mesmo que os últimos sejam brinquedos maiores e possam ocupar tanto espaço quanto os três brinquedos. Lidar com esse conceito de quantidade em formas não simbólicas pode dar suporte a associações com símbolos numéricos – portanto, conceitos de quantidade estão associados a nomes de algarismos e possivelmente o ato de contar. Aprender os nomes dos símbolos de algarismos escritos, bem como sua ordem na contagem, também são indicadores precoces de aquisição de habilidades matemáticas. Além disso, o aprendizado dos aspectos procedimentais da execução de cálculos aritméticos, bem como a aplicação de habilidades básicas de raciocínio (Bryant, 1985; Geary e Widaman, 1992), dará suporte à aprendizagem qualificada.

Cada um dos componentes básicos da habilidade matemática mencionados antes será influenciado pelas habilidades subjacentes (cognitivas), bem como pela aprendizagem, e alguns podem ser influenciados pelo desempenho em outras áreas acadêmicas. Por exemplo, embora a compreensão de conceitos numéricos pareça ser algo que as crianças (e mesmo os animais) parecem desenvolver muito cedo, essa habilidade ainda assim pode ser influenciada pela aprendizagem (cf. a subseção sobre intervenção a seguir). Da mesma forma, a aprendizagem de procedimentos matemáticos dependerá daqueles procedimentos ensinados de forma clara e sistemática. Uma criança que faltou à aula quando um procedimento básico foi ensinado, ou que não entendeu da forma correta tal procedimento, pode ter dificuldades em áreas da matemática relacionadas a esse procedimento, mas apresentar poucos problemas em outras áreas. Da mesma forma, a natureza conceitual da matemática pode significar que uma criança pode trabalhar bem com procedimentos básicos, mas apresenta dificuldade para seguir parte da lógica por trás da própria essência da matemática, que é a resolução de problemas. Isso pode ser decorrente da falta de habilidade na área, possivelmente relacionada ao baixo funcionamento intelectual em geral, mas também pode ser devido a um problema mais específico de compreensão da linguagem, uma vez que muitos conceitos matemáticos são ensinados verbalmente. Além disso, se os conceitos são ensinados por meio da leitura de um livro ou da resolução de problemas matemáticos escritos, os pontos fracos na aprendizagem podem resultar mais das habilidades de leitura (dislexia). Esses últimos problemas também podem influenciar a aprendizagem posterior da matemática. Portanto, o progresso no desenvolvimento de habilidades matemáticas básicas pode não sugerir problemas, mas a falta de experiência de aprendizagem, ou um problema de aprendizagem que não é específico da matemática (p. ex., uma deficiência de linguagem ou déficit de atenção), pode causar problemas em qualquer área do currículo de matemática. Avaliações razoavelmente abrangentes podem ser necessárias para determinar se os problemas resultam de uma aprendizagem deficiente de uma área específica do currículo ou de uma dificuldade subjacente. Professores com experiência na história de aprendizagem da criança podem ser uma valiosa fonte de informações aqui, tanto em termos de sua própria avaliação de problemas potenciais quanto em apoio às avaliações de outros profissionais, como aqueles especificamente treinados em procedimentos de avaliação.

Deficiência específica e subtipos

Dados neurológicos também corroboram a ideia de subcomponentes de habilidades matemáticas que podem estar relacionados a diferentes tipos de problemas de aprendizagem (Dehaene, Spelke e Pinet, 1999). Por exemplo, a compreensão do número parece estar relacionada à atividade no sulco intraparietal (às vezes, abreviado para SIP). Essa região do cérebro parece estar envolvida na comparação de números, aproximação e estimativa, bem como em tarefas não simbólicas relacionadas à matemática (Dehaene et al., 2003). Em contraste, o giro angular parece estar relacionado a tarefas matemáticas que enfocam a aprendizagem procedural ou do tipo baseado em repetições, como a tabuada. No entanto, o giro angular também parece estar envolvido nos aspectos mais verbais da matemática, como na recuperação de fatos aritméticos. A razão pela qual isso pode ser importante para a compreensão de áreas potenciais de problemas de aprendizagem de matemática é que eles parecem estar relacionados a dados de indivíduos com problemas de matemática adquiridos (ou seja, problemas com matemática que resultam de algum tipo de dano no cérebro, como após um acidente vascular cerebral). Por exemplo, Lemer et al. (2003) discutem sobre um paciente que tinha dificuldade em contar e recordar-se, por exemplo, da tabuada, mas era capaz de efetuar com sucesso aproximações, em contraste com outro indivíduo que apresentava dificuldade quando lhe pediam para realizar aproximações, mas conseguia lembrar da tabuada de soma e multiplicação.

As características associadas aos problemas de aprendizagem de matemática discutidos nas subseções anteriores e as áreas do cérebro que parecem estar envolvidas em procedimentos matemáticos e compreensão de conceitos sustentam várias causas potenciais de problemas de aprendizagem de matemática, o que pode sugerir uma série de subtipos de discalculia/DAM. Embora várias dessas teorias de subtipagem tenham sido propostas, nenhuma foi uniformemente aceita; e pode haver alternativas para as explicações de subtipos para a gama de características e causas potenciais cobertas anteriormente (cf. o próximo parágrafo). Por exemplo, Wilson e Dehaene (2007) discutem a possibilidade de que pode haver subtipos focados em torno de problemas com:

i) noção de números, o que está mais próximo da área específica de dificuldade associada à discalculia/DAM discutida anteriormente – neste caso, seria de se esperar que a criança apresentasse dificuldades na compreensão conceitual de números, o que potencialmente levará a problemas na maioria dos elementos da matemática, exceto talvez na simples recordação de fatos, como contar – para muitas crianças, esses problemas devem ocorrer em tarefas não simbólicas, bem como em tarefas envolvendo algarismos;

ii) aspectos verbais da matemática, que levariam a dificuldades de contar, recordação de fatos e problemas baseados em palavras – esta forma pode estar associada a problemas de aprendizagem relacionados à linguagem, incluindo dislexia;

iii) função executiva (ou memória de trabalho), que pode estar associada a dificuldades de recordação de fatos e uso de estratégias/procedimentos – e pode também estar associada a déficits de atenção;

iv) processamento espacial, que pode levar a dificuldades específicas em padrões de processamento, como no trabalho de geometria, e quantidades não simbólicas – esta forma de problema de aprendizagem da matemática pode estar mais claramente ligada a deficiências de aprendizagem não verbal (cf. Rourke, 1989).

Embora uma terminologia diferente possa ser estabelecida para descrever esses subtipos potenciais, cada um pode influenciar uma avaliação de diferentes formas – e pode estar ligado a diferentes procedimentos de intervenção. Portanto, a consideração de cada um provavelmente precisará fazer parte de um processo de avaliação que visa orientar os planos de educação. Para o primeiro subtipo, podem ser necessárias medidas específicas de matemática. Para os três últimos, cada um pode ser avaliado por evidências de habilidades matemáticas deficientes em uma área relacionada, além de medidas de linguagem, não verbal e atenção que se espera formar a base dos procedimentos de avaliação realizados por avaliadores treinados (como um psicólogo) – por exemplo, a maioria dos testes relacionados ao QI terá subtarefas que focam as habilidades verbal e não verbal, além de permitir uma avaliação do desempenho de concentração mental. Uma abordagem de equipe por professores e avaliadores treinados pode ser a única maneira de entender completamente a razão subjacente dos problemas de aprendizagem em tais casos.

Uma alternativa à perspectiva do subtipo (e mencionada no parágrafo anterior) é que a discalculia/DAM pode ocorrer concomitantemente (ou ser comórbida) com outros problemas de aprendizagem. Por exemplo, cerca de metade das pessoas com dislexia pode apresentar deficiências em matemática (cf. Chinn e Ashcroft, 2007; Miles e Miles, 1992); e há sobreposições entre as duas condições (Willburger et al., 2008). Da mesma forma, problemas relacionados à discalculia/DAM podem ser encontrados em crianças com distúrbios específicos de linguagem e TDAH (cf. discussões em: Adams et al., 1999; Donlan, 1998). Portanto, os subtipos podem ser mais uma característica da gama de habilidades em matemática levando a crianças com outras dificuldades subjacentes, que não são específicas da discalculia/DAM, apresentando dificuldades com certos aspectos da matemática. No entanto, existem estudos que mostram que é possível identificar um grupo de crianças com problemas específicos de aprendizagem da matemática. Por exemplo, apesar da grande sobreposição potencial entre discalculia/DAM e dislexia, pesquisas sugerem que a maioria dos disléxicos mostra déficits mais específicos nas habilidades fonológicas, enquanto a discalculia/DAM pode estar mais associada à comparação entre números ineficiente (Landerl et al., 2009; cf. tb. Durand et al., 2005; Rubinsten e Henik, 2006).

Avaliação

A identificação da discalculia/DAM seguiu os mesmos princípios gerais que norteiam a avaliação de qualquer DAE. Inicialmente, uma avaliação da habilidade do indivíduo em matemática seria considerada. Em procedimentos diagnósticos formais isso pode ser determinado usando um teste padronizado (cf. exemplos a seguir), mas avaliações baseadas no professor ou medidas que comparam o desempenho sobre determinado tópico do currículo também foram usadas em muitas partes do mundo, em especial onde ferramentas normatizadas formalmente não existem. Em geral, alguns critérios acordados seriam usados para determinar problemas de aprendizagem: números como dois anos de atraso em relação ao esperado para crianças em um determinado nível de educação escolar, ou abaixo de alguma pontuação percentual determinada por normas de padronização, podem ser usados. No entanto, os dados precisos variam dependendo da organização que credencia a avaliação e os requisitos legislativos do sistema educacional ou do governo. Além disso, a experiência pessoal de um professor com a aprendizagem demonstrada por uma criança pode fornecer uma indicação de um problema identificado posteriormente mais especificamente por meio de uma avaliação completa executada por um psicólogo educacional.

Além das avaliações do nível de matemática, uma medida de inteligência (normalmente com base no QI) costuma ser usada para descartar dificuldades gerais de aprendizagem ou para determinar uma discrepância entre o desempenho esperado determinado pelo QI e o desempenho real em um teste de matemática, ou para identificar áreas gerais de deficiência, como na linguagem, atenção ou habilidades não verbais (cf. as discussões sobre a inclusão do QI nas avaliações em Elbeheri e Everatt, 2009). O uso de uma avaliação baseada em QI exigiria o envolvimento de um avaliador treinado, como um psicólogo educacional. Medidas de habilidade em matemática e QI também serão acompanhadas pela medição de habilidades subjacentes relacionadas a baixo desempenho em matemática, ou consideradas a causa dos problemas de aprendizagem. A subseção anterior deve dar uma indicação do tipo de habilidades que seriam testadas, mas, novamente, isso pode variar entre avaliadores, dependendo de sua posição teórica. Por fim, algum processo de eliminação de causas potenciais alternativas de deficiências matemáticas pode ser realizado por um avaliador treinado: entrevistas podem ser aplicadas para determinar o histórico educacional do indivíduo (isso pode incluir relatórios do professor, registros escolares e discussões com os pais); também podem ser solicitadas informações sobre problemas de parto, doenças graves ou distúrbios psicossociais no passado (mais uma vez, registros escolares ou os pais serão pesquisados); e dislexia, TDAH, dispraxia ou outros problemas de desenvolvimento/comportamento podem ser considerados.

Uma avaliação abrangente da aprendizagem da matemática deve envolver uma série de medidas/testes; muito embora as dificuldades relacionadas à discalculia/DAM sejam de desenvolvimento e influenciadas por experiências educacionais, as avaliações devem ser relacionadas aos níveis de desenvolvimento, bem como ao ponto no currículo que se espera que uma criança tenha alcançado. Por exemplo, a capacidade de contar foi vista como um dos alicerces fundamentais para o desenvolvimento e, portanto, muitas vezes faz parte da avaliação de habilidades básicas. Como sugerido pelas discussões anteriores, a noção dos números é outra área que tem sido vista como uma habilidade subjacente básica para o desenvolvimento matemático e, portanto, pode ser testada por meio de comparações de números simbólicos, comparações não simbólicas e/ou estimativas simples. Por fim, o conhecimento matemático pode ser testado por meio de aritmética básica ou procedimentos específicos ensinados em vários níveis do currículo. Embora existam alguns testes projetados para medir habilidades matemáticas, alguns foram mais amplamente usados na identificação de problemas de aprendizagem de matemática (inclusive por pesquisadores que investigam discalculia/DAM) e estes são mencionados a seguir para fornecer uma base contra a qual considerar medidas/testes apropriados.

O Teste de Habilidade Matemática Precoce (Ginsburg e Baroody, 2003) foi desenvolvido tendo em mente crianças de 3 a 8 anos de idade. Este teste concentra-se em números básicos, mecanismos de comparação de números, conhecimento numérico, domínio de fatos relativos à matemática, cálculo básico e compreensão de conceitos. Em contraste, o Teste Abrangente de Habilidades Matemáticas (Hresko et al., 2003) visa habilidades que seriam esperadas na faixa dos 7 aos 19 anos. Este teste se concentra em adição, subtração, multiplicação, divisão, resolução de problemas e o uso de gráficos, tabelas e diagramas, embora também inclua testes complementares de álgebra, geometria, números racionais, tempo, dinheiro e medidas. Outro exemplo de teste de habilidades matemáticas altamente abrangente é o KeyMath (Connolly, 2007), que testa contagem, álgebra, geometria, medidas, análise de dados e probabilidade, bem como operações como cálculo mental e estimativa, adição e subtração, multiplicação e divisão, e aplicações, incluindo os fundamentos da resolução de problemas e solução de problemas aplicada. Um recurso adicional útil do *kit* KeyMath é que os problemas identificados em componentes específicos da matemática estão vinculados a materiais de correção que podem ser usados nas escolas. Outras ferramentas amplamente utilizadas pelos avaliadores, por serem razoavelmente bem pesquisadas e incluírem testes de habilidades matemáticas, são o Teste de Desempenho de Ampla Extensão (Wilkinson e Robertson, 2006), que, além de medidas de leitura, inclui medidas de cálculos matemáticos básicos por meio da contagem, identificação de números, resolução de problemas orais simples e problemas matemáticos escritos e a bateria de habilidades cognitivas Woodcock-Johnson (Woodcock, McGrew e Mather, 2001), que inclui uma série de medidas cognitivas e de desempenho. A disponibilidade de tais testes padronizados varia entre os contextos, e alguns requerem treinamento certificado para acesso dos editores, mas todos podem ser usados para tentar identificar a área específica de dificuldade vivenciada pela criança a fim de apoiar a aprendizagem. A maioria dos testes é padronizada para populações de língua inglesa – e a maioria tem normas dos Estados Unidos –, portanto, a identificação de um teste apropriado para um contexto específico pode exigir uma busca por alternativas, mas uma consideração desses testes fornecerá pistas sobre o que buscar em um teste padronizado apropriado. O teste escolhido também deve ser facilmente vinculado ao currículo por um educador, o que significa que mesmo se a dificuldade vivenciada pela criança for mais experiencial (e não devido a um DA subjacente), um processo de apoio à aprendizagem deve ser possível: por exemplo, a criança pode estar apresentando dificuldade em uma área específica do currículo porque não acompanhou um conceito ou procedimento previamente ensinado – muitos testes padronizados, como os anteriores, devem fornecer uma indicação de onde reside essa falta de compreensão/aprendizagem, permitindo que o educador torne a ensinar ou reforce essa habilidade.

No entanto, embora os testes (como os do parágrafo anterior) tenham sido desenvolvidos para avaliar as habilidades de aprendizagem da matemática de forma bastante abrangente, nenhuma ferramenta formal de diagnóstico visando especificamente a discalculia/DAM foi referendada. Apesar disso, várias ferramentas de triagem (em inglês, principalmente) foram propostas (cf., p. ex.: Butterworth, 2003; Chard et al., 2005; Mazzocco e Thompson, 2005). A triagem computadorizada Butterworth[6] tem a característica de avaliar conceitos matemáticos básicos e, portanto, não depende muito de habilidades como leitura, linguagem ou memória de curto prazo, ou da experiência educacional da criança. As tarefas usadas no instrumento de triagem também estão em conformidade com a maioria das visões sobre as características da discalculia, bem como com os dados da literatura discutidos antes. Como tal, pode ter maior probabilidade de identificar os déficits subjacentes associados a uma DAE do que aqueles relacionados à experiência de aprendizagem deficiente ou dificuldades não específicas para discalculia/DAM. A ferramenta de triagem mede o tempo gasto para responder às perguntas em comparação com a média da faixa etária da criança. Descobriu-se que aqueles com discalculia/DAM executam as tarefas na ferramenta de triagem de forma menos eficiente (ou menos fluente) do que seus colegas.

Ferramentas/triagens semelhantes também foram desenvolvidas para populações que não falam inglês (cf. Wilson e Dehaene, 2007) e em alemão (p. ex., Landerl et al., 2009). E isso se estendeu a trabalhos em culturas e contextos educacionais não ocidentais (cf. Ramaa e Gowramma (2002), para trabalhos em línguas indianas, e Everatt et al. (2014), na língua árabe). Esses últimos contextos sugerem que déficits específicos podem não estar relacionados a idiomas, contextos de aprendizagem ou currículos específicos, mas sim que pode

---

6. Disponível em http://www.gl-assessment.co.uk/products/ dyscalculia-screener Mas cf. tb. as discussões em Butterworth, 2003, e Butterworth e Yeo, 2004.

haver uma causa universal e fundamental para discalculia/DAM. Por exemplo, assim como as diferenças linguísticas e culturais, no contexto educacional examinado por Everatt et al. (ibid.), a matemática é ensinada de uma forma muito mais mecânica/baseada em repetição do que em muitas escolas ocidentais, e os símbolos numéricos ensinados na escola são baseados em uma forma escrita que difere daquela usada nas escolas ocidentais. Apesar dessas diferenças, as crianças árabes com problemas severos e persistentes com a aprendizagem da matemática mostraram déficits em tarefas conceituais semelhantes às usadas na ferramenta de triagem Butterworth e consistentes com a hipótese da noção/conceito de números como causa da discalculia/DAM (ibid.). Essas crianças árabes com problemas específicos em conceito de números também podem ser distinguidas daquelas com problemas de leitura e escrita (ou seja, aquelas com características de dislexia), apesar de ambos os grupos de crianças apresentarem problemas que levam a deficiências em certos aspectos da matemática.

Portanto, problemas com os conceitos subjacentes à matemática têm o potencial de apoiar a identificação de discalculia/DML em contextos de aprendizagem. Além disso, os rastreadores baseados em comparações não simbólicas e simbólicas básicas também têm o potencial de prever o desempenho futuro em matemática antes do início da aprendizagem formal (cf. Mazzocco e Thompson (2005), para evidências de predição de medidas comportamentais no jardim de infância). Isso pode permitir que os educadores implementem intervenções adequadas antes que as experiências de fracasso (e as consequências negativas da baixa autoestima, frustração e ansiedade que acompanham o fracasso) se tornem a faceta primária da aprendizagem matemática do indivíduo.

Intervenção

Após a avaliação de um problema por meio de um processo de avaliação apropriado, algum processo de suporte ou intervenção deve ser planejado e implementado. Um bom avaliador dará indicações do tipo de procedimentos de ensino e apoio que podem ser vantajosos, mas o educador também estará ciente dos procedimentos que podem ajudar: muitas das técnicas empregadas em crianças com dificuldades são baseadas naquelas para uso com crianças sem DAs de desenvolvimento, uma vez que uma boa pedagogia serve bem a todos (cf. Gersten et al., 2009). A intervenção nas escolas, fornecida por professores regulares, pode ser particularmente útil (cf. exemplos em Fuchs e Fuchs, 2001), e discussões sobre a resposta aos procedimentos de intervenção para crianças com discalculia/DAM (cf. Bryant e Bryant, 2008; cf. a seguir outras estratégias gerais e em outras partes deste livro). Programas especiais também estão disponíveis para aqueles com DAMs mais severas, dois dos quais podem ser encontrados em Butterworth e Laurillard (2010) e Wilson et al. (2006)[7]. Esses métodos de suporte específicos precisam levar em conta o contexto educacional e o aluno (cf. discussão em Miller e Mercer, 1997), mas o treinamento em noção de números ou compreensão conceitual de números é frequentemente o alvo. Essa habilidade/função subjacente mostra evidências de mudança/desenvolvimento (cf. Ansari e Dhital, 2006; Lipton e Spelke, 2003) e, portanto, deve ser passível de intervenção. Programas que enfocam o ensino dessa habilidade, ou que fornecem estratégias para aprender conceitos básicos, devem ser muito úteis e podem ser facilmente aplicados em diferentes contextos educacionais.

No entanto, muitas das diretrizes para indivíduos com discalculia/DAM também se aplicam a crianças com DA em outras áreas (cf. discussões em Bird, 2009; Butterworth e Yeo, 2004; Chinn e Ashcroft, 2007; Yeo, 2003). Por exemplo, o ensino voltado para crianças com DAs foi considerado mais eficaz quando se leva em consideração os pontos fortes e fracos da criança, bem como seus interesses. A repetição de informações ou conceitos que foram mal-aprendidos será exigida com muitas dessas crianças, e tal repetição pode reduzir a necessidade de memorização que muitas vezes pode causar problemas para aqueles com DAs. Os métodos de aprendizagem multissensorial podem ser úteis, pois podem ser usados para reforçar ideias, apresentando informações de diferentes maneiras, evitando assim o tédio produzido pela simples aprendizagem por repetição. Também é vital garantir que a aprendizagem seja estruturada, usando etapas lógicas para desenvolver a aprendizagem e ajudar no reforço. Chinn (cf. Chinn e Ashcroft, 2007) fornece o exemplo de que a maioria das crianças com problemas de aprendizagem de matemática pode, com o apoio certo, aprender fatos simples de multiplicação para 1, 2, 5 e 10. A habilidade de realizar tais procedimentos de multiplicação pode então ser usada para acessar outros fatos: por exemplo, ensinar que cálculos da tabuada do 9 são simplesmente 1 vez menos do que cálculos da tabuada do 10, que já foram aprendidos. Portanto, um nível básico de habilidade pode ser usado para ensinar estratégias para lidar com problemas matemáticos adicionais.

A experiência de ensinar crianças com DA também sugere que maiores benefícios serão encontrados quando estratégias e conceitos forem ensinados explicitamente. Este também deve ser o caso com generalizações – de exemplos concretos a problemas abstratos, por exemplo – e ao formar associações entre os exemplos e os procedimentos reais que precisam ser aprendidos. Além disso, a aprendizagem de conceitos e procedimentos precisa ser testada de forma adequada. Perguntas não intimidadoras sobre conceitos podem fazer o indiví-

---

7. Wilson et al., 2006 está disponível em http://www.thenumberrace.com/nr/home.php

duo se envolver e pensar, e garantir que generalizações apropriadas ocorram. Avaliações de aprendizagem precisam de implementação cuidadosa para evitar associações com fracasso que podem levar a efeito negativo, evasão e baixa motivação, particularmente para crianças que podem ter dificuldades em uma área. Em contraste, exemplos concretos, ou objetos/situações familiares, que ilustram ideias, permitirão que a criança se identifique com a informação, facilitando assim a compreensão e o interesse. Obviamente, tornar a aprendizagem ativa e divertida e usar coisas com as quais a criança está familiarizada e gosta deve manter o interesse, aumentar a motivação para aprender e fornecer a base na qual a aprendizagem é facilitada tanto para a criança quanto para o professor.

Conclusões

A evidência científica sugere que existe uma DAE em matemática que pode levar a problemas com a educação e atividades fora da escola. Esta DAE pode ser severa e persistente (particularmente sem intervenção apropriada), e há evidências de uma base neurológica e predisposição genética. Os problemas com o conceito de números e as relações entre os números são a dificuldade subjacente mais provável específica para discalculia/DAM[8]. No entanto, tais problemas podem ser identificados precocemente e parecem ser suscetíveis a mudanças, o que sugere que, com as ferramentas de intervenção adequadas, muitos dos problemas enfrentados por crianças com discalculia/DAM podem ser superados. Além dessa potencial característica específica da discalculia, porém, há evidências de déficits em matemática mais amplos que podem estar associados a oportunidades de aprendizagem deficientes ou relacionados a outros problemas de desenvolvimento (como DAs relacionadas à linguagem). Novamente, tais dificuldades são passíveis de intervenção: os princípios básicos comuns para oferecer apoio a crianças com problemas de aprendizagem são tão relevantes para a área de aprendizagem da matemática quanto para quaisquer outras áreas da educação. Portanto, apesar da necessidade de mais pesquisas para entender melhor a discalculia/DAM, ainda assim há muito que os educadores podem fazer para oferecer suporte aos indivíduos com problemas relacionados à aprendizagem da matemática deficiente.

---

8. Cf. Chinn em http://www.mathsexplained.co.uk e o trabalho em OG e Matemática de Marilyn Waldrop.

5
Avaliação do professor
Movimento

Introdução

Embora o conceito de um distúrbio específico da função motora seja reconhecido há quase 100 anos, a conscientização sobre a condição tem aumentado gradualmente entre os profissionais de saúde, pesquisadores e profissionais nos últimos 30 anos. Reconhecido pela primeira vez no *Diagnostic and Statistical Manual, 3rd Revised Edition* (*DSM-III*) (produzido pela Sociedade Americana de Psiquiatria, em 1987) como síndrome do desastrado, o transtorno também é conhecido por uma série de nomes, incluindo dispraxia (Denckla, 1984) e "distúrbio específico do desenvolvimento da função motora" (Organização Mundial da Saúde, 1992). Atualmente, em geral é citado como "transtorno do desenvolvimento da coordenação", ou abreviadamente TDC (Henderson e Henderson, 2002; Sugden e Chambers, 2005).

Quatro critérios de diagnóstico são usados atualmente para distinguir a condição:

a) a criança tem desempenho motor substancialmente inferior ao esperado, dada sua idade cronológica e inteligência medida;

b) a perturbação no primeiro critério interfere significativamente no desempenho acadêmico ou nas atividades da vida diária;

c) o distúrbio não é devido a uma condição médica geral;

d) se houver retardo mental, as dificuldades motoras não são consideradas condições secundárias associadas (conforme citado em Tsang, Stagnitti e Lo, 2010).

O TDC é diagnosticado em crianças que, sem nenhuma razão médica conhecida, não conseguem adquirir habilidades motoras adequadas. Normalmente, os marcos motores em geral são alcançados um pouco tarde, enquanto os principais aspectos desse distúrbio podem incluir dificuldades na destreza manual, habilidades com bola e/ou equilíbrio. Essa deficiência acentuada tem um impacto negativo significativo nas atividades da vida diária, como vestir-se, comer, andar de bicicleta e/ou nas realizações acadêmicas, principalmente como resultado de habilidades de caligrafia deficientes (Barnett e Henderson, 2005).

O TDC afeta cerca de 5% das crianças em idade escolar, com prevalência de meninos sobre meninas (3 para 1). Embora aparente nos primeiros anos, geralmente não é diagnosticado formalmente antes dos cinco anos de idade. Tem um impacto variável, mas significativo, ao longo da vida, e seus sintomas são consistentes em toda cultura, raça, *status* socioeconômico e gênero (Zoia et al., 2006). Crianças com TDC geralmente têm dificuldade em realizar tarefas de autocuidado, como alimentação e vestimenta e, na escola, dificuldade em tarefas como caligrafia e esportes coletivos, como futebol ou *netball*. A apresentação dos sinais e sintomas pode variar, dependendo da idade da criança e das demandas apresentadas a ela.

Evidências recentes mostram que as dificuldades persistem na idade adulta. Além disso, agora é bem conhecido que as dificuldades motoras são aparentes em uma série de transtornos do desenvolvimento, como transtorno do espectro autista (Mari et al., 2003), TDAH (Martin, Piek e Hay, 2006), dislexia (Ramus et al., 2003) e comprometimento específico da linguagem (Hill, 2001; Zoia et al., 2006). Também foi sugerido (Gibbs, Appleton e Appleton, 2007) que as dificuldades de habilidades motoras ocorrem em um *continuum*, com muito mais crianças tendo graus de dificuldade mais leves do que aquelas com um alto nível de dificuldade, como pode ser indicado por um diagnóstico de TDC.

Um estudo de Sullivan e McGrath (2003) demonstrou que crianças com dificuldades motoras significativas aos quatro anos de idade eram mais propensas a ter dificuldades acadêmicas ou comportamentais e precisavam de suporte adicional quando atingiam os oito anos de idade. Um estudo longitudinal realizado por Cantell, Smyth e Ahonen (2003) também explorou os resultados de longo prazo para 65 crianças que foram avaliadas como tendo dificuldades motoras aos cinco anos de idade. Eles descobriram que, por volta dos 17-18 anos de idade, aqueles que continuaram a ter TDC tiveram as pontuações mais baixas no WAIS, as carreiras escolares mais curtas e a autopercepção mais baixa de competência atlética e escolar (conforme citado em Bond, 2011).

Importância das habilidades motoras finas no processo de aprendizagem

Cada movimento que fazemos e que é repetido continuamente para reproduzir o mesmo resultado final, por exemplo, a formação de uma letra, depende de um plano motor ou sequência corretamente aprendida. Escrever, em termos de letras escritas em uma página, depende de uma memória motora subconsciente profundamente arraigada; escrevemos com um nível de automaticidade que não requer pensamento consciente.

Segundo Cohen, Kiss e Le Voi (1993), os processos automáticos ocorrem sem consciência, são altamente eficientes, difíceis de modificar e involuntários, e não têm limitações de capacidade. As crianças podem aderir às mudanças quando seu foco principal é formar uma letra de uma determinada maneira, mas quando outra tarefa é o foco principal – por exemplo, pensar em ideias e escrever de forma independente – então a sequência motora superaprendida entra em ação e a caligrafia reverte ao que foi erroneamente aprendido e firmemente sedimentado. É claro, então, que, como tarefas complexas superaprendidas podem ser realizadas sem envolver o processamento consciente, uma vez consolidadas, elas se tornam extremamente difíceis de modificar (conforme citado em McMurray, Drysdale e Jordan, 2009).

Uma compreensão adequada das habilidades motoras finas é necessária para determinar seu impacto na aprendizagem em geral e na leitura e escrita em particular.

Habilidades motoras finas são a coordenação de grupos de pequenos músculos para completar uma tarefa ou para participar de uma atividade (Case-Smith, 2001). Esses grupos de músculos estão concentrados em três áreas principais:

1) o rosto (que inclui a boca, os olhos e as orelhas);

2) as mãos;

3) os pés (Dove Ministries for Children, 2012).

Muitos pesquisadores reconheceram a importância do desenvolvimento motor fino e incluíram as habilidades motoras finas como um componente em estudos e avaliações com foco na idade escolar e no ajuste escolar (Bart, Hajami e Bar-Haim, 2007; Decker et al., 2011; Pagani et al., 2010; Seung-Hee e Meisels, 2006). Habilidades motoras finas são uma habilidade fundamental importante e podem impactar positivamente o progresso de um aluno na escola. Os pesquisadores encontraram uma relação entre habilidades motoras bem desenvolvidas e melhor desempenho escolar, bem como uma relação com comportamentos sociais positivos (Bart, Hajami e Bar-Haim, 2007). Diz-se que um aluno tem habilidades motoras finas proficientes se for capaz de completar com eficiência e sucesso as tarefas e atividades motoras finas adequadas à sua idade. Habilidades motoras proficientes ajudam a criança a fazer a transição para as demandas acadêmicas encontradas no início da escola.

A proficiência em habilidades motoras finas, como cortar, colar, colorir, escrever e dobrar, proporciona uma base sólida sobre a qual o aluno pode desenvolver outras habilidades acadêmicas. Ao contrário disso, os déficits nas habilidades motoras finas afetam negativamente as áreas do progresso escolar de uma criança. Fracas habilidades motoras finas podem contribuir para a identificação precoce de alunos em risco de fracasso escolar (Grissmer et al., 2010; Seung-Hee e Meisels, 2006); déficits motores finos têm sido associados a distúrbios de aprendizagem, distúrbios comportamentais, distúrbios de linguagem e déficits de atenção. Além disso, a extensão dos déficits motores pode ser um fator determinante do desempenho acadêmico durante os primeiros três anos de escola (Ericsson, 2008). Em segundo lugar, os déficits motores finos afetam as habilidades de autocuidado necessárias na escola. As crianças terão dificuldade em se vestir, abotoar, fechar o zíper, amarrar os sapatos, se alimentar e praticar uma boa higiene (Case-Smith, 2001). Por último, os déficits nas habilidades motoras finas afetam o autoconceito da criança. Crianças com habilidades motoras fracas têm maior probabilidade de serem socialmente ineptas, solitárias, ter baixa autoestima, serem ansiosas e retraídas (Bart, Hajami e Bar-Haim, 2007). Essas crianças podem ter menos probabilidade de participar de atividades físicas e sociais.

Relação entre motricidade fina e alfabetização

Em ambientes educacionais, um bom tônus muscular no pescoço, costas e barriga é necessário para que os alunos mantenham a postura, estabilizem os ombros e mantenham a cabeça ereta por longos períodos enquanto leem ou escrevem (ibid.). Em 1992, McHale e Cermak examinaram mais de perto o quanto o trabalho em sala de aula exigia de habilidades motoras finas durante um dia normal. O estudo concluiu "que 30% a 60% do dia letivo era reservado para atividades motoras finas". À medida que os alunos avançam para as séries intermediárias e ensino médio, a execução e a aprendizagem das habilidades motoras finas devem ocorrer simultaneamente. Essa integração de habilidades motoras finas, aprendizagem, leitura e escrita pode ser muito exigente quando os déficits motores finos são relevantes (conforme citado em St. John, 2013).

Habilidades motoras e alfabetização

Ao observar as habilidades motoras finas e suas funções, pode-se ver uma correlação direta com as habilidades de alfabetização. Grissmer et al., em seu estudo de 2010 sobre idade escolar, também reconhecem essa conexão. Uma possibilidade que pode ser parcialmente responsável por uma ligação causal motora-cognitiva é que a maioria das atividades que desenvolvem ou manifestam habilidades cognitivas também envolvem o uso de habilidades motoras finas. A escrita requer habilidades motoras finas com as mãos, bem como a coordenação olho-mão. Falar requer habilidades motoras finas que controlam a produção de som.

A leitura requer o uso de habilidades motoras finas que controlam o movimento dos olhos para reconhecimento de palavras. A leitura e as habilidades motoras finas estão conectadas por meio da visão (St. John, 2013); a leitura requer varredura, vigilância visual e sequenciamento visual (Case-Smith, 2001). A varredura é a capacidade do aluno de mudar rapidamente os campos de visão. Os olhos devem trabalhar em conjunto e velozmente para atender às demandas tanto da visão de perto como de longe. Um aluno deve ver de perto um livro, alternar para focar no que o professor está escrevendo no quadro-negro e então retornar ao livro. Seus campos de visão podem mudar várias vezes em um curto período. Quando um aluno tem a habilidade de lidar com muitos elementos visuais simultâneos, diz-se que o aluno tem vigilância visual. Os olhos devem manter a atenção enquanto buscam por detalhes ou padrões. Um aluno faz isso quando vê a ordem das letras nas palavras ou os detalhes nas imagens. Sequenciamento visual é o reconhecimento e a lembrança de ordens visuais. Quando um aluno se lembra automaticamente da sequência "m-a-ç-ã" e a reconhece na impressão como a palavra "maçã", ele está praticando o sequenciamento visual (conforme citado em St. John, 2013).

O aluno deve ser capaz de manter a atenção visual no texto enquanto observa as formas das letras, a sequência das letras e a ordem das palavras, ao mesmo tempo em que processa a mensagem das palavras como um todo. Ler também envolve habilidades direcionais. O aluno deve ser capaz de mover os olhos e as mãos e juntá-los no centro. As informações de um lado do corpo devem ser transmitidas e coordenadas com o outro; ambos os lados devem trabalhar juntos para realizar uma tarefa. Esse processo é conhecido como integração bilateral (Case-Smith, 2001). A integração bilateral requer que o aluno cruze as linhas médias do corpo tanto horizontal quanto verticalmente. Para ler, o aluno deve ser capaz de cruzar a linha média de uma página, uma imagem e a do próprio livro; conseguir reconhecer a impressão da parte superior da página para a parte inferior e do lado esquerdo do livro para o direito; e ser capaz de segurar e virar as páginas de um livro da direita para a esquerda. Em 1989, Dennison e Dennison afirmaram que uma vez que o domínio da integração bilateral é alcançado, a pessoa adquire "uma habilidade fundamental para o sucesso acadêmico".

A maioria das crianças pequenas aprende habilidades motoras implicitamente, simplesmente fazendo-as, com muito pouco ensino explícito de como executar a tarefa (Orban, Lungu e Doyon, 2008). Isso é chamado de aprendizagem procedimental, que parece se aplicar à aprendizagem da sequência motora, quando uma criança precisa aprender a sequência correta de movimentos que, juntos, compreendem a ação motora (p. ex., escovar os dentes, vestir-se ou passar geleia no pão). No entanto, mais tarde na vida, ao aprender a amarrar cadarços ou a escrever, o ensino explícito é muitas vezes o método de escolha para explicar a ordem correta dos movimentos. Até o momento, não foi estabelecido qual desses dois métodos é o mais eficaz para ensinar habilidades motoras a crianças na fase inicial de aprendizagem (Savion-Lemieux, Bailey e Penhune, 2009).

Avaliação das habilidades motoras finas

A avaliação do comportamento motor é uma parte importante e integrante do processo de intervenção e a natureza da avaliação inicial pode influenciar a forma que uma intervenção assume, bem como os seus objetivos finais (Wilson, 2005). As recomendações mais recentes internacionalmente acordadas são que a intervenção deve "conter atividades que sejam funcionais e baseadas naquelas que são relevantes para a vida diária" (Sugden, 2006). Isso corrobora o uso de avaliações motoras com foco em tarefas funcionalmente relevantes (Barnett, 2008).

O diagnóstico de crianças com TDC no Reino Unido é geralmente realizado por um clínico, como um pediatra, e um terapeuta ocupacional ou fisioterapeuta que observa a criança e usa um teste padronizado para medir o nível de comprometimento motor. No Reino Unido, o teste mais comumente utilizado para medir essas deficiências é a Bateria de Avaliação de Movimento para Crianças-2 (Movement Assessment Battery for Children-2 – Movement ABC-2) (Henderson e Sugden, 2007), que possui normas para até 16 anos de idade. O Teste de Proficiência Motora Bruininks-Oseretsky-2 (2005) é utilizado nos Estados Unidos e tem normas para até 21 anos (Bruininks e Bruininks, 2005). No entanto, a avaliação do TDC para maiores de 16 anos é repleta de dificuldades. Poucos pediatras e médicos adultos têm experiência ou treinamento na avaliação e diagnóstico de TDC em adolescentes e adultos. Este problema decorre em parte da falta de ferramentas e protocolos normatizados para fazê-lo, e também da pouca consciência da natureza contínua do transtorno e da heterogeneidade da condição (conforme citado em Kirby et al., 2008).

Embora as dificuldades de coordenação motora de crianças com TDC sejam prontamente observáveis, tanto em sala de aula quanto em ambientes de educação física, crianças com TDC são comumente identificadas tardiamente até que o fracasso escolar comece a se manifestar (Fox e Lent, 1996; Miller et al., 2001). Professores de sala de aula e de educação especial costumam ser a fonte inicial de referência nos casos em que percebem que o desenvolvimento de habilidades está prejudicando o trabalho em sala de aula e o desempenho acadêmico geral (Sugden e Wright, 1998). Embora os professores, de fato, identifiquem algumas crianças com TDC, a literatura sugere que os professores não reconhecem muitas crianças que podem estar enfrentando limitações motoras em suas salas de aula e que isso pode estar relacionado a uma série de fatores (Dunford et al., 2004; Green et al., 2005; Junaid et al., 2000; Piek e Edwards, 1997). Uma solução para o problema, que são as listas de verificação do professor, não funcionam apropriadamente, pois costumam ser longas (Henderson e Sugden, 2007) e podem ter pouca sensibilidade (Junaid et al., 2000). É importante aprender mais sobre a percepção do professor sobre o que constitui um problema motor (conforme citado em Rivard et al., 2007).

A variabilidade inter e intraindividual dentro do TDC está bem documentada e pode interferir no desenvolvimento de ferramentas de triagem apropriadas. Na primeira infância, a identificação adequada de sinais e sintomas é dificultada pela falta de testes confiáveis e dados básicos a tal ponto que, quando as dificuldades motoras são persistentes, os pais parecem ser os que rapidamente detectam os problemas (Wilson e McKenzie, 1998; Jongmans, 2005). Medidas normatizadas de habilidades de movimento estão mais prontamente disponíveis para crianças em idade escolar. Nos últimos anos, vários pesquisadores desenvolveram medidas para auxiliar na identificação de crianças pequenas com TDC (Zoia et al., 2006). A natureza mutável do TDC é afetada pelas mudanças nas demandas ambientais da criança. À medida que a criança cresce, novos desafios, como aprender a andar de bicicleta, apresentam novos problemas, bem como o aumento da demanda acadêmica e social no ensino médio. A mudança do ensino fundamental para o ensino médio pode funcionar como um "ponto de inflexão" para o jovem. Habilidades deficientes também serão reconhecidas pelos colegas e podem resultar no isolamento do jovem e levar, especialmente nos meninos, a um risco aumentado de ter consequências psicológicas secundárias do TDC, como ansiedade (Sigurdsson, Van Os e Fombonne, 2002).

Para que as avaliações motoras sejam úteis, elas devem fornecer medidas válidas e confiáveis do comportamento motor. Para ser válido, um instrumento de avaliação deve medir o que se propõe a medir. Para examinar a validade de uma avaliação é necessário primeiro definir o constructo em análise. Como já mencionado, existem problemas com a conceitualização do termo "coordenação". No entanto, quando usado no contexto de TDC, o termo geralmente é entendido como "um nível geral de proficiência ou habilidade motora" (Wilson, 2005; Barnett, 2008). Crianças com TDC são muitas vezes identificadas pelos professores da sala de aula e o processo de identificação depende muito das percepções dos professores. As percepções dos professores podem ser influenciadas pelo sexo e comportamento das crianças, e o tipo de problema motor que demonstram. Até o momento, a influência desses fatores nas percepções dos professores sobre crianças com TDC não foi testada empiricamente (Rivard et al., 2007). Os professores de sala de aula são, portanto, incentivados a desenvolver e utilizar seus próprios modelos de observação para crianças com TDC, que podem incluir respostas às seguintes perguntas:

1) Em que tipos de tarefas a criança encontra dificuldade?
2) Que tipos de tarefas a criança evita?
3) Existe um componente físico ou sensorial nessas tarefas?
4) Os problemas comportamentais ou de atenção estão ligados a atividades específicas?
5) A criança parece entender as instruções?
6) Em que ponto ocorre a crise?

Se uma criança está ouvindo e lendo de forma apropriada para sua idade, mas está tendo dificuldade para copiar, na expressão escrita, caligrafia e outras atividades motoras, deve-se suspeitar de TDC. O encaminhamento para outros prestadores de serviços, bem como a provisão de adaptações por educadores especiais e professores de sala de aula, pode ajudar as crianças a ter mais sucesso no ambiente escolar (conforme citado em Missiuna, Rivard e Pollock, 2004).

Muitos dos programas e atividades disponíveis são adequados para o jardim de infância até o ensino fundamental, talvez até o ensino médio. Os programas requerem apenas alguns ajustes para se adequar às idades dos alunos. Um programa que é facilmente adaptado para grupos de várias idades é o Bal-A-Vis-X: Exercícios Rítmicos de Equilíbrio/Audição/Visão para o Cérebro e Integração Cérebro-Corpo de Bill Hubert (2001). O programa usa saquinhos de feijão, bolas de borracha e pranchas de equilíbrio. Os exercícios do Bal-A-Vis-X visam o seguinte:

1) reconhecimento visual e atenção focada no saquinho de feijão ou bola;
2) coordenação olho-mão;
3) habilidades de escuta que se concentram no ritmo auditivo conforme os saquinhos de feijão trocam de mão ou as bolas quicam;

4) uso de movimentos que envolvem os músculos motores finos e grossos para manipular os saquinhos de feijão e as bolas. As atividades são divertidas e envolventes para os alunos.

Outro programa que é facilmente adaptado para várias faixas etárias é o BrainGym: "O BrainGym é uma série de movimentos corporais simples usados para integrar todas as áreas do cérebro para melhorar a aprendizagem e aumentar a autoestima" (Cohen e Goldsmith, 2000). Existem vários exercícios em *BrainGym: Teacher's Edition*, revisado por Dennison e Dennison (1989), que abordam especificamente as habilidades de leitura (St. John, 2013). O Programa de Habilidades Motoras de Manchester (Manchester Motor Skills Programme – MMSP) foi desenvolvido em resposta à escassez de ferramentas de avaliação e programas de intervenção para uso nas escolas. Seguindo o trabalho de Wright e Sugden (1998) e Sugden e Chambers (2005), o MMSP adota uma abordagem motora amplamente cognitiva para intervenção, que se concentra no ensino direto de habilidades, adaptação e análise de tarefas. O programa é projetado para realização diária durante 8 semanas, ou 3 ou 4 vezes por semana durante 12 semanas, com as crianças sendo avaliadas antes e depois do uso do MMSP.

A estrutura das sessões do MMSP é baseada no trabalho de Cartlidge (conforme citado em Ripley, 2001). As sessões duram 20 minutos e têm ritmo bastante acelerado e ativo. As atividades são repetidas, preferencialmente por cinco sessões, a fim de desenvolver a confiança e proporcionar oportunidades para altos níveis de prática distribuída. A ênfase das sessões privilegia bastante a construção da autoestima e a colaboração. A sessão começa com um aquecimento em grupo. Então, segue-se a prática de desenvolvimento de habilidades, que pode envolver o trabalho em duas a três atividades motoras finas ou grossas por dois minutos cada. Essas atividades são avaliadas em termos de progresso individual em relação às metas pessoais definidas pelas crianças. A sessão termina com uma atividade colaborativa, elogio e definição de metas pessoais (conforme citado em Bond, 2011).

Importância da intervenção precoce

É essencial que os professores dos primeiros anos estejam cientes da importância de uma intervenção precoce adequada, garantindo a formação correta das letras assim que a criança estiver "pronta" para escrever, e que, se a "prontidão" for vaga, então pode haver dificuldades subjacentes que requerem um exame mais detalhado (MacIntyre, 2009).

A importância de uma intervenção precoce eficaz é crítica. Montgomery (2007) descreve como o córtex voluntário do cérebro é responsável por aprender habilidades motoras, juntando todas as partes. Com referência à caligrafia e formação das letras, ela afirma que, como o sistema cognitivo está envolvido no processo de aprendizagem, a criança deve ter a prática orientada desde o início. Movimentos amplos devem ser incentivados – por exemplo, no ar, na areia, em uma prancha e, eventualmente, no papel. Todos esses movimentos devem ser auxiliados por pinturas e desenhos para fortalecer os músculos. Montgomery afirma que o modelo não deve ser apresentado às crianças e, em seguida, deixado para ser copiado ou traçado sobre as letras, pois podem desenvolver hábitos que são difíceis de mudar posteriormente. Enquanto a criança se esforça para aprender essa nova habilidade motora, o cerebelo memoriza todas as ações musculares complexas envolvidas em qualquer movimento habilidoso e, eventualmente, assume o controle do movimento: "isso deixa o centro do cérebro livre para pensar em coisas novas" (ibid.).

Há ampla evidência de sobreposição de TDC com dislexia e TDAH entre 35 e 50% dos casos (Kadesjo e Gillberg, 1999; Kaplan et al., 1998; Pitcher, Piek e Hay, 2003). Entre as crianças em idade escolar, de 5 a 6% apresentam dificuldades de movimento que não são devidas a problemas neurológicos específicos ou deficiência cognitiva, e que limitam seu potencial em sala de aula e afetam seu desempenho acadêmico de longo prazo (Associação Americana de Psiquiatria, 2000). Tarefas funcionais diárias como vestir-se, escrever, cortar com tesoura, copiar do quadro e habilidades com bola são problemáticas para essas crianças e causam frustração diária (Cermak, Gubbay e Larkin, 2002; May-Benson, Ingolia e Koomar, 2002; Missiuna, 2003). Foi claramente demonstrado que crianças com TDC são conhecidas por desenvolver sequências secundárias severas que não se limitam às dificuldades motoras apresentadas. Vários estudos mostraram que, ao longo do tempo, crianças com TDC são mais propensas a demonstrar dificuldades comportamentais e sociais/emocionais, incluindo baixa competência social e física percebidas, isolamento social, problemas acadêmicos e de comportamento, baixa autoestima, baixo amor-próprio e taxas mais altas de problemas psiquiátricos (Cantell, Smyth e Ahonen, 1994; Geuze e Borger, 1993; Losse et al., 1991; Rasmussen e Gillberg, 2000; Rose, Larkin e Berger, 1997; Rose e Larkin, 2002; Schoemaker e Kalverboer, 1994; Skinner e Piek, 2001; Smyth e Anderson, 2000). Além disso, elas têm menos probabilidade de estar fisicamente aptas ou de participar voluntariamente de atividades motoras (Cairney et al., 2005; Watkinson et al., 2001). Crianças com problemas de movimento identificados em uma idade precoce podem se beneficiar de intervenções que incluam a educação de professores e pais sobre como tornar as tarefas mais fáceis para elas (conforme citado em Missiuna, Rivard e Pollock, 2004).

MacIntyre (2009) fornece algumas orientações muito claras sobre as áreas que devem ser visadas em um cronograma de observação nos primeiros anos em relação às questões de movimento e coordenação. Ela sugere que as questões a seguir precisam ser enfocadas e podem apontar o caminho para uma avaliação mais aprofundada:
- aparentar falta de coordenação;
- dificuldade em identificar/localizar partes do corpo;
- dificuldade de medir a força no lançamento de uma bola;
- equilíbrio/postura ruim;
- falta de domínio;
- dificuldade para correr e pular;
- dificuldade com botões, cadarços;
- memória cinestésica fraca;
- não conseguir usar as duas mãos juntas para executar habilidades;
- noção espacial ruim;
- noção direcional ruim.

Sem intervenção precoce ou correção posterior, muitas crianças com déficits de habilidades motoras terão tais déficits por vários anos (Ericsson, 2008). As dificuldades nas habilidades motoras não se corrigem por si sós, nem desaparecem. Evitar ou ignorar déficits motores finos, ano após ano, pode impactar negativamente as habilidades de leitura e escrita de muitos alunos e requerer trabalho intensivo para remediar posteriormente se forem consolidados planos motores incorretos (McMurray, Drysdale e Jordan, 2009). Desenvolvimento profissional na identificação dos déficits motores finos e sua correção são necessários para formar os professores a fim de que os alunos com atraso recebam a ajuda necessária (ibid.). O terapeuta ocupacional de uma escola é um grande recurso que pode compartilhar uma riqueza de informações e conhecimentos com a equipe.

Escrita manual

"A escrita manual é uma integração das formas das letras (códigos ortográficos), nomes das letras (códigos fonológicos) e formas escritas (códigos grafomotores)" (Medwell e Wray, 2008). Essa coordenação de conhecimento de letras e habilidades motoras finas é conhecida como integração ortográfica (Christensen, 2004). Foi demonstrado que existe uma relação significativa entre a integração ortográfica e a capacidade do aluno de produzir um texto bem-acabado (St. John, 2013). A escrita é uma coordenação de muitos componentes relacionados às habilidades motoras finas e requer *multitasking* de várias modalidades, o que nem todos os alunos são capazes de fazer. Para escrever, os alunos devem possuir: 1) consciência de onde os braços e as mãos estão no espaço (cinestesia); 2) articulações estáveis acima da mão; 3) habilidades de manipulação da mão para segurar o lápis e controlar a mão; 4) habilidade para reconhecer as letras e palavras sendo escritas; 5) habilidade de cruzar a linha média do corpo e 6) coordenação de ambos os lados do corpo (ibid.). Antes de começar a escrever letras ou palavras, a criança deve ser capaz de segurar e manipular uma ferramenta de escrita. Este processo é facilitado pela forma apropriada de segurar o lápis. Uma empunhadura de tripé é a ideal, onde o polegar e o dedo indicador seguram o lápis com um espaço aberto em teia, enquanto o lápis repousa no dedo médio (Case-Smith, 2001). Com uma empunhadura apropriada do lápis no lugar, a resistência e a força dos músculos das mãos continuarão a se desenvolver. Mas por que um professor precisa se preocupar com a empunhadura do lápis? A empunhadura inadequada do lápis pode contribuir para a fadiga da mão, tornar a escrita manual mais difícil de executar e afetar drasticamente a velocidade da escrita (conforme citado em St. John, 2013).

As habilidades de leitura e escrita andam lado a lado: "A leitura literal é um pré-requisito para a escrita. As letras devem ser reconhecidas visualmente antes de serem escritas" (Ardila, 2004). Aprender a escrever é um processo complicado (Ritchey, 2006). Um aluno precisa escrever letras e soletrar palavras, com espaços entre elas, enquanto pensa e organiza o conteúdo e a mensagem do que vai escrever (St. John, 2013). A escrita manual é um processo multissensorial que envolve a integração dos sistemas visual, motor, sensorial e perceptivo (Case-Smith, 2001).

Na escrita, automaticidade é a formação rápida e fácil de letras e palavras que diminui a quantidade de recursos cognitivos necessários, permitindo que outro processo de escrita aconteça simultaneamente. Em uma revisão da pesquisa em 2004, Colette Gray concluiu que "existe uma associação entre déficits na automaticidade e dificuldades na leitura, compreensão de leitura, fluência de leitura, escrita, habilidades com números, ortografia, memória, velocidade, audição, visão e equilíbrio". Na escrita, a automaticidade afetará a fluência da escrita e a qualidade do conteúdo (Medwell e Wray, 2008). A promoção da automaticidade na escrita manual não deve ser confundida com aprendizagem mecânica ou exercícios práticos intermináveis de formação de letras (Gray, 2004). Em vez disso, deve-se pensar na criação de um plano motor para cada letra usando vários sistemas sensoriais e, em seguida, armazenar cada plano como uma memória motora. Quanto mais um aluno utiliza um plano motor de sucesso, mais refinada se torna a execução (Case-Smith, 2001). O cérebro pode, então, de maneira fácil e automática, recuperar os planos necessários quando ocorre a escrita (conforme citado em St. John, 2013).

Os professores devem estar cientes de que a falta de automaticidade não é específica da idade, tampouco é uma escolha consciente. Alguns alunos dos ensinos fundamental e médio ainda estão pensando em como formar uma letra ou sequência de letras enquanto escrevem; como resultado, eles lutam para acompanhar o ritmo de seus colegas. Essa dificuldade também pode afetar a atitude do aluno em relação à escrita (Graham e Harris, 2006). Os alunos podem evitar a escrita em geral, acreditando que não sabem escrever, e permanecer estáticos em seu estágio de desenvolvimento da escrita. Dificuldades com a escrita manual podem até mudar inadvertidamente a mensagem pretendida pelo escritor ou a percepção do leitor sobre o escritor. Isso pode ser devido a conteúdo incoerente, legibilidade deficiente ou grafia incorreta (Graham, 1990; Graham e Harris, 2006). Além disso, os alunos podem usar estruturas de frases mais simples para limitar o quanto devem escrever, além de escolher opções de vocabulário mais simples para evitar grafias difíceis. Medwell e Wray (2008) descobriram que a automaticidade das letras é o "melhor indicador individual de duração e qualidade da composição escrita no ensino primário [...] no ensino médio e mesmo nos anos de educação pós-obrigatória". Para escrever, Ritchey (2006) sugere modificar as ferramentas de escrita, a superfície de escrita ou o papel. Acoplar um *grip* ao lápis permite que o aluno com músculos da mão mais fracos segure melhor o instrumento. O uso de minilápis, pequenos pedaços de giz e giz de cera quebrado melhorará a empunhadura do lápis e aumentará a força da mão (conforme citado em Zoia et al., 2006).

Dificuldades de percepção visual também podem ser uma área importante tanto na leitura quanto na escrita. MacIntyre (2009) sugere que as seguintes questões devem ser consideradas:

- mau planejamento e *layout* de trabalho;
- espaçamento insuficiente de palavras;
- variação no tamanho das letras;
- dificuldade em lembrar uma imagem quando ela é removida, por ex., copiar do quadro-negro;
- memória sequencial visual deficiente;
- lembrar uma série de imagens visuais em ordem.

Dispraxia: desafios

As limitações de uma criança com dispraxia podem ser observadas na iniciação e planejamento de movimentos e sequências e também na percepção, causando problemas na legibilidade da caligrafia, habilidades de organização e processamento visual em leitura, matemática e educação física (Addy, 2003). Na escola primária, uma criança com dispraxia apresentará problemas incluindo atraso na aquisição de habilidades motoras, de percepção e de linguagem. A escrita manual é particularmente difícil para crianças com dispraxia devido à inter-relação altamente complexa das demandas motoras, cognitivas e de linguagem envolvidas na formação das letras (Malloy-Miller, Polatajko e Anstett, 1995).

Uma criança com dispraxia apresenta dificuldades específicas em aprender novos padrões de movimento, mas aprender a escrita manual envolve o desenvolvimento de muitos novos padrões de movimento (Lockhart e Law, 1994). A criança será, portanto, mais lenta e exigirá mais prática para desenvolver a automaticidade. Ela provavelmente também terá dificuldades ao ler, organizar, fechar roupas, manipular brinquedos, sequenciar e se concentrar (Portwood, 1999).

Dicas para professores em sala de aula

a) Os professores podem variar a superfície de escrita. Uma placa inclinada pode ajudar a apoiar a mão de um aluno à medida que ele ganha força e resistência para escrever. Ela também pode alterar o campo visual, tornando mais fácil ver ao escrever. Modificações no papel podem ajudar o aluno.

b) Testar uma variedade de papéis para escrever pode ajudar o aluno a identificar qual tipo funciona melhor para ele. A adição de uma linha escurecida ou destacada pode auxiliá-lo visualmente. Para os alunos que apresentam tanto dificuldade visual quanto motora de se manterem dentro das linhas, há disponível um papel com relevo, no qual a linha inferior é levantada para fornecer ao aluno uma dica tátil para o posicionamento.

c) Os professores também podem modificar as tarefas. Eles devem fornecer grandes espaços de trabalho e evitar sobrecarga visual. A duração de uma tarefa também pode ser adaptada para se adequar às habilidades do aluno. Se um aluno demonstra compreensão com menor número de problemas ou com um parágrafo mais curto, isso deve ser permitido (conforme citado em St. John, 2013).

d) Uma abordagem multissensorial para ensinar escrita manual (Lockhart e Law, 1994). Os alunos devem praticar a sequência das letras usando amplos movimentos motores no ar para facilitar o reconhecimento da sequência motora. A sequência motora deve então ser praticada em outros meios, como areia, sal ou creme de barbear, antes de levá-la ao papel.

As experiências visuais, vestibulares, cinestésicas e táteis enviam mensagens ao cérebro e promovem o desenvolvimento de planos motores e automaticidade (McMurray, Drysdale e Jordan, 2009). Alguns alunos podem se beneficiar com o uso de *trackers* de leitura. Tais cartões possuem uma janela colorida e transparente no centro para destacar uma linha de texto por vez e reduzir a sobrecarga visual. Para os alunos mais jovens, ponteiros ajudam a desenvolver a correspondência individualmente durante a leitura. Para todos os alunos, exibições visuais na sala de aula podem reforçar a aprendizagem das letras e lembrar os alunos sobre sua formação (Gray, 2004).

e) Crianças com dispraxia também se beneficiam da repetição e prática adicional ao aprender a caligrafia. Essas crianças exigem "superaprendizagem" (Lockhart e Law, 1994). Por meio da repetição, os novos planos motores são desenvolvidos, armazenados e gradualmente se tornam mais automáticos. Bundy, Lane e Murray (2002) afirmam: "Uma habilidade motora aprendida deve ser praticada para ser armazenada e rememorada de uma forma que sustente a perícia. Praticar movimentos é essencial para o desenvolvimento de habilidades". Uma criança com dispraxia tem grande dificuldade em generalizar habilidades, então, habilidades específicas precisam ser ensinadas e praticadas antes de passar para o próximo conjunto de habilidades (conforme citado em McMurray, Drysdale e Jordan, 2009).

f) Os professores em sala de aula podem adaptar e modificar atividades para permitir que as crianças alcancem as expectativas curriculares com menos ênfase nos componentes motores dessas atividades. Um dos tipos mais eficazes de modificações em sala de aula para crianças com TDC envolve a redução da quantidade de escrita necessária e a concessão de tempo extra para completar tarefas escritas. É importante diminuir a parte motora (saída) da tarefa, porém, sem alterar as expectativas cognitivas. Por exemplo, fazer a criança desenhar a história em vez de escrevê-la pode diminuir os requisitos cognitivos da tarefa sem alterar o resultado.

g) É mais difícil diminuir os requisitos motores na educação física, onde o desempenho motor é o foco. No entanto, podem ser usadas estratégias para encorajar as crianças com TDC a progredir dentro de suas próprias habilidades, para estimular a autoestima e promover o valor da atividade física para a boa forma e a saúde a longo prazo. Ao ensinar atividades físicas para crianças com TDC deve-se sempre dar ênfase ao incentivo à diversão, esforço e participação, ao invés da proficiência. Jogos não competitivos, nos quais os objetivos são medidos em relação ao próprio desempenho e não ao de outras crianças, podem ser úteis. Outra estratégia é dividir a classe em grupos menores ao praticar as habilidades, pois haverá menos obstáculos a serem evitados.

h) Crianças com TDC muitas vezes são as últimas a se preparar para sair para o recreio, especialmente nos meses de inverno, e perder o horário de recreio só contribui para diminuir suas já reduzidas oportunidades de desenvolvimento físico. Elas também hesitam em brincar nos brinquedos do pátio e costumam ser socialmente isoladas e excluídas pelos outros (Smyth e Anderson, 2000); como resultado, podem demorar propositalmente a se vestir para evitar sair para o recreio. Permitir um tempo extra para se preparar para o recreio, garantir um banco ou local seguro para a criança se sentar enquanto se veste, ou ser acompanhada por um aluno mais velho pode ser útil. A complexidade das tarefas de autocuidado também pode ser reduzida pelo uso de velcro, calças de *jogging*, moletons, camisetas e fechos fáceis de manusear (citado em Missiuna, 2003; Missiuna, Rivard e Pollock, 2004).

Comentários finais

Este capítulo mostrou inequivocamente que a conscientização do professor a respeito da dispraxia, do TDC e da disgrafia é crucial. Ela pode ajudar a desenvolver uma avaliação observacional mais eficaz e preparar o caminho para a identificação precoce. Conforme indicado em outros capítulos deste livro, a identificação precoce e as adaptações adequadas na sala de aula são de suma importância para evitar que a criança fracasse e vivencie a impotência aprendida e a baixa autoestima. Também é importante considerar a sobreposição (muitas vezes referida como comorbidade) entre o TDC e outras dificuldades específicas, como dislexia e dificuldades de atenção. Estudos indicam que a comorbidade é a regra e não a exceção (Snowling, 2012). Portanto, é importante que uma abordagem ampla seja feita em relação à avaliação e que o foco seja mais do que o desenvolvimento motor, e também incorpore áreas como memória de trabalho, velocidade de identificação e questões de atenção.

6
Problemas comportamentais
Transtorno do déficit de atenção com hiperatividade e distúrbios emocionais e comportamentais

Contextualização

Os problemas mais claramente associados a DAEs em sala de aula são as questões educacionais relacionadas à aquisição de alfabetização (leitura, ortografia, escrita) e/ou habilidades matemáticas (conforme discutido nos capítulos anteriores), com dificuldades de movimento também sendo evidentes (cf. capítulo 5). No entanto, apesar da ênfase importante nos resultados educacionais, muitas crianças com DAs também mostram uma prevalência de problemas comportamentais, emocionais e/ou sociais mais alta do que o esperado (Lauth, Heubeck e Mackowiak, 2006; McConaughy, Mattison e Peterson, 1994; McKinney, 1989; Michaels e Lewandowski, 1990; Swanson e Malone, 1992). É mais provável que essa relação seja recíproca por natureza – ou seja, elevação em um provavelmente leva a elevação no outro e vice-versa. No entanto, qualquer área de problema pode ser o ponto de partida: um problema comportamental, emocional e/ou social pode levar a problemas na escola que levam a uma aprendizagem deficiente; da mesma forma, a DA pode ser o ponto de partida e levar a comportamentos, emoções e/ou interações negativas com outras pessoas. O potencial de um levar ao outro é, portanto, a razão pela qual provavelmente haja uma correlação.

Relação entre aprendizagem e problemas comportamentais

Embora as consequências psicossociais negativas dos problemas de aprendizagem na escola tenham sido menos enfocadas do que as de baixas qualificações e poucas oportunidades de emprego, elas vêm sendo discutidas tanto quanto as consequências educacionais e de emprego (cf. Critchley e Critchley, 1978). Por exemplo, Gates, na década de 1940, argumentava que "desajustes de personalidade frequentemente coexistem com deficiência em leitura" (Gates, 1941, citado em Athey, 1982). A pesquisa subsequente corroborou esta ligação hipotética: Maughan (1995) cita evidências de que alunos com problemas de aprendizagem têm maior probabilidade de sofrer transtornos psiquiátricos após meados da infância do que seus colegas; e, da mesma forma, Huntington e Bender (1993) citam evidências de que adolescentes com histórico de dificuldades/deficiências de aprendizagem demonstram crises mais frequentes e mais graves de depressão (cf. tb. Livingstone, 1990) e taxas mais altas de suicídio do que adolescentes sem tais deficiências. Aqueles com dificuldades/deficiências de aprendizagem também apresentam maior evidência de problemas de atenção e comportamento (Hinshaw, 1994). Nos primeiros anos de escola, alunos com baixo desempenho foram identificados como vulneráveis a problemas de conduta, e foram relatadas ligações entre problemas de aprendizagem na escola e problemas de comportamento desordeiro, agressão e delinquência (Hinshaw, 1992; Jorm et al., 1986; Ritchman, Stevenson e Graham, 1982). Também foram relatadas ligações entre problemas de aprendizagem e hiperatividade (Stevenson et al., 1993) e crescentes correlações entre comportamentos negativos e problemas de aprendizagem foram encontrados desde a pré-escola até a primeira série (Pianta e Caldwell, 1990). Respostas negativas de cunho emocional/comportamental ao fracasso em adquirir habilidades de alfabetização também podem levar a maiores dificuldades nos procedimentos de intervenção (cf. Miles, 2004; Murray, 1978).

Essas associações entre comportamentos negativos e problemas educacionais podem ser encontradas em contextos culturais/educacionais. Por exemplo, em um contexto de língua árabe, com um sistema educacional relativamente diferente em comparação com aqueles em que grande parte da pesquisa foi realizada, relações entre comportamentos negativos (não focados) e desempenho educacional foram encontradas em populações tradicionais (Everatt et al., 2011), e há evidências de uma incidência maior do que o esperado de problemas relacionados à dislexia entre adolescentes em instituições infratoras (Elbeheri, Everatt e Al-Malki, 2009). Esses problemas psicossociais podem interferir na capacidade da criança de participar totalmente e se envolver em atividades de ensino. Por exemplo, Miles (2004) argumentou que uma criança que não supera cedo suas dificuldades de aprendizagem na escola experimentará níveis mais elevados de estresse, causando um enfraquecimento da motivação e consequências negativas no desenvolvimento educacional. Da mesma forma, Lindquist e Vicky (1989) argumentaram que crianças com problemas de aprendizagem podem atrapalhar uma aula (talvez se tornando o palhaço da turma) a fim de proteger sua autoestima, porque acreditam que o trabalho da classe é muito difícil para elas. Além disso, Edwards (1994) sugere que os sentimentos de frustração e isolamento causados pelos problemas educacionais do indivíduo levam a consequências negativas, com os indivíduos potencialmente sendo intimidados ou isolados por colegas, pais e professores.

A relação recíproca potencial torna-se mais clara quando se considera os efeitos dos problemas de aprendizagem sobre como um indivíduo vê a si mesmo – ou seja, a autoconsciência ou autoestima do indivíduo. McLoughlin, Fitzgibbon e Young (1994) descobriram que os indivíduos com dislexia têm percepções ruins sobre suas habilidades ortográficas, embora possam não ser tão ruins quanto consideram, e Butrowsky e Willows (1980) descobriram que aqueles com deficiências de leitura tinham baixa expectativa de sucesso não só na leitura, mas também no desenho, sugerindo que sentimentos de baixa autoestima podem se estender além da área inicial de dificuldade.

Consequentemente, experiências de fracasso na educação podem fazer com que os indivíduos com DAs desenvolvam uma percepção do eu que pode estar mais distante de seu eu ideal do que suas habilidades deveriam sugerir. Essas descobertas sugerem uma potencial espiral descendente de baixo desempenho, levando a uma baixa autoestima, que afeta ainda mais o desempenho (cf. tb. Terras, Thompson e Minnis, 2009).

Da mesma forma, uma boa autoconsciência pode ser um fator para uma vida adulta bem-sucedida para o indivíduo com um problema de aprendizagem (Goldberg et al., 2003; Leather et al., 2011) e experiências positivas de superação de desafios (com o apoio certo) devem levar a mais resiliência contra dificuldades futuras (cf. Ofiesh e Mather, 2012; Sorenson et al., 2003). Curiosamente, o desenvolvimento da autoestima parece envolver dois componentes integrais: o indivíduo e suas interações e experiências dentro de seu mundo social, mais a avaliação dessas interações ou experiências contra seu eu existente (cf. discussões em Burden e Burdett, 2005; Riddick, 2010). Como resultado disso, embora a autoestima a princípio emerja como uma entidade global, ela provavelmente se diferencia em áreas separadas, tornando-se potencialmente hierárquica por natureza (Coopersmith, 1967). Isso sugere que alguns aspectos da autoestima podem ser avaliados como mais negativos do que outros, o que tem o aspecto positivo de que experiências de aprendizagem bem planejadas/direcionadas podem levar a uma autoimagem positiva e resiliência (cf. discussões em Everatt e Reid, 2010), mas também significa que experiências negativas contínuas podem impactar a autoestima global (cf. Ofiesh e Mather, 2012). Se deixada por conta do indivíduo, a proteção de sua própria visão de si mesmo pode fazer com que algumas áreas de comportamento (as áreas mais positivas e bem-sucedidas) sejam promovidas como mais importantes do que outras. Se essas áreas "mais importantes" envolverem comportamentos negativos, a proteção da autoestima pode ser mantida por ações que levam a uma perda maior de aprendizado. As boas práticas educacionais se esforçariam para evitar essa espiral negativa.

Como sugerido antes, as DAEs podem levar a (e foram associadas a) emoções e respostas comportamentais negativas. Da mesma forma, porém, emoções e comportamentos negativos podem levar a uma aprendizagem deficiente. As duas subseções a seguir consideram duas condições gerais que costumam estar associadas a consequências educacionais insatisfatórias e que podem ser evidentes em salas de aula típicas. A ênfase aqui é fornecer os exemplos mais úteis – não é possível cobrir todas as condições em um livro deste tamanho. No entanto, os recursos e as possíveis práticas discutidas a seguir também devem ser úteis em outras áreas de dificuldades.

Transtornos emocionais e comportamentais (TEC)

Ao se considerar a relação entre DAs e problemas emocionais, comportamentais e sociais, o grupo de indivíduos mais óbvio a ser focado são aqueles alunos que podem ser considerados na avaliação ampla de transtorno emocional e comportamental (TEC). Observe que este termo não é usado universalmente, mas fornece uma base para discutir a ampla gama de problemas comportamentais, emocionais e sociais relativamente sérios que uma criança pode apresentar – cobriremos um termo mais específico (embora não menos controverso) na próxima subseção deste capítulo. Os problemas associados com TEC podem ser encontrados em grupos bastante consideráveis de crianças em uma população em idade escolar (normalmente cerca de 5%, embora algumas estimativas sugiram que isso pode aumentar para acima de 10%) e têm uma alta taxa de coocorrência (provavelmente acima de 25%) com DAs (Adams et al., 1999; Reid et al., 2004). Como o nome sugere, os indivíduos podem mostrar evidências de comportamento problemático e/ou emoção negativa (cf. discussões em Rutherford, Quinn e Mathur, 2004). Os comportamentos problemáticos podem incluir agressão verbal e física ou outros tipos de comportamentos inadequados, como a falha persistente em obedecer às regras da escola ou da sociedade. Também pode haver dificuldades com interações com colegas e adultos. Os problemas emocionais geralmente se manifestam como infelicidade ou retraimento persistente, bem como uma tendência a desenvolver medos potencialmente irracionais associados a problemas pessoais ou escolares. As formas mais internalizadas de TEC podem fazer com que a criança sofra de depressão grave e mostre evidências de ansiedade e solidão, bem como de outros problemas, como transtornos alimentares. Essas crianças muitas vezes perdem o interesse pelas atividades sociais, escolares ou da vida em geral e podem ser difíceis de detectar em salas de aula lotadas, embora os problemas possam ser graves. Crianças que apresentam aspectos externalizados do transtorno frequentemente apresentam problemas mais extrovertidos, incluindo falta de controle e mais evidências de atuação: esses problemas podem estar associados ao TDAH (cf. a seguir) e transtornos de conduta (um termo usado para se referir a alunos que apresentam prolongados períodos de comportamento antissocial, incluindo desafio às normas sociais e regras de sala de aula).

Evidentemente, o aluno que mostra mais problemas externalizados é com frequência mais perceptível do que aqueles que não o fazem. Eles tendem a expressar suas emoções em vez de contê-las e podem apresentar comportamentos negativos, como brigas, *bullying*, xingamentos e outras formas de agressividade. Esses comportamentos podem influenciar negativamente suas interações com colegas e adultos, bem como impactar sua experiência educacional (Cullinan e Sabornie, 2004; Lane et al., 2008; Walker, Ramsey e Gresham, 2004). Sem uma intervenção apropriada, tais comportamentos podem se estabelecer firmemente e levar a resultados negativos duradouros (Lane et al., 2006; Walker, Ramsey e Gresham, 2004). No geral, os alunos com TEC têm um desempenho pior do que seus colegas em avaliações e exames escolares, mostram taxas de abandono escolar mais altas do que as encontradas entre a maioria dos outros grupos de alunos e muitas vezes passam a ter resultados negativos no emprego, maior probabilidade de comportamentos antissociais e uma grande necessidade de serviços de saúde mental (Bullis e Yovanoff, 2006; Walker, Ramsey e Gresham, 2004).

Consistente com a relação entre aprendizagem e problemas emocionais, comportamentais e/ou sociais, os alunos com TEC exibem uma ampla gama de déficits nas áreas escolares, incluindo linguagem, leitura, escrita e matemática (Anderson, Kutash e Duchnowski, 2001; Greenbaumetal, 1996; Lane et al., 2006; Trout et al., 2003), e há evidências de uma falta de melhora nesses déficits acadêmicos ao longo do tempo (Anderson, Kutash e Duchnowski, 2001; Reid et al., 2004). No entanto, há alguns indícios de que tais consequências negativas podem estar relacionadas ao tipo de problemas comportamentais apresentados por diferentes grupos de crianças com TEC. Por exemplo, Abikoff et al. (2002) descobriram que uma coocorrência de comportamentos disruptivos e déficit de atenção era mais indicativo de baixo desempenho acadêmico em relação a outros transtornos.

Da mesma forma, Nelson et al. (2004) descobriram que o mau desempenho em leitura, matemática e escrita era mais provável em crianças que apresentavam comportamentos externalizantes (ou seja, agressividades verbal e física maiores), em vez dos comportamentos mais internalizantes associados a respostas emocionais negativas, como depressão e ansiedade. Essas descobertas defendem uma relação mais estreita entre o insucesso acadêmico e os problemas de conduta e atenção. Na verdade, a relação potencial com problemas de atenção significa que eles também precisam ser considerados, com o transtorno mais amplamente citado nessa área sendo o TDAH.

Dificuldades de aprendizagem e déficits de atenção (TDAH)

Semelhante ao TEC, há uma coocorrência (ou comorbidade) relativamente alta entre DAEs e TDAH. Estima-se que entre 20 e 50% das pessoas diagnosticadas com TDAH também têm problemas de aprendizagem/acadêmicos (Barkley, 2006; Hinshaw, 1994; Semrud-Clikeman et al., 1992). Dado que o TDAH é normalmente diagnosticado por profissionais fora do contexto escolar, cobriremos esta área com mais detalhes, pois o professor pode precisar seguir os relatórios apresentados por outro profissional – ou compreender as possíveis características da condição antes de fornecer informações a outro profissional (cf. tb. Barkley, 2006, para uma discussão semelhante).

O TDAH é um transtorno caracterizado por três sintomas: desatenção, hiperatividade e impulsividade. A desatenção envolve problemas com atenção constante, distração e vigilância. A hiperatividade é caracterizada por altos níveis de atividade motora e/ou vocal. A impulsividade refere-se a comportamentos como ter problemas para esperar por sua vez e responder muito rapidamente às situações e sem considerar as consequências, o que pode levar a perigos e comportamentos de risco. Há também evidências de que os indivíduos com TDAH apresentam déficits em (i) inibição comportamental e autorregulação, (ii) atenção sustentada e resistência à distração e (iii) funções executivas e planejamento (Barkley, 2006) – e tal gama de dificuldades pode ter efeitos negativos para quem as vivencia na vida em geral, bem como na escolaridade. Geralmente, para um diagnóstico de TDAH, os sintomas precisam ser duradouros e levar a dificuldades que são aparentes em todos os contextos. A condição foi encontrada em muitos países e ambientes educacionais, e não apenas em contextos ocidentais.

Mais uma vez usando a pesquisa no mundo árabe como um exemplo de um contexto cultural e educacional muito diferente daquele em que grande parte da pesquisa foi realizada, vários estudos que investigam as porcentagens de crianças com TDAH identificaram números semelhantes aos relatados em todo o mundo e descobriram que os alunos que mostraram evidências de sintomas de TDAH também tiveram um desempenho acadêmico insatisfatório (cf. Farah et al., 2009).

No entanto, apesar das evidências para a condição, há, já faz algum tempo, considerável debate sobre o uso do termo "transtorno do déficit de atenção com hiperatividade" e a noção geral de transtornos de atenção como uma síndrome separada e discreta. Este debate despertou ainda mais interesse com a publicação e implementação do *Diagnostic and Statistical Manual of Mental Disorders* (*DSM-V*) (quinta edição, Sociedade Americana de Psiquiatria, 2013). Como nas edições anteriores, o *DSM-V* reconhece que não existe um teste único para diagnosticar o TDAH e que ele pode se sobrepor a outras categorias. O padrão de diagnóstico definido pelo *DSM-V* é reconhecido internacionalmente e pode fornecer orientação às autoridades educacionais em todos os países. Algumas das mudanças importantes feitas no *DSM-V* (o *DSM-V* substituiu o *DSM-IV*, que foi publicado em 1995) em relação ao TDAH incluem:

1) os sintomas agora podem ocorrer aos 12 anos em vez de aos seis;

2) vários sintomas agora precisam estar presentes em mais de um ambiente, em vez de apenas algum prejuízo em mais de um ambiente;

3) novas descrições foram adicionadas para mostrar como os sintomas podem aparecer em idades mais avançadas;

4) para adultos e adolescentes, com 17 anos ou mais, apenas cinco sintomas são necessários, em vez dos seis necessários para crianças menores.

Também é importante reconhecer que, embora o *DSM-V* apresente critérios para o diagnóstico de dificuldades de atenção, apenas profissionais treinados (geralmente psicólogos ou profissionais médicos) serão capazes de diagnosticar o TDAH.

O *DSM-V* afirma que crianças e adultos com TDAH apresentarão um padrão persistente de desatenção e/ou hiperatividade-impulsividade que interfere no funcionamento ou desenvolvimento. A seguir, estão os detalhes dessas áreas/sintomas de problemas em potencial.

Desatenção – seis ou mais sintomas de desatenção para crianças de até 16 anos, ou cinco ou mais para adolescentes de 17 anos ou mais e adultos; sintomas de desatenção estão presentes há pelo menos seis meses e são inadequados para o nível de desenvolvimento:

- muitas vezes, deixa de dar atenção aos detalhes ou comete erros por descuido nos trabalhos escolares, no trabalho ou em outras atividades;
- muitas vezes, tem problemas para prestar atenção em tarefas ou atividades lúdicas;

- muitas vezes, parece não ouvir quando lhe falam diretamente;
- muitas vezes, não segue as instruções e deixa de terminar os trabalhos escolares, tarefas domésticas ou deveres no local de trabalho (p. ex., perde o foco, tem a atenção desviada);
- muitas vezes, tem problemas para organizar tarefas e atividades;
- muitas vezes, evita, não gosta ou reluta em realizar tarefas que requeiram esforço mental por um longo período (como trabalhos escolares ou dever de casa);
- muitas vezes, perde coisas necessárias para tarefas e atividades (p. ex., materiais escolares, lápis, livros, ferramentas, carteiras, chaves, anotações, óculos, telefones celulares);
- muitas vezes, distrai-se com facilidade;
- costuma ser esquecido nas atividades diárias.

Hiperatividade e impulsividade – seis ou mais sintomas de hiperatividade-impulsividade para crianças até 16 anos, ou cinco ou mais para adolescentes de 17 anos ou mais e adultos; sintomas de hiperatividade-impulsividade estão presentes há pelo menos seis meses, a uma extensão que é perturbadora e inadequada para o nível de desenvolvimento da pessoa:

- muitas vezes, agita ou bate as mãos ou pés ou se contorce no assento;
- muitas vezes, abandona o assento em situações em que se espera que permaneça sentado;
- muitas vezes, corre ou escala em situações onde não é apropriado (adolescentes ou adultos podem ficar limitados a se sentir inquietos);
- muitas vezes, é incapaz de jogar ou participar de atividades de lazer em silêncio;
- está frequentemente "em movimento", agindo como se fosse "movido por um motor";
- muitas vezes, fala excessivamente;
- muitas vezes, deixa escapar uma resposta antes que uma pergunta seja completada;
- muitas vezes, tem dificuldade em esperar sua vez;
- interrompe ou se intromete no que outras pessoas estão fazendo (p. ex., se intromete em conversas ou jogos).

Além disso, as seguintes condições devem ser atendidas:
- vários sintomas de desatenção ou de hiperatividade-impulsividade estavam presentes antes dos 12 anos;
- vários sintomas estão presentes em dois ou mais ambientes (p. ex., em casa, escola ou trabalho; com amigos ou parentes; em outras atividades);

- há evidências claras de que os sintomas interferem ou reduzem a qualidade do funcionamento social, escolar ou profissional;
- os sintomas não acontecem apenas durante o curso da esquizofrenia ou outro transtorno psicótico; os sintomas não são melhor explicados por outro transtorno mental, como transtorno de humor, transtorno de ansiedade, transtorno dissociativo ou transtorno de personalidade.

Com base nos tipos de sintomas relacionados ao TDAH, existem três tipos (apresentações) de TDAH que podem ocorrer:

a) *Apresentação combinada*: se sintomas suficientes de ambos os critérios, desatenção e hiperatividade-impulsividade, estiverem presentes nos últimos seis meses.

b) *Apresentação predominantemente desatenta*: se sintomas suficientes de desatenção, mas não de hiperatividade-impulsividade, estiverem presentes nos últimos seis meses.

c) *Apresentação predominantemente hiperativa-impulsiva*: se sintomas suficientes de hiperatividade-impulsividade, mas não de desatenção, estiverem presentes nos últimos seis meses.

Visto que os sintomas podem mudar com o tempo, a apresentação também pode mudar com o tempo.

Existem algumas questões importantes a serem consideradas em relação ao TDAH e incluem:

1) *Variabilidade situacional* – O TDAH é uma condição cujos sintomas podem ou não estar presentes, dependendo da situação. É importante obter informações de pessoas que observam a criança em diferentes ambientes. Isso certamente deve incluir contribuições de pais e professores.

2) *Problemas secundários ou concomitantes* – Os problemas que as crianças com TDAH experimentam muitas vezes vão além do próprio transtorno e se sobrepõem a outros transtornos. Isso significa que uma avaliação de TDAH deve abordar não apenas os sintomas primários de TDAH, mas também outros aspectos do funcionamento comportamental, emocional e social da criança. Em outras palavras, é necessária uma avaliação completa e abrangente.

É importante, portanto, reunir informações de uma variedade de fontes e uma das melhores formas de fazer isso é por meio do uso de escalas de classificação.

Avaliação de dificuldades comportamentais, emocionais e sociais

A maioria das teorias relacionadas ao TDAH argumenta que esta é uma condição neurológica que afeta diferentes processos psicológicos, como atenção, controle, inibição comportamental e funcionamento executivo (Barkley, 2006), e estes têm sido associados a fatores genéticos e áreas específicas do cérebro; potencialmente relacionada a áreas associadas à atividade do lobo frontal, embora diferenças entre os cérebros de indivíduos com TDAH e aqueles sem TDAH tenham sido observadas em uma série de áreas do cérebro. No entanto, uma combinação de fatores pode levar um indivíduo a apresentar sintomas associados a comportamentos negativos. Estes incluem fatores genéticos, mas também podem estar relacionados a complicações na gravidez, riscos biológicos, nutrição inadequada ou desnutrição, ambientes domésticos problemáticos etc. (Bender, 1997; Barkley, 2006; Rutherford, Quinn e Mathur, 2004; Zentall, 2006). Portanto, um simples foco na causa não fornecerá a base para a identificação de condições como o TDAH.

No entanto, os efeitos de ter um aluno, ou alunos, com tais problemas comportamentais em uma sala de aula podem ser altamente disruptivos (cf. discussões em Barkley, 2006). Esses comportamentos disruptivos podem afetar a concentração na tarefa e estimular outros alunos a copiar os comportamentos disruptivos; isso pode ser particularmente o caso quando a criança disruptiva está recebendo a maior parte da atenção. Além disso, como a atenção do professor está muitas vezes no aluno "problema", pode haver menos tempo gasto no ensino e aprendizagem de outros alunos. Ademais, ter um aluno com dificuldades comportamentais na sala de aula pode aumentar a frustração e a tensão aluno-professor. Para o aluno com dificuldades de atenção e/ou comportamento, grande parte de uma lição pode ser perdida como resultado de inquietação, movimentação, conversa excessiva ou comportamentos negativos com outras crianças, todos os quais diminuem o foco nas atividades. Para crianças com problemas emocionais, o retraimento também pode levar à perda de seções do tempo de aula ou interações inadequadas com outros alunos durante o trabalho em grupo. Para crianças com problemas de TDAH mais específicos, a impulsividade pode levar a responder às perguntas do professor muito rapidamente ou a escrever o primeiro pensamento que vem à sua cabeça, o que pode não necessariamente produzir a resposta "certa" (Zentall, 2006). A desatenção e os comportamentos não focados também podem afetar a concentração, levando a menos tempo de foco, ou a criança passando de uma tarefa para outra sem terminar a primeira. A incapacidade de manter a atenção por longos períodos pode fazer com que a criança seja geralmente menos produtiva academicamente em comparação com outros alunos na mesma sala de aula. Essas crianças podem ter problemas para acompanhar o andamento do trabalho e, portanto, podem se cansar com facilidade ou terminar prematuramente.

Portanto, há evidências claras de relações entre uma potencial falta de aprendizagem em sala de aula e o problema comportamental, emocional e/ou social discutidos anteriormente; este será o caso não importa se a causa inicial foram os problemas de aprendizagem ou os problemas comportamentais, emocionais e/ou sociais. É evidente que uma avaliação em qualquer ponto no tempo provavelmente não determinará o ponto de partida dos problemas. No entanto, informações documentadas ao longo do tempo, incluindo registros escolares e de professores, podem fornecer pistas sobre a origem do problema, o que pode permitir um melhor planejamento de apoio. Uma criança com uma dificuldade de atenção/comportamento subjacente, como TDAH ou TED, provavelmente apresentaria problemas na maioria, senão em todas as matérias e/ou atividades. A observação e a coleta de dados de várias pessoas envolvidas com o aluno em todos os aspectos do currículo, portanto, devem ser muito úteis. E as informações obtidas dos pais também devem fornecer pistas sobre a razão subjacente aos comportamentos problemáticos.

Existem muitas ferramentas, principalmente baseadas em listas de verificação/questionário, que podem ser usadas para indicar problemas associados ao TDAH/TEC ou dificuldades relacionadas. Uma boa ferramenta de base projetada para uso por pesquisadores, médicos e educadores é o Questionário de Pontos Fortes e Dificuldades (Strengths and Difficulties Questionnaire – SDQ), originalmente desenvolvido por Goodman (1997). Ele fornece uma cobertura razoável dos comportamentos, emoções e relacionamentos do aluno em um formato de questionário relativamente curto, que foi avaliado em comparação com outras medidas e traduzido para uma variedade de idiomas diferentes[9].

A autoestima pode ser medida por meio de questionários como o Inventário de Autoestima de Coopersmith (Coopersmith, 1967), que foi traduzido para vários idiomas, ou a Escala de Autoestima de Rosenberg (Rosenberg, 1989), que é frequentemente usada para avaliar o nível de autoestima global. O Perfil de Autopercepção para Crianças de Harter (revisado) (Harter, 2012) pode ser usado para obter informações específicas sobre o nível de competência escolar da criança e sua autoestima acadêmica.

Os inventários de observações também podem ser usados para avaliar o comportamento das crianças nas salas de aula – e foram desenvolvidos em uma variedade de contextos educacionais diferentes (cf., p. ex., Lauth, Heubeck e Mackowiak, 2006). Avaliações especificamente direcionadas aos déficits de atenção são geralmente baseadas em questionários que incorporam algumas ou todas as características do TDAH (cf. a subseção anterior sobre TDAH) – e,

---

9. Cf. http://www.sdqinfo.com/a0.html para mais informações.

repetimos, elas podem ser encontradas em uma variedade de contextos (p. ex., cf. o Questionário Atenção e Hiperatividade em árabe, de Al-Sharhan, 2012). As Escalas de Conners são talvez as mais populares e há uma série de testes diferentes dentro do conjunto de testes Conners, como os Testes de Desempenho Contínuo Conners (CPT-3™) e o Teste Auditivo de Atenção Contínuo Conners (Conners CATA™). O CPT-3 fornece informações objetivas sobre o desempenho de um indivíduo em tarefas de atenção, complementando as informações obtidas nas escalas de avaliação. A faixa etária é de oito anos ou mais; inclui medidas de (i) desatenção, (ii) impulsividade, (iii) atenção sustentada e (iv) vigilância.

Intervenções

Apesar da complexidade dos problemas comportamentais, emocionais e sociais relacionados às condições discutidas neste capítulo, há muitas evidências de que eles podem ser superados ou reduzidos por uma intervenção apropriada (Barkley, 2006; Rutherford, Quinn e Mathur, 2004). Abordagens destinadas a melhorar os ambientes escolares e de sala de aula, incluindo a redução dos efeitos negativos de comportamentos disruptivos ou distrativos, podem aumentar as chances de que o ensino e a aprendizagem eficazes ocorram, tanto para os alunos que exibem comportamentos problemáticos quanto para seus colegas de classe (Adams e Christenson, 2000; Kern et al., 2001; Lee, Sugai e Horner, 1999; Umbreit, Lane e Dejud, 2004). Muitos estudos mostraram a utilidade de intervenções baseadas em medicamentos na redução do comportamento disruptivo, empregadas sozinhas ou em combinação com outras intervenções (cf. discussões no MTA Co-operative Group, 1999; cf. tb. Conners et al., 2001). No entanto, o sucesso a longo prazo da intervenção baseada em medicamentos por si só é questionável, e pode haver efeitos colaterais para medicamentos estimulantes, como emoção negativa, distúrbio do sono e problemas de peso (cf. discussões em Barkley, 2006); alguns estudos indicaram interrupção no crescimento (Faraone et al., 2008). Em particular, embora os efeitos positivos das intervenções baseadas em medicamentos possam ser encontrados nas avaliações educacionais, vários estudos longitudinais mostraram efeitos insignificantes de longo prazo de intervenções baseadas apenas em medicamentos no desempenho acadêmico (MTA Co-operative Group, 1999; Swanson et al., 1995). Consequentemente, o sucesso acadêmico de longo prazo pode ser melhor alcançado por meio de abordagens mais combinadas, particularmente quando a medicação é usada somente quando necessário e por um curto período, e onde as intervenções são implementadas ou apoiadas por uma prática de sala de aula direcionada.

Uma das principais alternativas às intervenções baseadas em medicamentos destinadas a diminuir o comportamento indesejado em alunos tem sido mais estratégias cognitivo-comportamentais. Pesquisas anteriores sobre métodos de intervenção cognitivo-comportamentais indicaram que eles podem ajudar crianças e alunos mais velhos a se comportar positivamente (Baer e Nietzel, 1999). Tais métodos incluem treinamento de pais, tutoria de pares e intervenções de professores, bem como automonitoramento e treinamento de estratégia e intervenções psicossociais (cf. Cobb et al., 2006; Pelham e Fabiano, 2008). Por exemplo, pesquisas anteriores sugeriram que os métodos de autorregulação, em que o aluno é ensinado a controlar certos comportamentos e pensamentos, têm o potencial de aumentar o desempenho acadêmico (Conderman e Hedin, 2011; Mooney et al., 2005). Além dos efeitos positivos relatados na literatura, as técnicas de automonitoramento, como a conversa interna positiva, têm a vantagem de serem relativamente econômicas e facilmente aprendidas e praticadas. Eles também podem ser ensinados (e apoiados) por professores e/ou pais, pois não há requisitos para um grande número de regras e procedimentos que o aluno deve seguir. Além disso, algumas dessas intervenções podem ser generalizadas para outros aspectos da vida do aluno, influenciando potencialmente as questões sociais e emocionais. Uma vez aprendidos, os alunos podem praticá-los por conta própria, independente de assistência externa, especialmente no caso de conversas internas. Essa independência tem o potencial de promover resultados positivos para o aluno, fomentando um senso de autovalorização e autorreforço. O aluno tem a capacidade de não ter que esperar por elogios externos de um professor ou pai, mas sim internalizar habilidades e controle. Da mesma forma, os métodos de relaxamento também foram considerados eficazes na redução de comportamentos e sentimentos negativos, bem como na melhora dos resultados, em diferentes contextos de aprendizagem (Paul, Elam e Verhulst, 2007; Stuck e Gloeckner, 2005). A justificativa para os métodos de relaxamento é que, principalmente em certos momentos (como na hora do exame), a vida escolar pode ser considerada estressante – e, para o aluno com DA, esse estresse pode ser agravado por dificuldades relacionadas à sua deficiência. Argumenta-se que as técnicas de relaxamento reduzem esses estresses e os comportamentos negativos associados ao estresse, melhorando potencialmente o desempenho acadêmico.

Em relação à prática educacional ou de sala de aula, as seguintes questões podem ser consideradas:
- adaptações da sala de aula;
- análise de tarefas;
- investigação das preferências de aprendizagem do aluno;

- trabalho em grupos;
- garantir oportunidades para discussão;
- permitir espaço para a criatividade, mas fornecendo algum tipo de estrutura;
- garantir aprendizagem ativa e interativa;
- proporcionar perguntas do tipo "por que";
- oferecer muitos recursos visuais, cores e música.

Hughes e Cooper (2007), em seu livro sobre abordagens de ensino para o TDAH, sugerem:
- evitar situações de confronto;
- mostrar respeito pela criança;
- ouvir as preocupações da criança;
- evitar distração;
- manter as instruções no mínimo – uma de cada vez;
- proporcionar garantias sobre as tarefas;
- dividir as tarefas – tarefas curtas com intervalos;
- permitir que o aluno conclua as tarefas;
- apoiar o trabalho da criança;
- proporcionar rotina;
- proporcionar válvulas de escape para comportamento ativo;
- proporcionar uma estrutura clara na classe.

Evidentemente, todos esses pontos irão beneficiar crianças com TDAH e ajudar a minimizar a ansiedade e perturbações na sala de aula. No entanto, deve-se considerar um ponto fundamental: cada uma dessas medidas também será benéfica para crianças com dislexia, dispraxia e, de fato, pode-se argumentar que para todas as crianças! Isso enfatiza, em muitos aspectos, a futilidade de ensinar tendo em mente síndromes e a eficiência e eficácia potencial de identificar as características apresentadas, as barreiras à aprendizagem e a tentativa de reestruturar a experiência de aprendizagem para ajudar a atender a essas necessidades individuais.

Tridas (2007) enfatiza a importância do ambiente para crianças com TDAH. As adaptações ambientais devem ser vistas como parte da acomodação instalada e devem ser comunicadas ao lar da criança. Isso é essencial para garantir o sucesso. Algumas estratégias sugeridas por Tridas incluem:
- estabelecimento de rotinas;
- criar listas de tarefas;
- organizar a área de estudo da criança;

- quebrar rotinas e tarefas em pequenas partes para torná-las mais fáceis de serem realizadas;
- sentar a criança o mais próximo possível do professor;
- sentar a criança longe de grandes janelas ou portas abertas;
- usar escrivaninhas com baias em vez de carteiras escolares;
- evitar salas de aula de área aberta;
- definir expectativas realistas.

Alunos com problemas relacionados ao TDAH e transtornos comportamentais associados também podem ter dificuldade de organização e pode ser necessário que o professor desempenhe um papel ativo ajudando o aluno a organizar seu programa de trabalho. Essa ajuda pode incluir garantir que os cadernos tenham divisórias e que pastas separadas sejam usadas para diferentes atividades e que essas pastas sejam claramente etiquetadas, além de ajudar o aluno a manter um registro diário das tarefas a serem concluídas e daquelas que foram concluídas. Deve-se reconhecer, entretanto, que existem diferentes graus de organização e alguns alunos só podem tolerar um certo grau de organização imposta. No entanto, deve-se garantir que o aluno com dificuldade de atenção esteja suficientemente ciente dos materiais de que necessitará e de como acessar as informações de que precisa para a aprendizagem.

Apresentando dificuldades/uso de rótulos

Dificuldades de atenção e comportamento, particularmente aquelas diagnosticadas como TDAH e TEC, têm atraído considerável interesse, mas também têm sido objeto de confusão e controvérsia. Portanto, pode ser uma ideia focar no comportamento apresentado que pode explicar as dificuldades, em vez do rótulo real. Isso ocorre porque crianças com todos os tipos de rótulos, e muitas sem rótulo, podem ter dificuldades de atenção/comportamento. Além disso, as dificuldades muitas vezes dependem de muitos outros fatores relacionados à experiência de aprendizagem, incluindo a natureza da tarefa, como a tarefa é apresentada, o ambiente de aprendizagem e os comportamentos aprendidos dos alunos decorrentes de experiências de aprendizagem anteriores. Montague e Castro (2004) sugerem que, por causa das opiniões defendidas por alguns sobre a natureza neurobiológica do TDAH, as intervenções tendem a se concentrar nos tratamentos farmacológicos. Eles argumentam, no entanto, que a tendência atual está se afastando dessa abordagem e organizações profissionais como a "Academia Americana de Pediatria, bem como pesquisadores, psicólogos e conselheiros defendem uma abordagem multimétodo, multi-informante e multidisciplinar para tratamento [...] e, em vez de se focar nos déficits do indivíduo, a ênfase é colocada em identificar seus pontos fortes e trabalhar sobre esses pontos fortes" (ibid.). Montague e Castro sugerem ainda que os planos de acomodação escolar são a chave da intervenção e estes devem ser multifacetados, envolvendo todos os professores, pais e filhos, e que é importante proporcionar condições curriculares e ambientais otimizadas para a aprendizagem. Eles sugerem que "colaboração e cooperação entre escolas, agências domiciliares e comunitárias [...] devem ser a pedra angular de um programa de intervenção (para TDAH)" (ibid.).

Da mesma forma, Lloyd e Norris (1999) sugerem que os critérios sociológicos e ambientais podem ser fatores influenciadores no TDAH e que lidar com os comportamentos apresentados e as causas sociológicas pode ser mais eficaz do que, por exemplo, medicamentos prescritos. Essa visão também é apoiada pela perspectiva contextual de desenvolvimento (Pellegrini e Horvatt 1995) que reconhece a interação entre a biologia e o ambiente como crucial para compreender e lidar com as dificuldades associadas ao TDAH. Giorcelli (1999), que foi pioneiro em abordagens inclusivas para lidar com as dificuldades do tipo TDAH, considerando fatores e sistemas internos, sugere que uma abordagem multifacetada é necessária para se compreender totalmente e aconselhar sobre as dificuldades associadas ao TDAH.

Reid (2011) indica que há uma série de questões relacionadas ao uso de rótulos para descrever DAEs e essas preocupações também se aplicam a crianças com problemas de atenção e comportamento. Essas questões incluem: (i) a confusão relativa à sobreposição entre as características de dificuldades específicas individuais; (ii) os critérios utilizados para a identificação das condições específicas; e (iii) o tipo mais adequado de intervenção e assistência. Reid (ibid.) sugere que pode ser mais útil focar nas características reais do que nas condições e, particularmente, como essas características se relacionam com as barreiras à aprendizagem de cada criança. A sobreposição entre muitas das características geralmente associadas a diferentes aspectos das Horvitz pode ser confusa para professores e pais. Uma perspectiva útil a ser adotada, portanto, reconhecerá o papel da interação entre o aluno e o ambiente e enfatizará que as preferências individuais de aprendizagem podem ter um efeito influente no resultado da aprendizagem, assim como os fatores ambientais e de sala de aula. Isso pode ser alcançado através da reversão de quaisquer comportamentos de aprendizagem negativos e ajudando a identificar e reconhecer as "condições curriculares e ambientais ideais" para a aprendizagem. É importante valorizar o papel do ambiente na aprendizagem; o ambiente de aprendizagem, bem como os fatores cognitivos e curriculares, precisam ser considerados.

Ao mesmo tempo, entretanto, um rótulo pode resultar em fornecimento de recursos adicionais e suporte mais apropriado. Um rótulo ou "definição de trabalho" é capaz de trazer um certo grau de compreensão da natureza da dificuldade e isso pode ser benéfico para todos, incluindo a criança. Entretanto, alguns termos ou rótulos usados para descrever DAEs não são bem definidos e podem ser vagos, controversos e enganosos. Em vários pontos, isso se aplica ao TDAH, TEC, dislexia, discalculia, disgrafia, TDC e à maioria das outras condições relacionadas à educação, que podem ser enganosas e nem sempre fáceis de definir e diagnosticar. Muitas delas são objeto de controvérsia contínua, ambiguidades e diferentes posições teóricas. Embora os rótulos sejam comumente usados para as condições citadas anteriormente, o diagnóstico ainda pode estar longe de ser preciso. Com frequência, um diagnóstico emerge de um julgamento clínico baseado em evidências de listas de verificação ou testes de triagem. O diagnóstico pode ser ainda mais agravado pelas características de sobreposição. A sobreposição entre TDAH e dislexia já foi observada e o mesmo tipo de sobreposição pode ocorrer entre dificuldades de alfabetização, dificuldades de atenção, dificuldades de linguagem e disgrafia. Nessa situação, pode ser difícil identificar a principal ou principais dificuldade(s) vivenciada(s) pela criança.

Pode, portanto, ser mais útil para o professor estar ciente das características específicas do perfil de uma determinada criança. Isso também destaca a percepção de que as crianças podem ter perfis diferentes para uma mesma dificuldade. Por exemplo, algumas crianças com características de TDAH também podem ter dificuldades significativas na memória operacional, enquanto outras não. As características, ao contrário dos rótulos, podem assumir um papel mais descritivo. As características de várias DAEs podem incluir, em maior ou menor grau, aspectos relacionados a:

- déficits de memória de trabalho;
- processamento auditivo;
- dificuldades motoras finas;
- dificuldades fonológicas;
- dificuldades não verbais;
- dificuldades de alfabetização.

Reid (2011) sugere que a ampla gama de dificuldades associadas ao termo "dificuldades de aprendizagem específicas" pode ser subdividida nas seguintes categorias:

- dificuldades relacionadas com a linguagem;
- dificuldades de atenção;

- dificuldades de leitura;
- dificuldades escritas/orais expressivas;
- dificuldades sociais.

Observou-se, entretanto, que algumas crianças podem possuir características que se enquadram em cada uma dessas categorias anteriores (Weedon e Reid, 2003). Weedon e Reid também apontam que crianças que apresentam a mesma gama de dificuldades na situação de sala de aula, e talvez tenham o mesmo rótulo, podem ter necessidades subjacentes muito diferentes e, portanto, precisarão de respostas diferentes da escola. Isso enfatiza a visão de que as DAEs devem ser vistas em um *continuum*. Esse *continuum* pode variar de leve a grave e haverá variações individuais. Isso significa que nem todas as crianças da mesma categoria exibirão necessariamente o mesmo grupo específico de dificuldades no mesmo grau. Ao mesmo tempo, também destaca a percepção de que a intervenção deve ser contextualizada para o indivíduo e não para a categoria ou rótulo.

Considerações finais

Um dos pontos-chave que é reiterado neste capítulo é que os comportamentos apresentados pela criança precisam ser identificados dentro do contexto de aprendizagem, a fim de estabelecer razões e estratégias para superar as dificuldades. Também é sugerido que isso deve ser acompanhado pela identificação de preferências de aprendizagem, pois essa medida pode levar a uma intervenção mais eficaz. Isso deve incluir perspectivas cognitivas (na criança) e ambientais. Muitas dessas informações podem ser obtidas a partir de observações da criança no contexto de aprendizagem. É importante compreender que a identificação das preferências de aprendizagem fornecerá orientação sobre a natureza da sala de aula, considerações curriculares e ambientais que precisam ser feitas para a criança e que estas não devem necessariamente ser vistas de uma maneira fixa e prescritiva – flexibilidade é a chave. É fundamental que a intervenção em crianças com dificuldades de atenção, comportamentais, emocionais e sociais seja vista como uma responsabilidade educacional e não médica. A avaliação e a intervenção podem ser controladas por meio da análise dos hábitos e experiências de aprendizagem da criança, bem como por avaliações cognitivas e de desempenho individuais. É importante que o resultado ofereça experiências educacionais relevantes e individualmente estruturadas para essas crianças. As abordagens de ensino utilizadas e as acomodações implementadas devem ser informadas pelos resultados da avaliação.

7
Avaliação e o papel do psicólogo educacional

Não há dúvida de que, no Reino Unido, o papel do psicólogo educacional em relação à avaliação por meio de testes é aquele que produz um quadro confuso e, às vezes, contraditório. Woods (2012) sugere que os psicólogos educacionais no Reino Unido têm dois papéis principais: um papel formativo, no qual apoiam ativamente o desenvolvimento de disposições para crianças e jovens; e um papel agregador, no qual vinculam avaliações especializadas de crianças e jovens às disposições disponíveis.

Por vários anos, no entanto, em termos de prática, a profissão no Reino Unido oscilou entre "testagem" e "consultoria" e, em certa medida, esteve à mercê das políticas governamentais e das opiniões de seus contratantes. Existem diferenças inquestionáveis na forma como os psicólogos educacionais operam de região para região dentro do Reino Unido e isso tem sido caracterizado por uma relutância geral dos psicólogos da autoridade local de educação (LEA) em realizar testes psicométricos formais e, mais do que isso, por uma relutância em identificar as crianças com, por exemplo, dislexia, dispraxia ou TDAH.

O relatório do grupo de trabalho sobre dislexia da Sociedade Britânica de Psiquiatria (BPS, 1999) tem sido útil para fornecer um grau de estrutura para a dislexia e fazer sugestões sobre avaliação e intervenção, mas a definição usada para dislexia no relatório do grupo de trabalho é vaga e sujeita a interpretações equivocadas. Ele oferece, pelo menos, uma estrutura que pode ser usada por psicólogos educacionais como uma base para sua prática.

Um dos principais dilemas é o uso de seu tempo para testar alunos individualmente em vez de oferecer consultoria mais amplamente junto às escolas. A tendência atual parece favorecer o último caso e, sem dúvida, isso levou ao surgimento de psicólogos particulares independentes, cuja prática é quase exclusivamente baseada em testar e diagnosticar a natureza das dificuldades da criança. Em alguns países, como Estados Unidos e Canadá, bem como no

Oriente Médio, aplicar avaliações psicométricas e padronizadas é o esperado e a prática convencional, e este papel de psicólogos educacionais independentes na prática privada é tanto consagrado como bem-vindo.

Teste individual *versus* intervenção baseada no sistema

O supracitado dilema entre testagem e consultoria é baseado na premissa de que pode haver um conflito, certamente em termos de tempo e expectativas do consumidor, entre o teste individual e a consultoria ampla baseada em abordagens de sistemas. Estas últimas abordagens tendem a buscar práticas de análise dos processos e procedimentos dos sistemas escolares, desenvolvendo uma orientação de pesquisa e um envolvimento mais definitivo na formação de professores.

Muitos dos exemplos de mudanças na prática surgiram dos contextos teórico e prático em transformação na educação no Reino Unido, Europa, Estados Unidos, Canadá, e na Austrália e na Nova Zelândia. Essas mudanças são caracterizadas pelo aumento da inclusão e pelo fim das escolas especiais, bem como pelo aumento da responsabilidade final dos educadores. As influências estatutárias sobre os psicólogos têm impactado o papel atual que eles desempenham nas escolas, influenciando, formulando e monitorando as políticas e práticas educacionais.

Farrell et al. (2006), no entanto, relatam que grande parte do trabalho dos psicólogos educacionais no campo das NEEs é focado no nível individual e que quase metade dele está relacionado às necessidades sociais, emocionais ou comportamentais de crianças/jovens. Isso talvez seja significativo, pois as crianças que se enquadram nessa categoria muitas vezes parecem ter necessidades mais urgentes e necessidades que têm um impacto mais disruptivo na escola e na sala de aula. Woods (2011) toca nesse dilema englobado no modelo de atendimento do psicólogo educacional ao citar Baxter e Frederickson (2005), que sugerem que o desafio para os psicólogos educacionais é que eles precisam estar em posição de avaliar a eficácia de seu trabalho em melhorar os resultados para crianças e jovens. Em outras palavras, eles precisam de resultados mensuráveis.

Necessidades individuais

A necessidade de avaliar crianças individualmente emerge com frequência das demandas da escola para envolver psicólogos educacionais em avaliações individuais específicas e trabalhos de intervenção que eles veem como especialistas por natureza e fora do escopo de expertise da escola. Isso significa que, em vez de encarar os psicólogos como parceiros, algumas escolas os veriam como um reforço para o atendimento existente.

No entanto, alguns psicólogos educacionais podem perceber a realização de avaliações tradicionais quase como uma tentativa paliativa de lidar com os desafios experimentados pela escola. Eles consideram que trabalhar com indivíduos, embora em alguns casos isso seja necessário, não seja um modelo ideal em termos de custo-benefício para se trabalhar com escolas a longo prazo.

Um modelo alternativo, que pode ser preferido por alguns psicólogos educacionais, inclui trabalhar com as escolas por meio da análise de processos escolares, estrutura administrativa do dia escolar, desenvolvimento profissional de professores, políticas escolares em alfabetização e gestão de sala de aula, esquemas de incentivos e ligação casa-escola. Evidentemente, há espaço para ambos os modelos – testes individuais e consultoria escolar operando com os estabelecimentos de ensino.

Essa fragmentação do papel dos psicólogos educacionais, no entanto, levou a um aumento no encaminhamento dos pais para psicólogos independentes, que se tornou prevalente no Reino Unido e é uma prática padrão estabelecida na América do Norte e no Oriente Médio.

Tempos de teste

O teste é o modelo mais eficaz de avaliação das necessidades? Em caso afirmativo, quais testes devem ser usados e como esses resultados devem ser aplicados? Essas são as questões que precisam ser consideradas pelos psicólogos educacionais.

A reconceitualização do propósito do teste é um grande problema. Atualmente, as avaliações psicoeducacionais tendem a ser retrospectivas, com foco na atribuição do rótulo diagnóstico. De acordo com Oakland e Cunningham (1999), é necessário dar mais ênfase aos procedimentos de teste que podem promover a autocompreensão, a autorregulação e a automotivação. Isso significa administrar procedimentos de teste em ambientes mais autênticos e ampliar os processos de avaliação para incorporar informações qualitativas de desempenho em sala de aula e currículo.

As abordagens orientadas para o desempenho/baseadas em evidências podem ser complementares às abordagens tradicionais com foco psicométrico. Essencialmente, os psicólogos escolares precisam assumir um papel de liderança no desenvolvimento da educação em políticas, pesquisas e práticas. Isso inclui abraçar as inovações decorrentes de novas tecnologias e estar em contato com as novas tendências na educação e as necessidades de alunos e professores.

No entanto, há algum tempo tem havido um debate considerável sobre o uso e, na verdade, o uso indevido de testes psicométricos.

Os testes psicométricos mais úteis são aqueles que podem fornecer informações diagnósticas, bem como medidas psicométricas. Alguns testes podem ser interpretados de forma diagnóstica, enquanto outros têm critérios identificáveis para diagnóstico. Por exemplo, o Teste de Leitura Oral Gray (revisado) (Gray Oral Reading Test – GORT-5) padronizou dados disponíveis para fluência de leitura e compreensão de leitura, mas na aplicação deste teste também há orientação disponível para conduzir uma análise de erros linguísticos que pode identificar a natureza de erros de leitura dos alunos. Isso significa que os dados padronizados e de diagnóstico estão disponíveis em um único teste.

Ashton (2001) fornece alguns *insights* interessantes sobre o papel e a origem dos psicólogos educacionais usando testes padronizados. Ele sugere que isso se originou no uso de testes de QI e, particularmente, na colocação de crianças com baixa capacidade em escolas especiais. Ele sugere que, mesmo recentemente, 20 ou 30 anos atrás, era amplamente aceito que as crianças com QI abaixo de 70 estavam em melhor situação nas escolas especiais do que no ensino regular. Ashton também oferece uma visão interessante sobre por que o valor de QI 70 era considerado correto. Ele afirma que Burt, e seus empregadores no Greater London Council (GLC), analisaram a distribuição das pontuações de QI na população escolar e o número total de vagas disponíveis nas escolas especiais do GLC na época. Ele então calculou a pontuação de QI abaixo da qual haveria apenas alunos suficientes para preencher as vagas disponíveis – essa, é claro, é a parte administrativa do trabalho. Descobriu-se que, se os alunos com QI abaixo de 72 fossem selecionados, haveria o número certo de vagas disponíveis para eles. Ashton argumenta que isso alimenta o debate sobre se isso é "boa ciência servindo aos melhores interesses das crianças ou um abuso cínico de poder no interesse da conveniência administrativa". Há poucas dúvidas agora, no clima atual de inclusão, igualdade de oportunidades e igualdade social, de que tais medidas administrativas não seriam toleradas, mas elas não representam o tipo de habilidades ou aplicações em que os psicólogos educacionais deveriam estar envolvidos.

Testes de inteligência

Kaufman, Lichtenberger e Naglieri (1999) discutem a controvérsia sobre o uso de testes de inteligência. Eles sugerem que os críticos afirmaram que os testes de inteligência são tendenciosos, injustos e discriminatórios. Eles sustentam, entretanto, que o debate atual é sobre o que os testes de QI realmente medem e como os resultados podem ser interpretados e aplicados à intervenção.

Eles sugerem que três temas controversos atuais estão associados aos testes de QI. São eles: oposição à prática de interpretação de subteste, oposição ao uso real de testes de QI e que a prática de testes de inteligência é sólida, entretanto, mais "instrumentação contemporânea poderia melhorar a eficácia desta abordagem" (ibid.). Muitos dos críticos argumentam que o teste de QI tem poucas implicações instrucionais, mas Kaufman, Lichtenberger e Naglieri sustentam que é óbvio que se uma criança tem QI verbal baixo, mas pontuações médias ou superiores na área de desempenho, haverá implicações instrucionais claras. Além disso, como Kaufman, Lichtenberger e Naglieri apontam, todos os dados do teste devem ser interpretados pelo examinador a fim de fornecer indicadores de instrução. Eles argumentam que o examinador precisa usar os dados e pontuações para fornecer um perfil dos pontos fortes e fracos do aluno e realizar uma avaliação cruzada com informações observacionais de evidências de *background*, bem como informações de testes de desempenho padronizados.

Kaufman, Lichtenberger e Naglieri argumentam que a Escala de Inteligência Wechsler para Crianças (Wechsler Intelligence Scale for Children – WISC) também pode ser vista como um teste de aproveitamento, na medida em que avalia as realizações anteriores e é preditiva do sucesso escolar nas áreas disciplinares tradicionais. Eles também afirmam que o WISC deve ser interpretado dentro de: um modelo de processamento de informações – isso significa observar a entrada e como a informação é recebida; integração – como é entendida e tornada significativa; armazenamento – como é armazenada e organizada; e saída – como é recuperada. Eles argumentam que o WISC pode fornecer informações para ajudar a entender a capacidade de processamento dos alunos usando este tipo de modelo.

Um teste alternativo ou complementar ao WISC pode ser visto na Bateria Psicoeducacional de Woodcock-Johnson (Woodcock Johnson Psycho-Educational Battery revisado, WJ-R), particularmente os testes de capacidade cognitiva. Além de fornecer uma medida do fator de inteligência "g", a bateria também pode fornecer medidas de desempenho, como matemática, leitura, linguagem escrita e conhecimento geral e uma comparação de aptidão-desempenho pode ser feita.

A Escala de Capacidade Diferencial (Differential Ability Scale – DAS) (Elliott, Smith e McCulloch, 1996) também é vista como uma boa alternativa ao WISC. O DAS pode ser útil na avaliação do desempenho e da inteligência em crianças e adolescentes; Braden (1992) sugere que representa uma melhora psicométrica em relação às técnicas existentes para medir a inteligência. Além disso, o Índice de Capacidade Conceitual Geral (General Conceptual Ability –GCA) do DAS é visto como útil na identificação de déficits de processamento em crianças com dificuldades de aprendizagem.

Outro teste que pode ser utilizado é a Bateria de Avaliação Kaufman para Crianças (Kaufman Assessment Battery for Children – K-ABC) (Kaufman e Kaufman, 2004). Essa bateria é baseada em um arcabouço teórico de processamento sequencial e simultâneo de informações que, segundo Kaufman, Lichtenberger e Naglieri (1999), dá ênfase em como as crianças resolvem problemas e não em que tipo de problemas elas devem resolver (seja verbal/desempenho). O K-ABC distingue entre capacidade de resolução de problemas e conhecimento dos fatos. A resolução de problemas é definida como inteligência, enquanto o conhecimento dos fatos é visto como uma conquista. Embora o K-ABC, como outros testes de inteligência, tenha sido objeto de controvérsia, ele possui muitas características exclusivas e atraentes. É bem desenhado e o manual é escrito de forma clara, o que facilita a administração.

Elbeheri e Everatt (2009) sugerem que o vínculo popular e político com a inteligência (normalmente referido como QI) permaneceu uma característica importante na prática da dislexia e que o QI e a dislexia foram associados de tal forma que muitas vezes é impossível desconectar os dois no discurso social/político.

Eles sugerem que mesmo aqueles que argumentaram contra o uso de QI em definições/diagnósticos de dislexia, muitas vezes sentiram que é importante fazer uso de declarações/argumentos do tipo "disléxicos não são estúpidos". Por essa razão, o uso do teste de QI pode ser válido.

Deve-se reconhecer, entretanto, que essa visão não é isenta de controvérsia; Siegel (1989, 1999; Siegel e Lipka, 2008), por exemplo, questiona a utilidade do QI no diagnóstico da dislexia. Ela sugere que o "diagnóstico de discrepância" usa um teste de QI, como o WISC, a fim de determinar a capacidade de leitura esperada de uma pessoa. O WISC, conforme argumentado por Siegel (1989), inclui subtestes que ou são irrelevantes para os tipos de capacidades exigidas para prever leitura ou exploram capacidades que seriam prejudicadas justamente pela deficiência de aprendizagem.

Em defesa do uso do QI, Thompson (2001) argumenta que "é bastante claro que é possível examinar a relação entre inteligência, embora medida de forma imprecisa, e leitura"; ele apoia o uso do teste de QI, por exemplo, em uma avaliação para dislexia. Turner (1999) também insiste que o componente de QI de qualquer teste de avaliação de dislexia, embora às vezes uma distração, tenha uma utilidade estatística séria.

Uma consideração importante é que as pontuações individuais e as pontuações do índice que compõem o valor de QI global precisam ser consideradas. Reid (2008) indica que a natureza do teste de QI convencional significa que alguns subtestes são desafiadores para indivíduos disléxicos e que a pontuação agregada pode não representar a real capacidade intelectual do indivíduo.

Miles e Miles (1999) também reforçam esta questão, argumentando que os disléxicos são "fortes em algumas tarefas e relativamente fracos em outras". Portanto, combinar pontuações para produzir um QI global pode significar que subestimamos o potencial da criança. Miles se preocupa com o fato de alguns pesquisadores tomarem o conceito de QI global como garantido, citando os valores de QI de forma acrítica, sem prestar atenção às sub-habilidades que compõem o valor de QI.

Papel dos psicólogos e testes padronizados

Um dos problemas com a utilização de testes padronizados é a falta de uma alternativa adequada que possa fornecer o tipo de informação de que as escolas precisam. Ashton (2002) afirma que os psicólogos educacionais têm três papéis. São eles: garantir a aplicação da ciência, atendendo às necessidades dos alunos e ao empregador, que no Reino Unido geralmente é a LEA; nos Estados Unidos e Canadá pode ser a própria escola ou o distrito escolar.

Essas funções, no entanto, podem ser repletas de áreas de tensão e agendas conflitantes. Por exemplo, Ashton sugere que alguns funcionários da LEA podem se ressentir de psicólogos educacionais colocarem o apoio à criança em primeiro lugar, mas provavelmente há muitos pais que temem que o psicólogo educacional que avalia seu filho fique muito preocupado com a política da LEA em detrimento dos interesses da criança. Frequentemente, os psicólogos educacionais ficam presos entre esses dois conjuntos de expectativas e geralmente tentam satisfazer as pressões legítimas de ambos os lados, ao mesmo tempo que aderem aos padrões científicos de procedimento. Ao mesmo tempo, os psicólogos educacionais sentem-se na obrigação de persuadir suas escolas a desenvolver projetos e iniciativas por meio de consultoria conjunta com psicólogos educacionais e de programas de desenvolvimento de pessoal. Isso pode ser visto como uma alternativa à realização de avaliações individuais e pode ser considerado pelo psicólogo educacional como um uso mais produtivo de seu tempo.

Trabalhando com escolas

Existem muitos exemplos de psicólogos trabalhando em colaboração com escolas. Por exemplo, na Inglaterra e no País de Gales, o código de prática revisado para escolas e, em particular, o componente "school action plus" da política fornece um papel para os psicólogos colaborarem com as escolas. A política declara que pode haver ocasiões em que as necessidades de uma criança estão em um nível em que é preciso colocá-la diretamente nas *school action plus*, além de reconhecer o apoio adicional significativo de que necessita na escola. Isso significa que, em uma idade precoce, alguns alunos irão justificar uma avaliação mais aprofundada, que também envolverá aconselhamento às escolas tanto na avaliação quanto na intervenção. Os gatilhos para a *school action plus* incluem que o aluno:

- continua a fazer pouco ou nenhum progresso em áreas específicas por um longo período;
- continua trabalhando em níveis de currículo nacional substancialmente abaixo do esperado para crianças de idade similar;
- continua a ter dificuldade em desenvolver habilidades de alfabetização e matemática;
- tem dificuldades emocionais ou comportamentais que interferem substancial e regularmente com a própria aprendizagem da criança ou do grupo da classe, apesar de ter um programa de comportamento individualizado;
- tem necessidades sensoriais ou físicas e requer equipamento especializado adicional, aconselhamento regular ou visitas de um serviço especializado;
- tem dificuldades contínuas de comunicação ou interação que impedem o desenvolvimento das relações sociais e causam barreiras substanciais à aprendizagem[10].

Na Escócia, Turner (vice-diretora psicóloga educacional)[11] reconhece que relatórios de psicólogos independentes podem ser úteis, mas sugere que eles são mais úteis se o relatório fizer referência à avaliação da escola e "informações baseadas no contexto". Ela indica que, sem isso, pode haver uma suposição de que o relatório independente é a única informação que importa. Dessa situação, vários problemas, incluindo a falta de vontade de enfocar fatores interacionais ou contextuais, podem surgir. A mensagem disso é, portanto, que há necessidade de colaboração entre psicólogos independentes, a gestão escolar e os formuladores de políticas escolares.

Impacto nas práticas de sala de aula

Consultoria

Internacionalmente, há alguns anos já, tem havido um grande impulso no desenvolvimento de serviços de consultoria para psicólogos no atendimento

---

10. Adaptado de *Criteria for school action/school action plus*. Disponível em http://www.tgfl.org.uk/tgfl/custom/files_uploaded/uploaded_resources/1733/Criteria-for-School-Action.pdf – Acesso em 20/07/2009.
11. Comunicação pessoal, 26/02/2013.

às necessidades das escolas e também das crianças. Gutkin e Curtis (1999), nos Estados Unidos, sugerem que a inclusão da consultoria nas práticas de trabalho dos psicólogos escolares é vista por muitos grupos como um aspecto essencial do trabalho do psicólogo. Eles sugerem que os distritos escolares e as organizações profissionais nacionais, como a National Association of School Psychologists, concordam com essa percepção. Gutkin e Curtis sugerem que a consultoria pode ser vista como o "paradoxo da psicologia escolar", pois argumentam que, para atender as crianças de forma eficaz, eles devem, primeiro, concentrar seus conhecimentos nos adultos. Argumentam também que o tempo em que os psicólogos escolares diagnosticavam e forneciam recomendações já passou. Eles agora precisam oferecer uma avaliação de alta qualidade, um diagnóstico preciso, desenvolver um plano de intervenção eficaz e se envolver no planejamento e no monitoramento do plano.

O desenvolvimento da consultoria como uma abordagem de trabalho se encaixa bem com o impulso crescente para a inclusão nas escolas. Isso pode envolver períodos de reintegração para crianças de escolas especiais ao ensino regular e esse processo tem se baseado fortemente em consultorias com psicólogos escolares.

De acordo com Gutkin e Curtis, o problema da consultoria é o próprio termo. O termo "consultor" agora se encontra quase esvaziado de sentido, pois é amplamente utilizado por muitas pessoas de diferentes estilos de vida e em diversas profissões. O outro problema com a percepção de ser consultor é que o profissional não presta serviços diretamente ao cliente; é um modelo de prestação de serviço mais indireto. Os alunos tendem a ser vistos como o cliente e o professor que consulta os psicólogos como o consulente. Gutkin e Curtis alertam também para o perigo de psicólogos/consultores escolares entrarem na área dos serviços psicoterapêuticos com o consulente. É importante sempre focar nas necessidades do cliente e não nas necessidades pessoais do professor, mesmo que estas possam ser intensificadas pelas demandas de trabalho. Esta pode ser uma forma legítima de trabalho, mas é separada da consultoria escolar.

Idealmente, a consultoria deve ajudar a tornar os consulentes melhores solucionadores de problemas – muitas vezes, o objetivo de uma consultoria não é fornecer as respostas, mas os meios e os processos para alcançar as respostas. Isto é importante porque, para que a consultoria seja eficaz em termos de custo-benefício, é importante que o consulente adquira as competências, a confiança e a independência para começar a lidar com as questões de forma independente. Isso tornaria o papel do psicólogo escolar mais do que o de fornecer treinamento, ao proporcionar os meios para os professores adquirirem algumas das habilidades que o psicólogo possui.

Os resultados da pesquisa relatados por Gutkin e Curtis apoiam essa percepção. Eles argumentam que uma consultoria eficaz pode levar a diminuições drásticas nas taxas de encaminhamento de alunos, a generalização dos ganhos do cliente para outras crianças na classe ou configurações semelhantes, transferência das habilidades do consulente para colegas no mesmo ambiente e avaliações empíricas de programas preventivos baseados amplamente em metodologias de consultoria. Zins e Ponti (1996) mostram como as habilidades de processamento dos consulentes podem ser melhoradas pela exposição à consultoria e ao treinamento de consultoria.

Parece que é importante que os participantes se envolvam ativamente no processo de consultoria. Além disso, eles devem querer estar envolvidos nele e fazê-lo voluntariamente. Isso tem implicações para a gestão escolar em como eles percebem a consultoria e como a apresentam aos funcionários como uma prática de trabalho desejável com psicólogos escolares. Muito do sucesso da consultoria como um meio de prestação de serviços nas escolas repousa nas percepções do professor sobre si mesmo e, particularmente, na autoeficácia do professor (Bandura, 1993). Gutkin e Ajchenbaum (1984), de fato, encontraram uma correlação positiva entre as percepções de controle dos professores sobre os problemas apresentados e suas preferências por serviços de consultoria em vez de serviços de referência. Gutkin e Curtis, portanto, sugerem que aumentar a autoeficácia dos professores é uma meta válida que deve acompanhar uma forma de consultoria de prestação de serviços. Eles também fornecem uma série de critérios para ajudar a garantir o sucesso nisso. Estes incluem: conceber estratégias e intervenções que o consulente (professor) se sinta capaz de realizar; e garantir que os resultados da consultoria e da intervenção proposta parecem ser legítimos para o professor e congruentes com a sua percepção do problema. Isso significa que a forma como as intervenções são apresentadas aos professores é tão importante quanto a própria intervenção em si.

Modelos de consultoria

Os modelos que envolvem a organização escolar são populares entre os psicólogos escolares; isso envolve lidar com a escola como uma organização, ao invés de um aluno ou cliente individual. Isso pode envolver a participação de psicólogos escolares em ambientes de aprendizagem, planejamento de instalações e edifícios, e fatores organizacionais para desenvolver uma escola "saudável" – física e mentalmente.

Reid (1998) e Reid e Hinton (1999) desenvolveram um programa que visa reduzir os níveis de estresse dos professores nas escolas, adotando uma abordagem organizacional e empregando um modelo de consultoria e treinamento.

Essa abordagem baseou-se nos níveis de estresse percebidos pelos professores e nas causas percebidas desses níveis. O objetivo era tornar a escola "à prova de estresse", e não os próprios professores; áreas como preocupação de gestão, edifícios e instalações, linhas de comunicação dentro da escola e controle percebido sobre o horário e outros aspectos administrativos da escola foram tratados. Os resultados mostraram que essa abordagem pode ser mais duradoura e bem-sucedida do que programas de terapia com foco em professores individuais. Isso porque, embora os programas individuais possam ter funcionado até certo ponto, o professor ainda precisava operar dentro do sistema escolar e muitas vezes era o sistema que estava na raiz das dificuldades vivenciadas. Portanto, foi mais bem-sucedido tratar o sistema do que o indivíduo.

Comentários

O anteriormente descrito representa um exemplo de como a intervenção de sistemas pode operar na prática e como uma abordagem organizacional pode ser adotada. Borgelt e Conoley (1999) sugerem que uma gama de intervenções pode resultar de uma abordagem de sistemas. Isso inclui diagnóstico; consolidação de equipe; atividades intergrupais; educação e treinamento; atividades estruturais envolvendo projeto de trabalho e procedimentos de comunicação no local de trabalho; mediação; *coaching*; e gestão de tecnologia. Certamente, a psicologia organizacional, bem como a psicologia comportamental e social, tem muito a oferecer às abordagens de consultoria de sistemas, assim como a psicologia ecológica e as intervenções do sistema com foco na família. Mas, como Borgelt e Conoley apontam, não existe um manual "pronto" para lidar com sistemas. Isso também foi encontrado por Reid (1998) em relação ao desenvolvimento de programas de estresse organizacional, em que as abordagens mais eficazes foram aquelas geradas pelos professores que faziam, eles próprios, parte do sistema. Isso concorda com a visão de Borgelt e Conoley, que sugerem que o desafio do "trabalho de sistemas está na construção de várias abordagens para mobilizar os recursos humanos necessários para resolver os problemas organizacionais".

Implicações para serviços psicológicos e DAEs

Pode-se sugerir que as tendências na educação, qualquer que seja a forma que possam assumir, persuadiram os serviços psicológicos a adaptar a forma como atendem às escolas. Este é certamente o caso do Reino Unido, que vê o conceito de inclusão como algo em constante evolução. Antes do Relatório Warnock (1978), a categorização dos alunos era um elemento importante no desenvolvimento da legislação e fornecia um papel importante para os psicólogos. Muitas vezes, os estudantes que não estavam atingindo o mesmo nível que os colegas eram classificados como alunos com "necessidades especiais" e, em alguns casos, como "deficientes mentais moderados". Algumas categorias de alunos eram realmente vistas como "não educáveis". Os surdos e cegos eram educados em instituições diferentes e recebiam formas especializadas de educação com professores especialmente qualificados. Wearmouth (2001) observa que, ao buscar desenvolver uma estrutura nacional comum para a educação de (quase) todas as crianças, os criadores da Lei da Educação de 1944 foram confrontados com decisões sobre como construir uma estrutura educacional que apoiaria a aprendizagem de uma população diversificada de alunos. Os legisladores formalizaram um sistema de seleção e segregação com base nos resultados dos testes de avaliação, principalmente de alfabetização, habilidades matemáticas e "capacidade de raciocínio" que, acreditavam, poderiam distinguir diferentes "tipos" de alunos. Diferentes currículos poderiam então ser projetados para diferentes "tipos" de estudantes a serem educados em setores separados do sistema. Seleção com base nos resultados do exame "11 plus" funcionavam entre os tipos de escola secundária no ensino regular: gramática, técnica e secundária moderna. Dentro de escolas individuais, os alunos eram selecionados em "grupos" de habilidade e programas acadêmicos ou relacionados ao trabalho, de acordo com a "capacidade" medida. Muitos alunos foram segregados em escolas especiais como resultado de testes de "inteligência". Muitos especialistas viam a hierarquia educacional que se desenvolveu como equitativa, tanto porque os alunos pareciam ser capazes de subir a um nível que refletia sua habilidade e também porque era baseada em testes psicométricos, considerados amplamente confiáveis e válidos na época.

Clark et al. (1997), no entanto, comentaram retrospectivamente sobre uma série de fatores que minaram a credibilidade do sistema. Por exemplo, a movimentação entre diferentes tipos de escola era muito difícil, independentemente do progresso feito por cada aluno.

Além disso, havia outros fatores que militavam contra a estabilidade do sistema seletivo – por exemplo, uma crescente preocupação com a igualdade de oportunidades e coesão social na sociedade em geral. O resultado foi o estabelecimento de escolas abrangentes no ensino regular, a introdução de métodos e currículos no ensino regular de escolas especiais, por meio da adição de classes especiais e medidas "corretivas", e a integração de algumas crianças de escolas especiais em escolas regulares.

O Relatório Warnock de 1978 foi um ponto de inflexão na educação especial no Reino Unido; ele revisou a oferta educacional na Grã-Bretanha para crianças e jovens que, até então, eram considerados "deficientes físicos ou mentais" e introduziu o conceito de "necessidades educacionais especiais", recomendando que tal conceito deveria substituir a categorização de "deficiência". Isso trouxe uma mudança no papel dos psicólogos educacionais, que logo se viram trabalhando *com* escolas, em vez de trabalhar *para* escolas. Testes acompanhados por consultoria como função do psicólogo.

Consenso e caminhos

É interessante notar o consenso que emergiu dos delegados de um seminário convidado no Institute of Education em Londres, em outubro de 2005 (relatado por Hallam, 2006). As propostas do seminário sobre o rumo do psicólogo que atua na educação incluíram:

- a necessidade de trabalhar e respeitar os colegas profissionais em outras disciplinas;
- aumentar a quantidade de trabalho interdisciplinar – enfatizando a necessidade de desenvolver parcerias de trabalho na educação;
- melhorar a comunicação com um público mais amplo, principalmente se comunicar com os professores em uma linguagem que eles entendam;
- encorajar o debate sobre pesquisas e questões educacionais;
- enfocar tópicos de interesse dos professores.

O seminário também reconheceu as barreiras que podem ter impedido os psicólogos educacionais de realizar uma revisão em suas práticas e *status* na educação. Tais barreiras incluem:

- pressões concorrentes – como responsabilidades de publicação, que colidiam em termos de tempo com outras responsabilidades, incluindo avaliações e consultoria escolar;
- obstáculos que impedem o trabalho multidisciplinar eficaz – como a compreensão alternativa das necessidades e diferenças conceituais e práticas da agenda;
- o fator de credibilidade – relaciona-se a mal-entendidos sobre o que a psicologia pode e não pode fazer, bem como a tendência recente de psicólogos educacionais em formação de não possuírem qualificação docente. Isso pode ser um obstáculo, pois a maior parte do seu trabalho será com escolas;
- a necessidade de se conscientizar sobre as questões atuais da educação e ajudar a implementar novas iniciativas nas autoridades escolares.

Em certo sentido, esses fatores representam o ideal, mas, na prática, muitas vezes os psicólogos educacionais estão comprometidos – na verdade, sobrecarregados – com trabalho obrigatório que consome tempo. Isso geralmente envolve avaliações de NS desde a pré-escola até o jovem adulto.

É interessante comparar essas questões e preocupações com aquelas decorrentes de um encontro de natureza semelhante ao seminário de 2005, realizado em 1993 – 12 anos antes. Naquela reunião da BPS, um documento anexo incluía em seu título a frase "desafios e mudanças para o futuro da nossa profissão", que quase indica um sentimento de tristeza sobre o que estava por vir no campo. No documento, Williams sugere que a estima da profissão diminuiu e seu papel foi limitado. Ele fala de trabalho estatutário (em relação às NEE) se tornando uma "corrente em volta do pescoço de psicólogos educacionais". Ele também afirma que a profissão de psicologia educacional tem grande dificuldade em se reconciliar com o mundo, onde uma responsabilidade mais direta está sendo exigida dos profissionais. De forma polêmica, ele afirma que "ainda há, infelizmente, um elemento de 'conspiração' entre escolas e psicólogos, onde ambos podem se convencer de um trabalho bem-feito". Embora Williams aceite que há oportunidades pela frente para psicólogos educacionais, ele não está convencido de que todos os serviços de psicologia educacional estão em posição de maximizar essas oportunidades. Ele exorta a profissão a não ter medo de mudanças e indica, em termos gerais, algumas das diferentes atitudes que precisam ser consideradas em relação ao tipo de tarefas desempenhadas pelos psicólogos: a necessidade de prestar contas e abraçar as forças de mercado prevalecentes, e até mesmo estar preparado para doar expertise – ao invés de permitir que a resistência a isso iniba o desenvolvimento da profissão.

Práticas de trabalho baseadas em problemas

Uma percepção consideravelmente mais positiva é encapsulada na abordagem de "aprendizagem baseada em problemas". A ênfase nisso é encorajar e facilitar os *trainees* a desenvolverem habilidades de aprendizagem baseada em problemas que possam equipá-los para aplicar seus conhecimentos e habilidades em contextos da vida real; isto é, não para dotar os estagiários com os conhecimentos – a área de conteúdo – necessários para se tornarem psicólogos educacionais, mas sim com as competências para compreender os processos de aprendizagem em que irão embarcar ao lidar com problemas na prática. Eles argumentam que os alunos ensinados dessa forma serão capazes de aplicar suas habilidades de forma mais eficaz em novos contextos.

É interessante notar, portanto, as respostas de um grupo de estagiários que foram ensinados desta forma. Usando uma escala de quatro pontos, quase 70% da amostra indicou que estavam razoavelmente bem preparados para realizar pesquisas no nível escola/organizacional e 78% no nível escola/sala de aula. Não surpreendentemente, 78% sentiram que também estavam razoavelmente bem preparados para lidar com situações de resolução de problemas e 61% sentiram que tinham habilidades "muito bem desenvolvidas" no trabalho colaborativo.

Este exemplo serve para apontar o *ethos* alterado e a percepção mais positiva dentro da profissão – com certeza aquele que é claramente caracterizado pela confiança para se adaptar e competência percebida para responder às demandas atuais e em mudança na educação.

Conclusão

Este capítulo abordou uma série de questões que têm um impacto direto nas práticas de trabalho atuais de psicólogos escolares e educacionais em relação ao profissional, práticas de trabalho profissional, necessidades especiais e dificuldades específicas, como a dislexia.

O dilema e os conflitos inerentes ao indivíduo e às abordagens sistêmicas podem muitas vezes sobrecarregar o psicólogo escolar. É importante, no entanto, que – sejam quais forem as opções selecionadas – seja dada alta prioridade à qualidade da colaboração entre escola/família e à identificação das necessidades educacionais individuais das crianças em alto risco de reprovação. Isso, junto com a integridade profissional, é a essência da prestação de serviços eficaz e é o que melhor atenderá a profissão no longo prazo e garantirá que as necessidades das crianças em risco de fracasso sejam reconhecidas e atendidas.

8
Reconhecendo e lidando com autoestima, motivação e necessidades emocionais

Autoestima, autopercepção e *locus* de controle

Há ampla evidência de que crianças com DAEs são mais propensas a incorrer em baixa autoestima, desamparo aprendido e níveis mais baixos de motivação (Burden, 2005; Burden e Burdett, 2007; Everatt e Reid, 2010). Existem, no entanto, diferentes visões sobre a noção do que exatamente representa a autoestima. A visão típica se concentra em quão próximo o eu "percebido" de um indivíduo corresponde ao seu eu "ideal". A autoestima também tem sido associada ao autoconceito geral, que inclui a avaliação comportamental, afetiva e cognitiva do eu e pode ser influenciada por fatores culturais que podem determinar as características do eu ideal (Coopersmith, 1967). Há também evidências significativas para mostrar que a autoestima acadêmica é vulnerável ao baixo desempenho desde a meia-infância, quando a criança se torna mais consciente de seus sucessos e fracassos (Chapman, Silva e Williams, 1984). Além disso, foi observado que crianças com DAEs têm autoestima mais baixa do que seus pares (Huntington e Bender, 1993; Rosenthal, 1973).

Pode-se argumentar que os indivíduos com DAEs podem ser avaliadores ruins de suas próprias capacidades, o que significa que seu eu "percebido" pode estar mais longe de seu eu "ideal" do que suas capacidades deveriam sugerir. Este é um ponto muito importante e pode ter implicações significativas para crianças com DAEs, pois elas podem ter percepções exageradamente inferiores de suas capacidades. Por exemplo, McLoughlin, Fitzgibbon e Young (1994) descobriram que os indivíduos com dislexia tinham percepções ruins sobre suas habilidades ortográficas, mesmo que não fossem tão ruins quanto eles consideravam, e Butrowsky e Willows (1980) descobriram que leitores falhos tinham baixas expectativas de sucesso não apenas na leitura, mas também no desenho, defendendo que os sentimentos de baixa autoestima se estendem além da área de baixa capacidade. Lawrence (1996) argumentou que os níveis de realização de um indivíduo podem ser influenciados por como ele se sente a respeito de si mesmo, sugerindo uma potencial espiral descendente de realizações ruins levando a uma baixa autoestima, que afeta ainda mais o desempenho. Da mesma forma, uma boa autoconsciência tem sido considerada um fator para uma vida adulta bem-sucedida para o indivíduo com um problema de aprendizagem (Goldberg et al., 2003).

Locus de controle

A autoconsciência também pode estar relacionada a sentimentos de se estar no controle. Chan (1994) comparou alunos com e sem deficiência e examinou a relação entre motivação e aprendizagem estratégica, descobrindo um padrão de desamparo aprendido – sentimentos de não ter controle sobre suas vidas foram observados entre muitos alunos fracos. Quando as crianças com DA experimentam o fracasso, elas podem não procurar fatores internos, como capacidade e esforço, mas controles externos, como sorte, que podem afetar a motivação para realização (Oka e Paris, 1987). Na verdade, Mruk (1990) propõe que níveis positivos de autoestima estão associados a um senso interno de controle, o que aumenta a motivação e o êxito de um indivíduo na situação de aprendizagem.

Consistente com esta relação potencial, o trabalho de Margerison (1996) identificou uma associação entre autoestima e *locus* de controle em crianças com problemas emocionais, e Humphrey e Mullins (2002) argumentam a partir de seus dados que crianças disléxicas têm maior probabilidade de atribuir sucesso a fatores externos, como o professor, ao invés de sua própria capacidade, que, como discutido anteriormente, pode levar a sentimentos de desamparo aprendido. Normalmente, o fracasso contínuo leva à desmotivação e sentimentos de desamparo.

Controle e sucesso

A relação entre controle e sucesso foi analisada em um pequeno número de estudos com foco em crianças com dificuldades de aprendizagem/dislexia e quanto maior o controle interno e externo, maior a probabilidade de um indivíduo assumir o controle de sua vida e maior sua capacidade para se ajustar à sua deficiência e ter sucesso na vida. O trabalho de Burden (Burden, 2005; Burden e Burdett, 2007) identificou uma relação entre melhor desempenho acadêmico e confiança (em termos de predizer sucesso em uma tarefa) e controle pessoal. Esses dados foram derivados do trabalho em uma escola especializada que produziu atitudes positivas em relação à aprendizagem, sugerindo que ser educado em um ambiente com um forte foco de internalização pode produzir resultados de aprendizagem positivos. Um estudo de Everatt, Al-Azmi, Al-Sharhan e Elbeheri (submetido) investigou o baixo desempenho acadêmico indicativo de dificuldades de aprendizagem entre crianças árabes e descobriu que a baixa autoestima era característica daquelas com baixo nível de alfabetização, embora tenha sido moderada por *locus* de controle.

No geral, essas descobertas com crianças e adultos sugerem que os sentimentos de controle podem estar relacionados à superação de consequências emocionais negativas e melhorar o sucesso, tanto dentro como fora de contextos educacionais. Isso evidentemente tem implicações para a avaliação, pois o quadro obtido a partir de testes padronizados pode estar contaminado pela autoestima, *locus* de controle, desamparo aprendido e baixa motivação.

Motivação e êxito

A medição da motivação geralmente se concentra em dois métodos: avaliação do envolvimento contínuo em uma tarefa e questionários usados para obter pontos de vista sobre uma tarefa. Ambos podem ser usados para apoiar conclusões sobre motivação, embora nenhum dê necessariamente uma imagem completa da perspectiva do aluno. Uma medida de engajamento que pode ser usada para avaliar o interesse contínuo nos trabalhos escolares em geral é o Instrumento de Engajamento do Aluno (cf. Betts et al., 2010); confira também a Medida de Envolvimento do Aluno na Escola (Hazel et al., 2014) para uma medida semelhante de envolvimento na escolaridade. A motivação também pode ser avaliada por meio de questionários (cf. Inventário de Motivação Escolar, que tem sido usado em uma série de contextos em todo o mundo: McInerney e Ali, 2006; Nasser, 2014); e uma série de outras ferramentas pode ser usada para avaliar motivação, envolvimento e desamparo (cf. DeCastella, Byrne e Covington, 2013, para uma discussão de exemplos). A motivação, no entanto, está fortemente ligada ao êxito e, para o professor, tarefas bem organizadas e avaliação da aprendizagem podem ser a maneira mais lucrativa de determinar a vontade da criança de se envolver no trabalho.

Percepções e motivação individuais

Êxito e o impacto desmotivador da falta de êxito são influenciados pela percepção do indivíduo: por exemplo, as percepções da importância da alfabetização/matemática e da escola em geral podem impactar a relação entre desempenho acadêmico e afeto negativo (cf. Hettinger, 1982). Na verdade, pode ser bastante esclarecedor conversar com um grupo de elevado êxito. Alguns alunos muito bem-sucedidos não estão cientes de seu próprio sucesso. Eles podem medir ou perceber o sucesso de uma forma diferente dos outros. Um aluno que está acostumado a sempre obter um "A" pode se sentir um fracasso se tirar um "B", embora tal nota possa ser altamente louvável. A síndrome "devo ser o melhor" está bastante difundida na sociedade competitiva de hoje e, conquanto tenha lá alguns elementos positivos, tal síndrome pode colocar uma enorme pressão sobre o aluno. O ponto-chave aqui é: o que queremos dizer com êxito? Êxito não significa necessariamente atingir a meta definida pelo professor. O êxito depende do aluno e de sua prontidão para a tarefa. Se uma pessoa não conseguir realizá-la, a tarefa precisará ser revisada até que ela possa alcançá-la. A motivação está relacionada ao que o aluno já alcançou e isso precisa estar ligado ao aprendizado atual e futuro.

Problemas de autoestima e motivação

Há uma variedade de inventários de autoestima disponíveis atualmente (p. ex., o inventário de autoestima de Piers-Harris é útil, pois também analisa a autoestima acadêmica e social – segunda edição: Piers e Harris, 2002), mas há poucos instrumentos de autoestima voltados para DAEs. Um desses instrumentos é o Perfil de Avaliação de Necessidades Especiais – Comportamento (SNAP-B) (Weedon e Long, 2010)[12]. O SNAP-B é um banco de perguntas direcionadas que traçam o perfil de 12 áreas problemáticas em três grandes títulos:

Relacionamento consigo mesmo:
- ansiedade;
- raiva explosiva;
- raiva implosiva;
- depressão.

Relacionamentos com colegas:
- déficit de amizade;
- agressão instrumental;
- busca de atenção de colegas;
- prejudicial para com os colegas.

---

12. Disponível em http://www.snapassessment.com/about2.htm

Relacionamentos com adultos:
- busca a atenção de adultos;
- desafiador para com os adultos;
- dependência excessiva de adultos;
- prejudicial para com os adultos.

Há também avaliação opcional para traçar o perfil da autoestima educacional e social. As perguntas são apresentadas no "pacote de avaliação do aluno" em cadernos de questionário – para preenchimento pelo aluno, pais e professor(es) – para comparação, análise e criação de perfil usando o CD-ROM. O manual do usuário fornece informações completas para administrar o pacote e interpretar o perfil gerado por computador. O foco está na identificação de habilidades específicas de que um aluno precisa para ter sucesso, em vez de especular sobre as possíveis causas de qualquer comportamento. O SNAP-B sugere quais ações o professor pode realizar e fornece conselhos específicos sobre como ajudar aquele aluno em particular, dependendo do perfil da criança.

Burden (2002) refere-se à Teoria da Construção Pessoal de Kelly (Denicolo e Pope, 2001) como um meio de ajudar os alunos a desenvolver a consciência de sua própria percepção de si mesmos como alunos. Isso se relaciona a como o indivíduo se vê como aluno e, mais importante, as atribuições que ele faz por seus sucessos e fracassos na aprendizagem. Se os alunos falharem constantemente na aprendizagem, eles atribuirão essa falha a si próprios e à sua falta de capacidade. Na verdade, eles podem estar falhando porque a tarefa ou o ambiente de aprendizagem não é propício ao nível atual de conhecimento do aluno ou ao seu estilo de aprendizagem. As atribuições – ou seja, as razões que as crianças dão para o fracasso – são importantes e podem fornecer informações úteis sobre a autopercepção e a autoestima do aluno. Se os alunos têm percepções negativas de suas habilidades de aprendizagem, isso pode dar origem a sentimentos de baixa autoestima e qualquer falha repetida pode resultar em uma situação que pode ser referida como "desamparo aprendido" (Smiley e Dweck, 1994). Isso significa que o aluno perde a motivação para aprender em decorrência do acúmulo de falhas.

Barreiras à aprendizagem

As barreiras à aprendizagem experimentadas pela criança ou jovem com DAEs precisam ser identificadas em um estágio inicial e estratégias serem postas em prática para evitar que ocorram mais falhas e "desamparo aprendido". Um dos principais meios de prevenir o desamparo aprendido é garantir que o aluno tenha algum sucesso inicial. O uso de uma avaliação de linha de base é crucial para isso e Came e Reid (2008) desenvolveram um conjunto de materiais que podem ajudar a identificar tanto a preocupação quanto a necessidade. Eles sugerem que é crucial que os professores em sala de aula sejam os primeiros a identificar as preocupações. Isso pode ser feito por meio de observação e de listas de verificação e outros materiais *pro forma* que examinam as habilidades e realizações e verificam o progresso nas sub-habilidades de alfabetização e em outras áreas de aprendizagem.

Este ponto é ainda mais destacado nos resultados do projeto "diga não ao fracasso"[13], que publicou um relatório em março de 2008 no Reino Unido. Este relatório indicou que, no geral, 55% de todos os alunos que não conseguiram atingir as metas esperadas para os testes de padrão nacional (SATs) no Reino Unido estavam em risco de dislexia. O tamanho da amostra foi de 1.341 do terceiro ao sétimo ano em 20 escolas de três autoridades diferentes na Inglaterra. As autoridades participantes incluíam um grande bairro do centro de Londres com uma ampla mistura étnica, uma comunidade rural no sudoeste da Inglaterra e uma autoridade no norte da Inglaterra que incluía cidades e uma comunidade rural extensa. A pesquisa também destacou que uma proporção relativamente maior de crianças "em risco" no sétimo ano teve dificuldades mais graves em comparação com aquelas em risco no terceiro ano. Isso destaca a necessidade de identificar crianças em risco em um estágio inicial. É importante, em primeiro lugar, identificar a natureza de suas dificuldades e, em segundo lugar, minimizar o potencial de falha planejando e implementando monitoramento e intervenção contínuos. Nesta fase, um plano educacional individual apropriado pode ser implementado. Isso pode ajudar o professor a reconhecer e monitorar as preocupações que foram identificadas e apontar precisamente qual aspecto da aprendizagem deve ser priorizado em um plano de aprendizagem de curto, médio e longo prazos.

Esse planejamento ajudará a identificar e lidar com as barreiras à aprendizagem. Isso é crucial para que todos os alunos com DAEs estejam equipados para lidar com os desafios de um aprendizado eficaz e bem-sucedido em um ambiente educacional inclusivo. Com relação a isso, Riddick (1996) indica que:

> uma definição clara de "dislexia" e dificuldades sociais e emocionais é problemática, de modo que comparar semelhantes é muito difícil. [...] Muitas pesquisas comparam grupos de alunos com e sem dificuldades no desenvolvimento da alfabetização. Tais es-

---

13. Disponível em http://www.xtraordinarypeople.com/news/15/Groundbreaking-Report/

tudos mascaram diferenças individuais entre crianças. Aqueles que têm dificuldades para se alfabetizar, mas são bem apoiados em casa, podem ter uma autoestima mais elevada do que aqueles que vivenciam circunstâncias muito difíceis em casa, mas sem dificuldades de alfabetização, por exemplo. [...] é provável que as experiências sociais e emocionais flutuem ao longo do tempo e que o contexto da casa e da escola da criança possa mudar, o que pode afetar o resultado. Além disso, não está claro se as dificuldades de alfabetização levam à baixa autoestima ou se a baixa autoestima leva à baixa aquisição da alfabetização. [...] o que constitui "autoestima" e também como medir a "autoestima" é altamente problemático.

Essa visão é enfatizada ainda mais por Jones e Kindersley (2013) em seu *Dyslexia: Assessing and Reporting*. Eles sugerem que é difícil decifrar os diferentes aspectos que contribuem para as dificuldades específicas de uma criança e entender a sobreposição e a interação entre as diferentes DAEs. Isso pode ter implicações para o diagnóstico e a rotulação.

Rotulação

Pumfrey (2002) sugere que a rotulação pode ser uma questão controversa. Ele sugere que "o rótulo de dislexia do desenvolvimento específico (ou outros rótulos semelhantes) leva a uma 'patologização da normalidade'". Ele sente que existe um caminho escorregadio desde o reconhecimento de tais diferenças até a identificação de defeitos e retrata isso como um exemplo de "o escorregadio caminho das diferenças aos defeitos [que] pode levar à patologização da normalidade – diferenças – desvios – dificuldades – deficiências – déficits – defeitos". Riddick (1996) examina a relação entre rotulação e estigmatização, e cita Gallagher (1976) ao discutir os aspectos positivos e negativos da rotulação. Estes são:

Positivo:
1) diagnóstico e tratamento adequado e alteração do meio ambiente;
2) permitir mais pesquisas que podem levar a uma melhor compreensão, prevenção e tratamento;
3) atuar como uma forma positiva de chamar a atenção para uma determinada dificuldade e obter melhores recursos por meio de financiamento e legislação.

Negativo:

1) os profissionais se limitando a rotular, sem sugerir qualquer forma de tratamento ou suporte;

2) como forma de manter o *status quo*, mantendo os grupos minoritários na base da hierarquia social.

Outros fatores que podem ser responsáveis pelo fracasso e baixa autoestima

Reed (2000) enfoca o contexto mais amplo e discute mais amplamente as questões que surgem do uso do rótulo de dislexia para descrever as dificuldades de alfabetização experimentadas por alunos para os quais o inglês é uma segunda língua. Ela considera que a dislexia oferece uma visão muito restrita para alunos bilíngues e corre o risco de ignorar a gama de fatores significativos para sua aprendizagem, sendo dependente de muitos contextos – por exemplo, os contextos da família, da instituição e da sociedade – e dos efeitos interacionais de, por exemplo, problemas físicos ou psicológicos, condição socioeconômica e/ou refugiada e grau de aculturação.

Desenvolvimento de competências de aprendizagem

Existem dois fatores que são importantes aqui – um é a palavra "desenvolvimento" e o outro é a expressão "competências de aprendizagem". Considerando a expressão "competências de aprendizagem", a pergunta que precisamos nos fazer é: "Competentes em relação a quê?" Por exemplo, há muitos jovens que são competentes em chutar uma bola e aprenderam essa habilidade com o tempo, mas eles não são competentes em comparação com o jogador de futebol profissional. As competências precisam, portanto, ser combinadas com o aluno e sua zona de desenvolvimento próximo. Isso significa que todas as competências devem ser alcançáveis. A diferença, no entanto, entre "aprendizagem" e "competências" deve ser esclarecida. Pode-se atingir as competências sem necessariamente ter passado pelo processo de aprendizagem. Na expressão "competências de aprendizagem", portanto, a palavra-chave é "aprendizagem", pois é importante que a aprendizagem realmente ocorra e que o aluno esteja ciente de como essa aprendizagem foi adquirida.

Não há dúvida, entretanto, de que a aprendizagem não aparece automaticamente, mas é um processo de desenvolvimento. A palavra "desenvolvimento" implica um tipo de processamento de cultivo que leva tempo. É preciso entender que a aprendizagem também leva tempo e, durante esse tempo, o aluno realiza uma série de processos de aprendizagem relacionados à sua compreensão do material. A bem-estabelecida e aceita taxonomia de Blooms – conhecimento, análise, síntese, hipótese e avaliação – é um exemplo desse desenvolvimento, mas cada um desses estágios em si também possui fases de desenvolvimento. O trabalho de Piaget e Vygotsky sobre o construtivismo e o construtivismo social destaca o importante papel que os "estágios de desenvolvimento" desempenham na aquisição de competências de aprendizagem. No entanto, é importante que os estágios de desenvolvimento não imponham uma restrição desnecessária ao desenvolvimento de competências de aprendizagem. Há uma forte indicação com base na literatura sobre estilos de aprendizagem, inteligências múltiplas e habilidades de pensamento de que as crianças são muito mais capazes do que acreditamos.

Estratégias para manter a motivação

Para muitos alunos com DAE, a visão, ou mesmo o pensamento, de certos tipos de tarefas pode ser suficiente para desmotivá-los. Recai, portanto, o ônus sobre os professores de desenvolver tarefas realizáveis capazes de sustentar a motivação. Essa pode ser a primeira grande barreira a ser superada para manter a motivação. Alguns alunos, caso tenham passado por repetidos fracassos, ficarão totalmente desmotivados e não irão querer se envolver em aprender um novo material de forma alguma. É importante que as crianças possam experimentar o sucesso antes de ficarem desmotivadas. É por essa razão que muito cuidado deve ser tomado ao desenvolver tarefas para garantir que elas sejam motivadoras e, mais importante ainda, que o aluno acredite que a tarefa é realizável. Dividir uma tarefa em pequenos passos, com cada passo representando um resultado alcançável e recompensador para o aluno, pode ser gratificante e motivador. (Para obter mais detalhes sobre essas estratégias, cf. Reid, 2007.)

Embora as recompensas sejam úteis, elas devem ser vistas como uma estratégia de curto prazo – um passo em direção à automotivação. As recompensas normalmente só são bem-sucedidas no curto prazo e podem ajudar as crianças que precisam de um incentivo, principalmente se estiverem achando a tarefa desafiadora. As recompensas também devem ser alcançáveis e o aluno deve valorizar a recompensa. Idealmente, é melhor que a recompensa seja negociada com o aluno. Isso precisa ser considerado cuidadosamente em termos do *feedback* dado à criança, que pode estar com dificuldades. Cada aluno precisa de *feedback* para garantir que está no caminho certo. No entanto, o *feedback* é frequentemente usado como meio de classificação ou correção. Ao usar o *feedback* desta forma, o professor corre o risco de desmotivar o aluno. Particularmente para a criança com dificuldade, é importante que o *feedback* seja visto como diferente do trabalho de correção. O *feedback* deve ser contínuo e formativo e não necessariamente vir no fim de uma tarefa. Além disso, o *feedback* deve ser positivo ou estruturado de maneira positiva. Evidentemente, recompensas e *feedback* podem ser tratados em separado, mas dar recompensas e ao mesmo tempo um *feedback* negativo pode ser, na melhor das hipóteses, confuso, mas provavelmente contraproducente.

Experiências de aprendizagem

É importante também considerar a experiência de aprendizagem completa e valorizar a importância do ambiente (ibid.). A interação social pode ser benéfica para alunos com dislexia, pois pode ajudar a desenvolver habilidades sociais importantes, como a alternância de vez de fala numa conversa e compartilhar e ouvir as opiniões de outras pessoas. O processo de ajudar e trabalhar com os outros pode ser motivador. A dinâmica de grupo pode ser positiva ou negativa e é importante garantir que a composição do grupo seja benéfica para todos. Um grupo construtivo e positivo trabalhando harmoniosamente pode ser um motivador significativo. Um grupo motivado será capaz de reunir os recursos de todos os membros do grupo e isso pode ser uma grande força motivadora. Na verdade, pode-se dar um passo adiante e focar não no aluno individualmente, mas na noção de escola motivada. O *ethos* escolar, a cultura escolar e o clima escolar são fatores importantes que podem promover uma escola saudável (Dunham, 1995; Killick, 2005; McLean, 2004). Isso pode fornecer o ambiente de aprendizagem favorável exigido pelos alunos que são vulneráveis à desmotivação e ao fracasso.

Intervenção, afeto e motivação

Tanto a motivação quanto a conquista são influenciadas por muitos fatores. Na criança que está lutando para alcançar os níveis esperados de desempenho, esta relação pode ser bastante complexa, embora a ligação de baixa realização a baixo afeto, baixo autoconceito, perda de controle e sentimentos de desamparo possam acumular-se em desmotivação que influencia negativamente o êxito. Essa espiral de consequências negativas precisará ser superada em muitas crianças com DAEs para que as intervenções sejam bem-sucedidas. Miles (2004) acredita que se uma criança supera suas DAs no início da escola, isso aumentará sua confiança, permitindo que o indivíduo enfrente melhor as pressões na vida adulta. Porém, uma criança que não supera sua deficiência experimentará níveis mais elevados de estresse, fazendo com que isso prejudique sua motivação, o que pode levar a consequências no desenvolvimento educacional da criança.

Lewis (1984) descobriu que um programa de aconselhamento em grupo estruturado melhorou o desempenho em leitura, bem como o autoconceito, entre crianças do ensino fundamental, e efeitos semelhantes podem ser aparentes para crianças com DAs, particularmente aquelas no ensino médio (cf. revisão de Elbaum e Vaughn, 2001). Isso requer uma resposta educacional e psicológica combinada, especialmente para crianças mais velhas que podem ter desenvolvido sentimentos negativos de autoestima após o fracasso no desempenho educacional, o que pode estar associado à desmotivação. No entanto, as estratégias destinadas a melhorar a autoestima e os sentimentos de controle podem ser implementadas da melhor forma se os ganhos do êxito tenham começado e provavelmente continuarão.

Se os ganhos do êxito duram pouco ou são percebidos como externos ao indivíduo, é provável que haja pouco efeito no autoconceito ou na motivação. Por exemplo, as estratégias que se baseiam nos pontos fortes têm efeitos positivos sobre o desempenho educacional de crianças mais velhas com problemas de aprendizagem quando a tentativa de remediar áreas de fraqueza tem sido menos eficaz (cf. Weeks, Brooks e Everatt, 2002). Obviamente, mais trabalho é necessário, mas essa abordagem estratégica combinada pode ser útil, especialmente para crianças mais velhas que passaram por um período prolongado de fracasso durante sua educação. Construir um autoconceito positivo, por meio de metas alcançáveis (e potencialmente bom suporte de aconselhamento), melhorará a motivação e aumentará os efeitos positivos das intervenções destinadas a melhorar a aprendizagem. Ignorar essas influências de afeto negativo e desmotivação reduzirá a probabilidade de sucesso da intervenção.

Implicações para a prática

Duas implicações gerais podem ser observadas. A primeira é tentar evitar/reduzir as DAs e a consequente emoção/motivação negativa por meio de métodos de ensino e ambientes de aprendizagem adequados. Professores bem treinados (especialmente aqueles que trabalham em contextos de aprendizagem inicial, como o primeiro ano ou dois de aprendizagem formal) preparados para lidar com uma diversidade de alunos, incluindo aqueles com necessidades especiais de ensino, e educados em métodos de ensino atualizados são a resposta mais eficaz para reduzir os relacionamentos negativos discutidos neste capítulo. Por exemplo, a consciência precoce de fonemas e o treinamento de letras e sons podem reduzir a incidência subsequente de problemas de alfabetização associados à dislexia (Elbro e Petersen, 2004) e intervenções baseadas em temas semelhantes mostram bons resultados quando implementadas no início da alfabetização (Torgesen, 2005).

A segunda implicação é que se os problemas de aprendizagem não forem reconhecidos cedo o suficiente, as intervenções precisarão se concentrar muito mais na pessoa como um todo (ou seja, as causas e consequências da dificuldade de aprendizagem, bem como o desenvolvimento de diferenças entre os indivíduos que irão influenciar a manifestação de dificuldades e o sucesso das intervenções) em vez de apenas na alfabetização. As evidências apontam que, mesmo com crianças mais velhas com dislexia, intervenções que incluam a consciência fonológica e o treinamento de decodificação fonológica anteriormente citadas podem ser bem-sucedidas (Gillon, 2004). No entanto, uma série de ferramentas será necessária para apoiar a aprendizagem e permitir o acesso ao currículo (cf. a seção anterior). Acima de tudo, a motivação precisará ser mantida permitindo que a criança com necessidades especiais faça coisas nas quais ela é boa e de que gosta – embora a alfabetização possa ser integrada em muitas áreas, incluindo brincadeiras, esportes, arte, teatro e música. O treinamento de professores para necessidades especiais, bem como equipes de profissionais adicionalmente qualificados trabalhando com os professores da sala de aula regular, serão necessários para desenvolver e implementar essa gama de ferramentas se for para a educação se tornar um sistema verdadeiramente inclusivo para todos.

9
Identificar e utilizar preferências e estilos de aprendizagem

Abordagens para avaliação

Existem mais de 100 instrumentos especialmente concebidos para identificar estilos de aprendizagem individuais. Muitos deles se concentram em aspectos relativamente limitados do estilo de aprendizagem, como preferência por estímulos visuais, auditivos, táteis ou cinestésicos. Outros são muito mais elaborados e focam em fatores associados principalmente a questões de personalidade, como intuição, experimentação ativa e reflexão (Gregorc, 1985; Kolb, 1984; Lawrence, 1993; McCarthy, 1987).

Algumas abordagens de avaliação tentam identificar como os indivíduos processam as informações em termos de estilo cognitivo; outras enfatizam os aspectos cognitivos/fisiológicos da aprendizagem, incluindo preferências de lateralidade (Hannaford, 1995). É uma boa ideia para o avaliador que deseja identificar as preferências de aprendizagem dos alunos com DAEs não se envolver muito no debate sobre estilos de aprendizagem, e sim, contemplar os estilos de aprendizagem de uma perspectiva prática. A questão é: "Como o conhecimento da preferência ou estilo de aprendizagem de uma criança pode auxiliar seu ensino?" Uma vez que isso tenha sido estabelecido, é essencial que o plano de aprendizagem usando as preferências de aprendizagem identificadas seja monitorado de perto; o professor precisa ser capaz de ajustar o ensino e os materiais, se necessário. A mensagem aqui é que os estilos de aprendizagem devem ser vistos como flexíveis e não fixos!

Inventários de estilo

Estilo cognitivo

Riding e Raynor (1998) usam o termo "estilo cognitivo" em vez de estilo de aprendizagem. Isso inclui aspectos básicos da psicologia de um indivíduo, como sentimento (afeto), ação (comportamento) e conhecimento (cognição), e o estilo cognitivo do indivíduo se relaciona a como esses fatores são estruturados e organizados.

Inventário de estilos de aprendizagem de Kolb

O inventário de estilos de aprendizagem de Kolb (1984) é um derivado dos tipos psicológicos de Jung combinados com a ênfase de Piaget na assimilação e acomodação (Piaget, 1970). O inventário de 12 itens de Kolb produz quatro tipos de alunos: divergentes, assimiladores, convergentes e acomodadores.

Inventário de estilos de aprendizagem de Dunn e Dunn

A abordagem de Dunn e Dunn utiliza o inventário de estilos de aprendizagem (Dunn, Dunn e Price, 1975, 1979, 1985, 1987, 1989). O inventário contém 104 itens que produzem um perfil de preferências de estilo de aprendizagem em cinco domínios, com 21 elementos nesses domínios. Tais domínios e elementos incluem: domínio ambiental (som, luz, temperatura, *design*); emocional (motivação, persistência, responsabilidade, estrutura); sociológico (aprendizagem só, em dupla, com colegas, em grupo, com um adulto), fisiológico (preferência perceptiva, ingestão de alimentos e bebidas, hora do dia, mobilidade) e psicológico (preferências globais ou analíticas, impulsivas e reflexivas).

O inventário de estilo de aprendizagem (IEA) é abrangente e avalia os elementos em combinação uns com os outros. Ele pede aos alunos que respondam às perguntas como se estivessem descrevendo como se concentram ao estudar materiais acadêmicos difíceis. O instrumento pode ser concluído em aproximadamente 30-40 minutos por alunos do ensino fundamental/primário e secundário. Depois de responder a todas as perguntas do formulário de respostas do IEA (o próprio teste), a folha de respostas de cada aluno é lida opticamente e processada individualmente. Cada aluno recebe então sua própria impressão individual do IEA – uma representação gráfica das condições nas quais cada um aprende com mais eficiência.

Sistema de aprendizagem de Given

Given (1996) construiu um modelo de estilos de aprendizagem derivado de alguns elementos-chave de outros modelos. Este modelo consiste em aprendizagem emocional (a necessidade de ser motivado pelos próprios interesses), aprendizagem social (a necessidade de pertencer a um grupo compatível), aprendizagem cognitiva (a necessidade de saber o que os companheiros da mesma idade sabem), aprendizagem física (a necessidade de fazer e estar ativamente envolvido na aprendizagem) e aprendizagem reflexiva (a necessidade de experimentar e explorar para descobrir que circunstâncias funcionam melhor para uma nova aprendizagem).

Identificação de estilo observacional interativo (IEOI)

Given e Reid (1999) decidiram usar estilos de aprendizagem em termos de uma estrutura de avaliação ao invés de um inventário. Observação e autorrelato, por si sós, podem não ser suficientes para identificar totalmente estilos e preferências de aprendizagem, mas Given e Reid descobriram que o uso de uma estrutura para coletar dados observacionais pode produzir informações consideráveis e também verificar e estender os resultados formais de um instrumento de autorrelato.

Vários argumentos podem ser apresentados para apoiar o uso da observação interativa ou de uma estrutura observacional. Por exemplo, a observação pode ser diagnóstica, flexível e adaptável. Pode ocorrer em um ambiente natural, é interativa e o *feedback* pode ser contínuo. Isso é destacado a seguir.

Diagnóstico – As observações fornecem oportunidades intermitentes e contínuas para analisar as respostas dos alunos em diferentes situações de aprendizagem.

Flexibilidade – As observações interativas podem ser usadas em matérias, configurações e interações para mostrar como as crianças aprendem melhor.

Adaptabilidade – A estrutura de observação interativa pode ser adaptada a diferentes idades, salas de aula e situações de aprendizagem. Esta contextualização permite uma imagem holística das preferências de aprendizagem da criança.

Ambiente natural – A conformidade de comportamentos sociais, desempenho acadêmico e hábitos de estudo em uma série de tarefas podem servir como um indicador inicial das necessidades e preferências de aprendizagem.

Interativo – As observações podem ser mais esclarecedoras se alguma forma de interação for introduzida. Isso pode ser alcançado por meio da obtenção de respostas orais às perguntas ou das respostas do aluno a uma tarefa. Fazer perguntas para que as crianças reflitam sobre como resolveram uma tarefa de aprendizagem específica pode fornecer ao avaliador informações sobre compreensão das crianças sobre como aprendem.

Envolver os alunos na experimentação e exploração de quais condições ambientais, sociais e físicas funcionam melhor para eles pode tornar o processo de observação altamente interativo.

Perguntas do tipo metacognitivo facilitarão a interação com o aluno. Isso inclui perguntas como:

- Como você fez isso?
- Você acha que teve sucesso?
- Por que você pensa isso?
- Quais etapas você executou para concluir isso?

Ao longo da interação, este tipo de questionamento pode revelar informações sobre os processos de aprendizagem dos alunos e como eles a organizam. Isso também pode fornecer informações sobre a autopercepção dos alunos e se eles acreditam que o desempenho foi devido às suas próprias habilidades e esforços, ou devido a um fator externo, como o professor, ou outros no grupo ou classe. Este último ponto está relacionado à Teoria da Atribuição (Dweck e Licht, 1980), que é um aspecto importante da aprendizagem. É crucial que os alunos sejam capazes de atribuir o resultado das tarefas de aprendizagem a si próprios quando o resultado é bem-sucedido e não a algum fator externo. Isso pode reforçar a autoconfiança.

Os professores podem usar dados observacionais para incentivar os alunos a pensar analiticamente sobre suas preferências de estilo de aprendizagem. Como não há preferências de estilo corretas ou incorretas, o IEOI incentiva os alunos a experimentar várias maneiras de aprender e a assumir a responsabilidade por determinar quais abordagens funcionam melhor para eles. O IEOI pode servir a um propósito valioso ao ensinar as crianças a observar seus próprios comportamentos e desempenho e a assumir a responsabilidade por seu próprio aprendizado.

Avaliação de Estilos de Aprendizagem do Aluno (AEAA)©

Reid e Strnadova (2004) traduziram o quadro observacional de Given e Reid citado anteriormente em dois instrumentos: o primeiro, um instrumento de autorrelato destinado a alunos para ajudá-los a identificar suas próprias preferências de aprendizagem; o outro, enfocando a observação do professor sobre as preferências de aprendizagem do aluno.

Esses instrumentos foram testados em escolas primárias e secundárias e as respostas dos professores que realizaram a experiência foram promissoras, indicando que os instrumentos forneceram informações que poderiam ser usadas para implementar materiais de ensino e aprendizagem para atender à variedade de estilos na maior parte das salas de aula. O instrumento foi refinado três vezes após o processo piloto e está na forma de uma escala de classificação. Um exemplo de um componente do instrumento é mostrado a seguir.

Social
1) Depois da escola, você prefere ir para casa em grupo em vez de sozinho?
2) Você gosta de jogar games de computador com outras pessoas?
3) Você gosta de trabalhar em grupo nas aulas?
4) Você tem muitos amigos?
5) Você gosta de jogos de equipe?
6) Você gosta de estar com muitas pessoas?
7) Você gosta de discutir tópicos em grupos?
8) Você gosta de fazer seu trabalho escolar com amigos/outras pessoas?
9) Você gosta de passar o fim de semana com outras pessoas?
10) Você se vê como um líder?
11) Você fica feliz em compartilhar sua mesa escolar com outras pessoas?

Ambiental
1) A sua mesa/local de trabalho é organizada e arrumada?
2) Você gosta de ambientes silenciosos?
3) O som o incomoda quando você está estudando?
4) Você gosta de ter muito espaço ao seu redor quando trabalha?
5) Você prefere ler sentado em uma mesa em vez de sentado no chão?
6) Você prefere cores claras (branco, amarelo) na sala em vez de cores mais escuras (vermelho, azul-escuro)?
7) Você prefere aprender dentro de casa em vez de fora?

Emocional
1) Você muda muito de ideia sobre as coisas?
2) Você costuma se sentir triste?
3) Você acha difícil tomar decisões?
4) Você se sente confiante?
5) Você se preocupa muito?
6) Você se considera confiável?

7) Você tem dores de cabeça com frequência?
8) Quando você começa sua tarefa, você a termina?
9) Você considera que tem uma boa concentração?

Cognitivo
1) Você gosta de resolver palavras cruzadas?
2) Você se lembra de listas?
3) Você gosta de aprender lendo?
4) Você gosta de quebra-cabeças de imagens?
5) Desenhar o ajuda a aprender?
6) Você gosta muito de usar lápis de cor?
7) Você aprende melhor assistindo a um vídeo ou à televisão?
8) Você gosta de experimentos?
9) Você aprende melhor construindo coisas?
10) Você aprende melhor por meio de experiências?
11) Você aprende melhor visitando os lugares?

Metacognitivo
1) Você gosta de planejar antes de fazer qualquer coisa?
2) Você geralmente pensa em como pode melhorar seu desempenho em qualquer atividade ou tarefa que tenha realizado?
3) Você costuma evitar tomar decisões muito rápidas?
4) Você costuma consultar muitas pessoas antes de fazer um julgamento sobre algo?
5) Você acha fácil organizar suas ideias?

O ponto-chave sobre o uso de instrumentos como os anteriores é que eles precisam ser contextualizados para o cenário real de aprendizagem. O instrumento, portanto, só é válido se o usuário estiver ciente da necessidade de usá-lo com flexibilidade e discernimento, particularmente *insights* sobre o contexto de sala de aula específico da criança e, idealmente, seus hábitos de aprendizagem ao longo do tempo. É, portanto, crucial que qualquer estilo de aprendizagem ou instrumento de preferência de aprendizagem utilizado esteja vinculado à prática, caso contrário, a informação obtida não terá qualquer sentido.

Vinculando avaliação com prática

Conforme indicado antes, as respostas de um instrumento de estilos de aprendizagem devem ter implicações práticas para o professor e também para o aluno. Se houver 30 alunos em uma classe, o professor terá dificuldade em atender a 30 estilos diferentes. É quase certo, entretanto, que não haverá 30 estilos diferentes e haverá alguns tipos de estilos que o professor pode combinar. Por exemplo, os alunos que são visuais geralmente são cinestésicos e também globais – o que significa que preferem ver o todo antes das informações individuais – e têm predileção por trabalhar em grupos. Isso significaria que os alunos nesta categoria seriam capazes de acessar materiais semelhantes e responder com eficácia a abordagens similares de ensino e aprendizagem.

Capacitando o aluno

É possível sugerir que os alunos podem se tornar mais independentes em sua aprendizagem e, portanto, mais capacitados como resultado do conhecimento de seus pontos fortes e fracos. Os alunos têm condições de desenvolver estratégias de aprendizagem mais eficazes que eles próprios podem usar fora da sala de aula. Este deve ser um dos objetivos da administração de uma avaliação de estilos de aprendizagem.

Usando estilos de aprendizagem

Coffield et al. (2004) citam as opiniões de Alexander (2000) que distingue entre "ensino" e "pedagogia"; e eles argumentam que a literatura sobre estilos de aprendizagem está mais preocupada com o ensino do que com a pedagogia. Eles tomam isso como evidência de que os professores precisam ser cautelosos ao usar a literatura sobre estilos de aprendizagem como um guia para a prática em sala de aula e argumentam que é necessário ser altamente seletivo, pois algumas abordagens são mais relevantes do que outras.

Uma das questões-chave que devem ser consideradas pelo professor ao planejar o uso de estilos de aprendizagem é "Para que está sendo usado?" Em outras palavras, os estilos de aprendizagem não devem ser identificados isoladamente, mas em relação ao ambiente de aprendizagem, tarefa e o currículo. Usar um contexto de aprendizagem para estilos de aprendizagem pode ser mais significativo e garantir que as abordagens usadas e os materiais desenvolvidos não sejam desenvolvidos apenas para o aluno, mas em relação à tarefa em que o aluno deve embarcar. Isso significa que é importante que todo professor de disciplina tenha conhecimento dos estilos de aprendizagem, bem como do perfil individual do aluno.

Embora os estilos de todos os alunos devam ser acomodados em cada disciplina, pode haver alguma variabilidade e restrição dependendo do assunto. O importante é que a identificação de estilos de aprendizagem precisa estar vinculada a planos de ensino, métodos de ensino e estratégias de ensino. É por esse motivo que a estrutura descrita anteriormente neste capítulo (Given e Reid, 1999) foi desenvolvida. Esta estrutura permite flexibilidade e pode ser usada para acomodar as necessidades de ensino e aprendizagem de todos os alunos em todas as disciplinas do currículo.

O processo de aprendizagem é parte integrante e é afetado pela interação entre o ensino e o estilo de aprendizagem. É importante que isso seja visto como alta prioridade, embora a pesquisa para apoiar tal proposição possa não ser abundante. Coffield (2005) argumenta que é preciso ter cuidado ao tentar combinar o ensino e o estilo de aprendizagem por causa das evidências de pesquisa conflitantes. É importante, como Coffield também afirma, que os alunos e funcionários de escolas e faculdades reflitam sobre seu próprio aprendizado e o de outros. Isso deve levar os alunos a serem ensinados a definir metas explícitas e desafiadoras e a identificar estratégias para atingir essas metas. Esta é uma das razões pelas quais a identificação de estilos de aprendizagem é importante, pois pode ajudar os alunos a se tornarem mais conscientes de sua própria aprendizagem e serem capazes de refletir de forma mais eficaz sobre as estratégias reais de aprendizagem e o ambiente de aprendizagem.

Estilos de aprendizagem e DAEs

Pontos-chave sobre a aprendizagem

Também é importante considerar alguns dos pontos-chave que podem ser levados em consideração ao planejar a aprendizagem para alunos com DAEs. Isso inclui o seguinte:

1) A *aprendizagem é um processo*: é importante considerar isso, pois implica que a aprendizagem ocorrerá em uma série de etapas e, mais importante, essas etapas devem ser apresentadas explicitamente para os alunos com DAEs.

2) O *aprendizado ocorre com o tempo*: isso implica que os alunos com DAEs precisarão de tempo suficiente para concluir as tarefas e, em muitos casos, podem precisar de mais tempo do que os outros na classe.

3) O *aprendizado requer um período de consolidação*: isso é importante para alunos com DAEs, pois implica que o superaprendizado é necessário. Com frequência, os alunos com DAEs podem aparentar ter aprendido algo novo – mas eles podem não ter consolidado esse novo aprendizado. Isso significa que eles exigem um período de sobreaprendizagem para garantir que tenham automaticidade no uso dessa nova aprendizagem. Isso significa que muitas vezes a aprendizagem levará mais tempo para alunos com dislexia, porque eles precisam de mais tempo para adquirir automaticidade.

4) *A aprendizagem é mais eficaz quando o conteúdo é familiar*: isso é muito importante para alunos com DAEs. Um dos meios mais eficazes de conseguir isso é por meio da discussão pré-tarefa. Isso garantirá que eles tenham uma boa compreensão dos conceitos e um conhecimento prévio. Alunos com DAEs precisam se envolver em uma discussão pré-tarefa antes de embarcarem em uma tarefa independentemente.

5) *A sobreaprendizagem precisa ser planejada*: isso é essencial para alunos com DAEs. Ela não deve acontecer por acaso, precisa ser planejada e é importante apresentar os materiais que devem ser aprendidos em diferentes contextos de ensino e também apresentá-los ao longo do tempo. Isso aumenta as oportunidades de retenção e compreensão.

6) *A aprendizagem é holística*: é importante considerar as necessidades emocionais e sociais dos alunos com DAEs. Fatores ambientais são importantes e devem ser considerados em um programa de aprendizagem para alunos com DAE.

O processo de aprendizagem

Burden (2002) sugere que dificuldades de aprendizagem podem surgir na fase de entrada do processamento de informações porque o aluno pode ter um estilo de aprendizagem impulsivo ou sofrer de uma percepção difusa ou dispersa dos estímulos recebidos. Isso significa que no estágio inicial e vital de aprendizagem há uma interrupção no processo, o que pode, portanto, afetar a atenção e tornar menos eficiente a aprendizagem efetiva neste importante estágio de entrada. Burden também sugere que, durante a fase de elaboração ou cognitiva, o aluno pode ser incapaz de discriminar entre pistas relevantes e irrelevantes na definição de um problema. Isso foi observado tanto entre alunos na escola quanto na educação superior (Reid e Kirk, 2001) e pode resultar em respostas inadequadas a um problema ou elaboração excessiva, na maior parte desnecessária. Essa elaboração excessiva costuma ser um mecanismo compensatório porque o aluno não foi capaz de compreender ou acessar os pontos-chave.

Burden enfatiza ainda as potenciais dificuldades no estágio de produção do ciclo de aprendizagem. Ele sugere que as pessoas com dislexia podem ter dificuldade em estar cientes das necessidades do público ou do propósito da atividade. Isso também pode ser visto na escrita, capaz de resultar em páginas redundantes de informações.

Vygotsky (1962, 1978) diferenciou entre o "cognitivo" (ou seja, aprender a fazer as coisas) e o "metacognitivo" (ou seja, um controle consciente gradual sobre o conhecimento e a aprendizagem), e ser capaz de usar esse conhecimento para ajudar na aprendizagem posterior. Os aspectos cognitivos e metacognitivos são importantes no modelo de Vygotsky, e ambos foram aplicados a muitas áreas de avaliação e aprendizagem. Em particular, os aspectos cognitivos da aprendizagem e como ela se relaciona com a teoria do construtivismo social receberam algum destaque. Isso, essencialmente, significa que é preciso olhar não apenas para os fatores cognitivos internos da criança, mas também como a compreensão da linguagem e da aprendizagem pela criança é mediada pelo contexto de aprendizagem e pelo ambiente da sala de aula.

Feedback

Para que o jovem com DAEs desenvolva habilidades de aprendizagem o *feedback* é de importância crucial. O *feedback* deve ser fornecido durante a tarefa, bem como no fim, e deve oferecer:

- *Orientação*: o ponto-chave de qualquer *feedback* é fornecer ao aluno orientação para garantir que a criança está progredindo no sentido de realizar a tarefa. A orientação pode e deve ser estruturada de forma positiva para alunos com DAEs.
- *Reforço positivo*: é importante começar com comentários positivos e então alguns pontos para desenvolvimento podem ser mencionados – é importante que comentários positivos sejam feitos inicialmente e no fim de qualquer sessão de *feedback*.
- *Avaliação do progresso*: idealmente, isso deve ser feito pelo aluno e o ponto-chave para isso é tentar capacitar o aluno o suficiente para que ele possa assumir a responsabilidade de automonitorar seu próprio trabalho. Isso destaca a necessidade de os alunos obterem algum controle sobre sua própria aprendizagem.
- *Sugestões para trabalhos futuros*: também é importante que sejam deixados ao aluno uma estrutura e sugestões para o desenvolvimento. Os pais também podem ser informados sobre qualquer leitura adicional e recursos extras que possam ser acessados.
- *Oportunidades para desenvolver automonitoramento e autoavaliação*: essencialmente, é disso que trata o *feedback* – capacitar o aluno a assumir o controle de sua própria aprendizagem. O *feedback* construtivo do professor em um tom positivo pode ajudar o aluno a conseguir isso.

Criatividade e o aluno "talentoso" com DAEs

Uma das armadilhas de ensinar um programa estruturado para crianças com DAEs é que o programa muitas vezes pode ser tão estruturado que sufoca a criatividade e, talvez, a compreensão. É importante que os professores estejam cientes disso e estabeleçam procedimentos de ensino que possam acomodar o aluno "superdotado" para garantir que a preocupação com a correção de dificuldades não resulte em uma restrição de habilidades de pensamento de ordem superior e compreensão aprimorada[14].

Um bom exemplo disso vem do trabalho de Yoshimoto (2005), que desenvolveu programas e estratégias para os "disléxicos dotados" seguindo a abordagem de Orton-Gillingham (OG). Isso garante que o pensamento crítico e as habilidades de aprendizado sejam desenvolvidos juntamente com as habilidades básicas de decodificação necessárias para todos os alunos disléxicos e essenciais para a fluência de leitura. Yoshimoto sugere que alunos talentosos com DAEs podem ter:

- habilidades de atenção superiores;
- vocabulário expansivo;
- excelente conhecimento geral;
- boas habilidades de raciocínio abstrato;
- capacidade incomum de processamento de informações;
- boas habilidades de resolução de problemas;
- podem ser pensadores criativos e originais;
- podem ser artisticamente/musicalmente talentosos.

Ao mesmo tempo, Yoshimoto afirma que eles também podem:
- ter um baixo autoconceito;
- usar o humor para desviar a atenção do fracasso percebido;
- ter baixa tolerância à frustração;
- reagir mal às críticas;
- tentar evitar o fracasso, o que pode resultar na recusa de realizar tarefas.

É importante, portanto, garantir que a diferenciação atenda a todas as habilidades, pois os alunos com qualquer DAE podem estar bem acima da média em termos de funcionamento intelectual e potencial.

Algumas considerações

Alguns pontos que você pode considerar são mostrados a seguir:
- considere como a aprendizagem pode ser mais eficaz para alunos com DAEs;

---

14. Cf. www.gifteddevelopment.com e www.visualspatial.org

- considere por que o processo de aprendizagem pode dar errado para tantos alunos com DAEs;
- considere estratégias de aprendizagem e reflita sobre como você pode usá-las em seu ensino e por que você adotaria uma abordagem específica para determinado aluno;
- considere a importância de fornecer *feedback* ao aluno. Reflita sobre as diferentes maneiras de fazer isso;
- considere a importância da autoestima na aprendizagem;
- reflita sobre o papel da criatividade na aprendizagem de alunos com DAEs e como você pode desenvolver isso com seus alunos.

A ideia sustentada por este capítulo é ajudar o leitor a compreender as habilidades e preferências de aprendizagem subjacentes de crianças e jovens com DAEs. Ao focar em suas preferências de aprendizagem específicas, isso deve ajudá-los a desenvolver autoconhecimento e levar à capacitação e eventual sucesso na aprendizagem.

10
Ensino superior e local de trabalho

Houve um grande progresso na área de ensino superior e, de fato, no local de trabalho em termos de reconhecimento e apoio a DAEs, certamente nos últimos dez anos e em particular no Reino Unido e na América do Norte.

No Reino Unido, o caminho foi traçado bem cedo, com o relatório seminal do comitê nacional sobre ensino superior (Singleton, 1999) *Dyslexia in Higher Education*. Este relatório enfocou a dislexia, pois foi observado que essa era a mais comum das DAEs na universidade e a mais difícil de identificar nessa fase.

O relatório forneceu diretrizes claras sobre avaliação e suporte para alunos com dislexia, bem como orientações para equipes de apoio e tutores do curso. Posteriormente, foram disponibilizados vários textos informativos voltados diretamente para a dislexia em adultos (Reid e Kirk, 2001; Bartlett e Moody, 2000; Moody, 2009; McLoughlin, Leather e Stringer, 2002; Jamieson e Morgan, 2008; Pollak, 2009). Além disso, a BDA elaborou um Manual sobre Emprego e Dislexia (Smythe, 2009) que se concentrou na variedade de tópicos associados à identificação e suporte não apenas de pessoas com dislexia, mas também de outras DAEs, e particularmente a sobreposição de DAEs e dislexia (Kirby, 2006).

Também houve uma série de relatórios encomendados e publicados, como o Relatório Moser sobre "Alfabetização de Adultos" (Moser, 2000); o relatório Dislexia em Adultos para Emprego, Prática e Treinamento (ADEPT) sobre as melhores práticas na avaliação e suporte para adultos com dislexia, especialmente com foco nos desempregados (Reid e Kirk, 2001); o relatório sobre a alfabetização de adultos de Rice e Brooks (2004) e o *Guia do Empregador* da BDA (2005).

Nos Estados Unidos, a legislação como o Americans with Disabilities Act (1994) também fornece uma estrutura e oportunidades para funcionários com dislexia resolverem processos trabalhistas, embora Gerber (1997) sugira que a referência contínua à jurisprudência ainda é uma influência poderosa. Young (2001) cita parte disso e, essencialmente, "dá esperança de que a identificação e o apoio no local de trabalho se tornem mais facilmente obtidos no futuro".

Um ponto interessante a emergir do estudo do Reino Unido é a alta porcentagem de alunos com dislexia identificados pela primeira vez após entrar na universidade. Em um estudo do Reino Unido com mais de 100 instituições, 43% da população total de alunos disléxicos foram diagnosticados como "disléxicos" após a admissão na universidade (Singleton, 1999). Provavelmente, existem várias razões para isso, mas, com o passar do tempo, esse número deve ser reduzido à medida que mais alunos são identificados no nível da escola. Os jovens com dislexia podem ser bastante inclinados a desenvolver estratégias de enfrentamento para compensar suas dificuldades. É importante, portanto, que os serviços de apoio ao aluno tenham acesso aberto e sejam mais acessíveis e acolhedores para o aluno.

No Reino Unido, o subsídio para alunos com deficiência (Disabled Students' Allowance – DSA) tem sido uma fonte significativa de apoio para alunos com DAEs e os critérios indicam que um diagnóstico formal de uma "dificuldade de aprendizagem específica como dislexia ou dispraxia" é suficiente[15].

A maioria das universidades possui uma página na web que fornece detalhes sobre o DSA e o suporte oferecido aos alunos com DAEs em termos de avaliação e acomodações. Por exemplo, a Universidade de Southampton indica que proporciona:

- um bate-papo informal sobre seus problemas;
- triagem e diagnóstico, se apropriado;
- ajuda na inscrição para o DSA;
- providências para uma avaliação das necessidades para acesso ao financiamento DSA;
- tutoriais de habilidades de estudo *one-to-one*;
- workshops de habilidades de estudo em grupo;
- recomendações para arranjos de exames especiais;
- acesso a tecnologia assistida;
- trabalho com professores para explicar suas dificuldades e necessidades;
- informações para ajudar a equipe acadêmica ou outra a compreender as dificuldades enfrentadas pelos alunos com DAEs e orientação sobre

---

15. Cf. https://www.gov.uk/disabled-students-allowances-dsas/eligibility – Acessado em 02/01/2015. Há informações adicionais sobre o DSA no website da BDA (http://www.bdadyslexia.org.uk/educator/hints-and-tips-fe-he#Disabled%20Students%20Allowances), incluindo endereços úteis – Acesso em 02/01/2015.

estratégias inclusivas para garantir que o ensino e a aprendizagem sejam acessíveis a todos os alunos[16].

Da mesma forma, a Universidade de Sheffield indica a natureza do apoio que oferece:
• cópias de anotações de aula e apostilas com antecedência e/ou em formatos alternativos;
• assistentes de apoio (como anotadores ou intérpretes de linguagem de sinais) a fim de garantir que os alunos tenham um registro preciso do que é abordado nas aulas;
• o empréstimo de gravadores digitais para registrar aulas;
• assistentes de apoio em aulas práticas (p. ex., em laboratórios) para garantir que os alunos possam trabalhar de forma eficaz e segura[17].

O suporte para exames também é um recurso importante nas acomodações oferecidas e a Universidade de Sheffield indica que os seguintes suportes podem ser disponibilizados, se forem necessários:
• tempo extra;
• uso de um computador e software auxiliar;
• descanso ou pausas para nutrição;
• permissão para usar equipamentos ergonômicos especializados;
• permissão para os alunos fazerem seus exames em um local com menos candidatos ou sozinhos;
• papéis do exame em formatos alternativos (p. ex., Braille ou letras grandes);
• modificação da linguagem usada nas questões do exame (geralmente para alunos surdos ou com deficiência auditiva ou para aqueles com condição do espectro autista).

Etapas de suporte

Existem várias etapas pelas quais os alunos precisam passar para obter o tipo de apoio mais adequado na universidade ou faculdade. Cada universidade

---

16. Adaptado do website da Universidade de Southampton (http://www.southampton.ac.uk/edusupport/study_support/index.page?), atualizado em 22/09/2014. – Acesso em 02/01/2015.
17. Disponível em https://www.sheffield.ac.uk/ssid/disability/what-support-is-available – Acesso em 02/01/2015.

terá suas próprias diretrizes e processos específicos para os alunos seguirem. É importante, no entanto, que essas orientações sejam bem divulgadas e que o aluno não tenha dúvidas sobre o tipo de ação que deve realizar.

Algumas das etapas importantes podem incluir:

• *Conversa preliminar com o tutor do curso ou orientador de estudos* – Isso ajudaria o aluno a articular suas preocupações e o tutor pode aconselhar sobre o curso de ação mais adequado. Provavelmente, essa seria uma reunião com o serviço de aconselhamento estudantil da faculdade.

• *Reunião preliminar* – Cada universidade, certamente no Reino Unido, terá um serviço de apoio ao aluno e será capaz de ouvir suas preocupações e tomar algumas decisões sobre o melhor curso de ação. Ao mesmo tempo, o tutor do curso também pode contatar o atendimento aos alunos com a permissão deles.

O atendimento aos alunos pode realizar um teste de triagem preliminar com o aluno – empregando lápis e papel ou triagem computadorizada (p. ex., Quickscan™).

Kirk e Reid (2003) identificaram algumas das dificuldades associadas à dislexia em alunos – essas dificuldades podem ser utilizadas como um guia no desenvolvimento de uma lista de verificação ou triagem para alunos no ensino secundário e superior e podem ser percebidas em:

- precisão de leitura;
- velocidade de leitura;
- erros ortográficos persistentes;
- estrutura gramatical;
- sequenciamento de palavras e ideias;
- necessidade de reler o texto;
- planejar e organizar o trabalho escrito;
- memorizar fatos;
- memorizar fórmulas;
- fazer anotações em palestras;
- planejar redações;
- habilidades de estudo;
- transferir o aprendizado de uma situação para outra;
- notar inferências em textos;
- exames escritos, especialmente se cronometrados;
- palavras técnicas;

- identificar os pontos principais;
- um curto período de atenção;
- revisão;
- incapacidade de ler em voz alta;
- deficiência em sequenciamento, histórico, eventos e ordenação de informações.

O próximo curso de ação geralmente dependerá dos resultados do teste de triagem. É importante lembrar que um teste de triagem não é o mesmo que um diagnóstico e é improvável que haja informações suficientes num teste de triagem para formular um diagnóstico definitivo ou fazer recomendações específicas.

Ele pode, entretanto, informar o próximo curso de ação. Se houver indicadores suficientes no teste de triagem, os serviços estudantis podem recomendar que o aluno seja encaminhado para uma avaliação psicoeducacional completa por um psicólogo qualificado e registrado.

Antes de uma avaliação psicológica

É importante que o aluno seja informado sobre o que esperar antes da avaliação. Isso pode ser feito pelo psicólogo ou por meio de um documento de procedimentos fornecido pelo atendimento aos alunos que indicará o que está envolvido na avaliação. O aluno, portanto, deve estar ciente dos motivos do encaminhamento, do conteúdo da própria avaliação e do processo de acompanhamento. É importante que o aluno não tenha que esperar muito pela avaliação e, mais importante, que o relatório dos resultados da avaliação seja fornecido o mais rápido possível – uma semana seria o ideal.

Avaliação psicológica

Uma avaliação não deve ser realizada isoladamente. A avaliação precisa ser contextualizada para o curso de estudo e para as necessidades do aluno. As demandas e as habilidades exigidas para diferentes cursos podem variar consideravelmente.

As demandas de treinamento em, por exemplo, enfermagem serão bastante diferentes daquelas experimentadas em alguns cursos de ciências, engenharia ou formação de professores. Além disso, a pessoa que realiza a avaliação precisa saber sobre alguns dos outros fatores que podem influenciar o resultado da avaliação e o desempenho do aluno no curso. Fatores como o inglês ser uma segunda língua e aqueles relacionados à escola do aluno e experiências de vida também podem influenciar o desempenho do curso.

É importante reconhecer que a dislexia gira em torno da questão de como as dificuldades de leitura afetam os indivíduos e como isso pode contribuir para a baixa autoestima e outras dificuldades. É por esta razão que o *feedback* construtivo após uma avaliação é benéfico para o aluno. Esse *feedback* pode fazer uma diferença considerável na autoestima do estudante, se tratado com sensibilidade.

A avaliação

A avaliação geralmente será tão informal quanto possível, embora o teste em si use instrumentos padronizados formais. Geralmente inclui a Escala de Inteligência de Adultos Wechsler (WAIS IV) e uma gama de aferições de alfabetização de adultos, como o Teste de Desempenho Individual Wechsler (WIAT II) e as Habilidades Básicas para Adultos Wechsler (Wechsler, 2008) e talvez alguns testes detalhados específicos de memória, como o Avaliação de Memória e Aprendizagem de Ampla Extensão (Wide Range Assessment of Memory and Learning 2 – WRAML™). Além disso, alguns dos testes padronizados usados para crianças, como o Teste Compreensivo de Processamento Fonológico (CTOPP-2™) (Wagner, Torgesen e Rashotte, 1999) (até 25 anos) e o Teste de Leitura Oral Gray (GORT-5™) (normatizado até 24 anos), também podem ser usados.

Idealmente, os testes selecionados devem ser contextualizados para as dificuldades apresentadas e o motivo do encaminhamento, mas haverá um conjunto básico de testes que precisam ser usados com, talvez, alguns complementares. O Teste Abrangente de Habilidade Não Verbal (CTONI-4™) também pode ser usado, pois se concentra em habilidades não linguísticas e pode ser útil para alunos bilíngues.

Feedback pós-avaliação para o aluno

É importante passar algum tempo após a avaliação garantindo que o aluno tenha clareza sobre os resultados e as implicações da avaliação. Pode ser bastante assustador para os alunos serem avaliados quanto a uma "deficiência", e os resultados podem ser uma surpresa para alguns alunos. Com frequência, porém, muitos alunos que são diagnosticados como tendo uma DAE geralmente suspeitam que têm algumas dificuldades. No entanto, ainda assim é importante fornecer *feedback* completo e informativo, que pode muito bem assumir a forma de uma sessão de aconselhamento. É importante que o *feedback* seja claro e sem jargões. Pode ser necessário, neste ponto, encorajar o aluno; eles podem desejar conhecer outros alunos com DAEs, talvez na forma de um grupo de habilidades de estudo. É importante ressaltar também que a dislexia, por exemplo, é simplesmente uma diferença na forma como a informação é processada e em algumas situações pode ser uma deficiência, mas o aspecto da deficiência não precisa ter destaque.

O local de trabalho

Embora tenha havido avanços significativos na área de ensino superior, não houve o mesmo progresso no local de trabalho, embora o surgimento de suporte em faculdades e universidades acabe abrindo caminho para práticas de trabalho mais esclarecidas. O BDA produziu um *Guia do Empregador para Dislexia* (BDA, 2005), que ajudou a estabelecer uma base sólida para o desenvolvimento de consciência e apoio eficaz no local de trabalho para adultos com dislexia. A falta de consciência do empregador sobre a dislexia pode ter um efeito profundo no trabalhador; diferentes países serão mencionados e como isso pode influenciar a prática no Reino Unido.

Há, no entanto, evidências significativas (Fawcett e Nicolson, 2008) de que a dislexia é mais do que uma dificuldade de leitura. É, portanto, necessário garantir que os empregadores estejam cientes da natureza da dislexia e de outras DAEs e que entendam como esses fatores podem afetar o funcionário no desempenho de seu trabalho diário. Também é necessário entender os pontos fortes que indivíduos com DAEs podem apresentar. É importante dissipar a noção de que dislexia é igual a deficiência, pois isso pode discriminar funcionários ou funcionários em potencial com dislexia. Portanto, o trabalho de Nicolson e colegas (Nicolson et al., 2012) contribuiu muito para desenvolver a noção de dislexia positiva e forneceu um grande incentivo para pessoas com tal dificuldade e, na verdade, outras DAEs.

Revelação

É importante enfatizar aos adultos com dislexia que eles devem revelar que possuem uma DAE nos formulários de inscrição e nas entrevistas. Muitos, no entanto, sentem-se relutantes em fazer isso por causa do risco de discriminação por parte dos empregadores – apesar da legislação antidiscriminação em vigor em muitos países. Esta é a realidade da situação e é difícil persuadir os disléxicos que procuram emprego a confiar no sistema. No entanto, eles precisam fazê-lo se quiserem obter o apoio de que precisarão depois de empregados. Pode ser difícil encobrir sua dislexia, mas muitos tentam fazer isso, como mostra o trecho a seguir:

> Ninguém no trabalho sabe que sou disléxico e tento identificar meus erros antes que eles o façam. Quando estou aprendendo uma nova habilidade ou tarefa no trabalho, preciso de uma estrutura básica que geralmente é bastante difícil, pois leva tempo, mas uma vez que obtenho essa estrutura básica, é mais fácil aprender e lembrar.

Existem vários pontos importantes aqui. Em primeiro lugar, uma estrutura básica fornece segurança para indivíduos com dislexia – isso também significa que a rotina pode ser importante e eles precisam estabelecer um formato básico para as tarefas que devem realizar. O segundo ponto é que esse indivíduo em particular teve sucesso, mas muitos não têm e precisam de apoio para estabelecer uma estrutura básica ou rotina. Se o empregador não souber que o funcionário é disléxico, será difícil fornecer a compreensão e o apoio necessários. Muitas vezes, um ponto crítico é alcançado quando o empregador busca disciplinar o funcionário devido à incompetência, porque ele não tem conhecimento da dislexia da pessoa (entrevistas pessoais anedóticas com o autor – não registradas).

Tecnologia

É uma sorte que a tecnologia agora seja abundante e esteja se tornando altamente sofisticada no tipo de suporte que pode fornecer ao funcionário com dislexia. O *Guia do Empregador* da BDA (2005) destacou isso. O guia lista verificações ortográficas, tesauros, organizadores pessoais, canetas de leitura, gravadores de voz, texto preditivo, reconhecimento de voz, *scanners* de leitura e software, bem como o aumento da portabilidade de computadores, sendo todos benéficos para o indivíduo disléxico no local de trabalho. O importante é que os empregadores precisam perceber que, com esses tipos de suporte, as barreiras causadas pela dislexia podem ser minimizadas significativamente. Este ponto também é levantado por Smyth (2009) no capítulo apropriadamente denominado o que há de "quente na tecnologia": como Smythe aponta, a tecnologia deve ser vista como outra estratégia que pode ajudar a reduzir as dificuldades, mas não é uma solução!

Empoderamento e o modelo social da deficiência

Há uma necessidade contínua de conscientização sobre as DAEs na sociedade e no local de trabalho. Isso pode ser alcançado por meio da educação de funcionários da universidade e empregadores, que foi o objetivo do *Guia do Empregador* da BDA, mas também pode ser alcançado por meio de uma identificação mais ampla e precisa. Este é particularmente o caso da força de trabalho adulta, onde há um grande número de pessoas não diagnosticadas com DAEs.

McLoughlin, Leather e Stringer (2002), do Adult Dyslexia and Skills Development Centre em Londres, sugerem que, se as pessoas dislexicas devem ser totalmente incluídas na sociedade, a ênfase deve ser no empoderamento ou capacitação, em vez de um modelo de deficiência que perceba os dislexicos como uma "vítima".

Eles sugerem que o empoderamento vem de:

• Autocompreensão – a dislexia é muitas vezes referida como uma "deficiência oculta". As pessoas dislexicas, portanto, têm de defender a si mesmas e só podem fazê-lo se tiverem um bom entendimento da natureza de sua dificuldade, como ela as afeta e o que precisam fazer para melhorar seu desempenho.

• Compreensão por outras pessoas, principalmente empregadores – se os dislexicos tiverem que lidar com gerentes e colegas cuja compreensão da natureza da dislexia é limitada, é provável que a pessoa disléxica seja excluída, em vez de incluída.

Se os empregadores forem esclarecidos e informados, as práticas discriminatórias devem ser minimizadas. Isso abre caminho para repensar o conceito de deficiência nos moldes do modelo social de deficiência. O modelo social de deficiência se opõe ao modelo médico comumente usado nas profissões de saúde, fazendo uma distinção importante entre os termos "deficiência" e "acomodação".

A implicação disso para pessoas com DAEs é que a sociedade precisa reconhecer a diversidade e as diferenças nos métodos de processamento de informações exibidos por diferentes indivíduos. Isso tem implicações para a educação e o treinamento, em particular para a avaliação e o reconhecimento do desempenho. Isso também implica garantir que o ambiente de aprendizagem na faculdade e no local de trabalho seja adequado às necessidades do indivíduo com DAEs.

Isso significa que precisa haver um foco no suporte. Na faculdade e no local de trabalho, isso pode envolver suporte com:

• organização da área de trabalho e da carga de trabalho;
• estratégias de leitura – particularmente fluência de leitura;
• tomar notas – e ser capaz de organizar e dar sentido às notas;

- ouvir as instruções – e não sentir vergonha de pedir que elas sejam repetidas ou de ser capaz de escrevê-las;
- redação de relatórios – e ser oferecido suporte para revisão e tempo adicional para redigir os relatórios;
- fazer apresentações – identificar os pontos-chave pode ser problemático;
- preparar-se para os exames e geralmente tentar memorizar informações.

Aconselhamento de carreira

Reid e Kirk (2001) mostram quantas pessoas com dislexia tiveram sucesso em uma variedade de ocupações. McLoughlin, Leather e Stringer (2002), que indicam que ser disléxico não é necessariamente uma barreira para o sucesso ocupacional, apoiam essa visão. Eles dizem:

> há muitos disléxicos em todas as ocupações para refutar isso, mas algumas ocupações são mais favoráveis à dislexia do que outras, explorando os pontos fortes da pessoa disléxica em vez de suas fraquezas. Sem dúvida, existem pessoas disléxicas que estão no emprego errado, ou seja, estão em uma situação em que as demandas nas tarefas que acham difíceis superam as de suas competências e qualidades. A orientação/aconselhamento profissional voltado para as necessidades dos disléxicos é sem dúvida uma das atividades profissionais mais importantes, mas com poucos recursos.

Sem dúvida, o aconselhamento profissional contínuo é importante. Isso permitirá que o jovem tenha várias opções; se uma não der certo, ele poderá discutir isso com o profissional. Os pontos principais para aconselhamento de carreira seriam antes da escolha da matéria na escola secundária, antes de se inscrever na faculdade ou universidade, ao se candidatar a um emprego e depois de ter estado empregado por um tempo, discutir como a pessoa disléxica pode progredir nessa carreira ou numa alternativa.

Autodefesa

A autodefesa é uma área crucial. É importante para estabelecer "direitos" que podem não ser fáceis de alcançar sem alguma forma de luta ou lobby. Uma mudança em direção a uma maior responsabilidade pessoal, autodireção e autodefesa é crucial para alcançar o sucesso no emprego (McLoughlin, Leather e Stringer, 2002). O sucesso no emprego pode depender de se um indivíduo com deficiência conhece bem as dimensões de sua deficiência – e como, e quando, compensá-la dentro de seus contextos de trabalho porque pode não haver aconselhamento disponível. Isso pode acontecer porque o empregador não está disposto a fornecer apoio ou, na verdade, porque não tem uma visão clara do que seria benéfico.

Autoestima

Riddick (2010) sugeriu que adultos com dislexia têm uma autoestima relativamente baixa e, bastante relevante, que isso não se limita à autoestima acadêmica. Isso implicaria que o apoio pode ser necessário em relação a uma série de fatores da vida e familiares. Isso significa que a alfabetização é apenas um aspecto de um quadro muito maior, e a baixa autoestima pode afetar o desempenho em uma série de habilidades para a vida. Um aluno com dislexia, citado por Jamieson e Morgan (2008), disse que "ser disléxico é uma parte fundamental de quem eu sou. Há muitas coisas além de ler e escrever que acho difíceis".

Riddick (2010) perguntou a professores em atividade com dislexia sobre o tipo de estratégias de enfrentamento que eles usavam em sala de aula. Eles enfatizaram a importância da preparação extra e da preparação prévia. Ela cita um professor estagiário comentando que "preparação é poder". Muitos, entretanto, sempre carregavam um corretor ortográfico ou dicionário com eles. Ela comenta que, embora todos os professores estagiários tenham desenvolvido estratégias de enfrentamento eficazes, eles temiam as reações negativas das escolas e gostariam de receber apoio, como orientação ou aconselhamento de professores experientes com dislexia.

Moody (2009) explica que as fraquezas das pessoas com dislexia que podem afetar a eficiência no trabalho incluem:

- habilidades de alfabetização – seguir um manual técnico, ler relatórios rapidamente e escrever memorandos em inglês claro;
- memória – lembrar números de telefone e relembrar o que foi dito nas reuniões;
- habilidade de sequenciamento – dificuldade em arquivar documentos no lugar correto e pesquisá-los;
- entradas em dicionários e diretórios;
- orientação visual – pode haver dificuldade em lidar com mapas;
- coordenação olho-mão – pode resultar em má apresentação de trabalho escrito e números;
- fala – pode falar de forma desorganizada, especialmente em reuniões e ao telefone;
- habilidades organizacionais – podem faltar a compromissos; sua área de trabalho pode parecer desorganizada;
- fatores emocionais – podem demonstrar raiva, constrangimento e ansiedade.

Considerações finais

Parece haver, com razão, certo otimismo de que as necessidades de estudantes e adultos com dislexia na faculdade e no trabalho estão, de alguma forma, sendo atendidas. Este é particularmente o caso no Reino Unido em relação à universidade. No entanto, é importante que as necessidades dos adultos com DAEs não sejam ignoradas.

Para que isso se torne realidade, o modelo social da deficiência precisa ser reconhecido, bem como as habilidades e o potencial das pessoas com DAEs. A legislação pode ajudar, mas, em última análise, é responsabilidade da sociedade, incluindo empregadores e instituições educacionais, garantir que todos os que lidam com alunos ou funcionários com DAEs tenham uma consciência realista e positiva de seus desafios e necessidades. Quando a noção de deficiência é reformulada de maneira positiva e construtiva, os indivíduos com uma DAE se sentirão mais seguros para fazer valerem seus direitos nos estudos e no local de trabalho.

11
Desenvolvendo uma estrutura de avaliação

Este livro indicou, de várias maneiras, que houve um progresso considerável no campo das DAEs e da dislexia. Isso tem se refletido na acessibilidade a testes adequados, uma consciência mais esclarecida do processo de avaliação, a incorporação da avaliação curricular, adaptações mais adequadas aos procedimentos de ensino e aprendizagem e acomodações para exames e suporte. A avaliação agora é mais abrangente e robusta. Muitas autoridades e países têm diretrizes para DAEs e dislexia (além do *DSM-V*), e estas foram acompanhadas com definições e orientações de intervenção, bem como critérios para treinamento de professores (Rose, 2009)[18]. Esses pontos são um bom augúrio para o futuro e podem ajudar a garantir que as crianças em risco de DAEs e dislexia sejam identificadas o mais cedo possível, e que os pais, a direção da escola e os professores, bem como professores especializados e outros profissionais, possam ter um papel a desempenhar no processo.

Este capítulo irá, portanto, reiterar os pontos-chave no processo de avaliação e discutir a importância desta estrutura em fornecer alguma forma de suporte para o processo de avaliação.

Alguns pontos-chave

Historicamente, o diagnóstico era baseado em um modelo "médico", que se concentrava nas dificuldades da criança e buscava maneiras de remediar essas dificuldades. Isso foi substituído, em grande medida, por um modelo mais interativo (Wedell, 2000) que enfoca as barreiras à aprendizagem dos alunos, o que significa que as abordagens curriculares para a avaliação se tornam o foco principal do processo.

---

18. Cf. tb. website da BDA (http://www.bdadyslexia.org.uk/), sobre os critérios de garantia da qualidade na formação de professores.

Foi reconhecido que a maioria dos países agora é muito multicultural e muitas vezes multilíngue. É necessário, portanto, levar em consideração fatores linguísticos e culturais e isso tem implicações para o desenvolvimento de testes e o planejamento do processo de avaliação.

No geral, não existe uma fórmula de ouro para atender às necessidades especiais de aprendizagem dos alunos com DAEs. Por exemplo, cada aluno deve ser tratado como um indivíduo; o contexto e a situação de aprendizagem podem variar e isso deve ser levado em consideração.

Abordar as dificuldades vividas pela criança/aluno torna-se uma situação de resolução de problemas e todos os aspectos precisam ser considerados – bem como o perfil cognitivo do aluno. A necessidade de obter a perspectiva do aluno também é considerada importante, pois agora há um grande impulso na autorrepresentação. Também se reconhece, certamente neste livro, que os pais são uma fonte significativa de informações e é fundamental que a avaliação leve em consideração os fatores familiares.

As barreiras à aprendizagem do aluno no ambiente da sala de aula, incluindo o currículo, precisam ser avaliadas e uma perspectiva holística adotada – cognitiva, social, emocional e ambiental. É importante refletir sobre o que melhor resolverá essas barreiras para ajudar o aluno a ter sucesso na situação de sala de aula (pontos adaptados de Reid e Green, 2009).

O uso de testes – pontos a ponderar

A avaliação é uma ferramenta educacional poderosa para promover a aprendizagem. No entanto, as atividades de avaliação devem ser adequadas aos objetivos da avaliação, aos objetivos do currículo e ao aluno individual.

No caso da dislexia, por exemplo, é importante identificar as habilidades de processamento da criança. Frequentemente, o raciocínio e a compreensão não são afetados, mas o processamento real das informações pode ser desafiador. Áreas como acesso à impressão, decodificação e codificação de impressão, velocidade de processamento e memória, bem como saída escrita, são todas atividades de processamento necessárias para a aquisição de alfabetização. Esses fatores também podem ser relevantes em outras DAEs, como dispraxia e discalculia.

Medidas cognitivas

Uma das práticas mais bem utilizadas nos procedimentos de avaliação de DAEs é obter uma medida do funcionamento intelectual como parte da investigação de discrepâncias. Frequentemente, a Escala de Inteligência Wechsler para Crianças (WISC IV) é usada como uma medida de habilidade, pois é bem padronizada e traduzida em vários idiomas (Wechsler, 2004). O uso de medidas de habilidade, no entanto, como o WISC, de acordo com Siegel (1989), baseia-se em todas ou algumas das seguintes suposições:

- que os testes de habilidade ou QI são medidas válidas e confiáveis, de forma que há alguma virtude em examinar discrepâncias entre habilidade e desempenho;
- subtestes específicos são instrumentos válidos na avaliação de sub-habilidades cognitivas específicas;
- podem surgir padrões distintos que podem ser correlacionados de forma confiável com as dificuldades de aprendizagem;
- que o QI e a leitura compartilham uma dependência causal, com fatores de QI influenciando a habilidade de leitura.

Alguns autores (p. ex., Siegel, 1989; Siegel e Lipka, 2008), no entanto, argumentam que as evidências em relação a esses pontos são inconsistentes. Os testes de QI não medem necessariamente a inteligência, mas na verdade medem o conhecimento factual, a habilidade de linguagem expressiva, a memória de curto prazo e outras habilidades relacionadas à aprendizagem.

Há evidências de que crianças com dislexia e outras DAEs podem ter dificuldades em relação à cognição. A cognição envolve essencialmente como as crianças pensam e processam as informações para entendê-las, relacioná-las com conhecimentos anteriores e armazená-las na memória de longo prazo e esses fatores precisam ser considerados em uma avaliação.

O outro fator associado às DAEs é a produção de informações. É interessante notar que, muitas vezes, as crianças com DAEs não têm desempenho compatível com sua capacidade plena nos testes porque responder aos itens do teste envolve respostas imediatas, muitas das quais estão na forma escrita e todas devem ser entregues sem qualquer ajuda do examinador. No entanto, elas podem responder bem a dicas e "avaliação assistida", que muitas vezes pode revelar habilidades e aptidões que estão ocultas em testes psicométricos tradicionalmente administrados.

Avaliação das habilidades de processamento

Um avanço significativo em termos de avaliação de processo emergiu da revisão da avaliação diagnóstica de Avaliação do Processo de Aprendizagem (Process Assessment of the Learner – PAL-II™) para leitura e escrita (Berninger, 2007). Berninger sugere que testes de inteligência como o WISC IV podem oferecer dados de correlação com medidas de desempenho acadêmico, mas não explicam por que uma criança está tendo resultados de aprendizagem ruins ou como intervir para melhorar os resultados de aprendizagem. Pode indicar que uma criança precisa de intervenção, mas não nos diz precisamente que tipo de intervenção seria mais eficaz. Os materiais de avaliação do processo (PAL-II) desenvolvidos por Berninger oferecem pistas sobre por que uma criança pode estar tendo baixo desempenho em leitura ou escrita e fornece orientação sobre como essas dificuldades podem ser enfrentadas.

Os subtestes do PAL têm como alvo os processos de neurodesenvolvimento mais relevantes para a leitura e a escrita. Estes incluem: habilidades ortográficas, habilidades fonológicas, habilidades morfológicas e sintáticas, nomeação automática rápida, fluência de leitura silenciosa, grafias específicas de palavras e fluência composicional narrativa. O teste é muito específico e extremamente bem concebido. Os subtestes relacionados à leitura são na forma de domínios como codificação ortográfica, codificação fonológica, codificação morfológica/sintática, memória de trabalho verbal e nomeação automática rápida. Para cada um desses domínios, há pelo menos dois a quatro subtestes específicos. Por exemplo, a codificação ortográfica contém subtestes sobre codificação receptiva e codificação expressiva. O subteste de codificação receptiva é usado para medir os processos envolvidos na codificação na memória de palavras escritas e na análise de unidades da palavra escrita sem que a criança as escreva ou pronuncie. Este conjunto de testes pode fornecer uma alternativa ou pelo menos reduzir a dependência do uso de medidas de funcionamento intelectual.

Da mesma forma, o Teste de Desempenho Individual Wechsler (Wechsler Individual Achievement Test – WIAT II) (WIAT III nos Estados Unidos e Canadá) fornece uma visão abrangente sobre a aquisição da alfabetização e as pontuações podem ser correlacionadas com as medidas no WISC. Embora haja uma gama de habilidades levadas em consideração no WIAT II, ainda cabe ao examinador tentar usar os dados para diagnóstico. Essencialmente, os resultados nos informam sobre a extensão das dificuldades da criança, mas não fornecem orientação sobre as áreas dentro do processo de leitura que podem explicar precisamente essas dificuldades. O WIAT II fornece medidas compostas sobre aspectos-chave, como leitura, matemática, linguagem escrita e linguagem oral e, embora o composto de leitura inclua um teste de decodificação de pseudopalavra, não nos informa sobre as razões das dificuldades da criança. Por exemplo, dificuldades na leitura de pseudopalavras podem sugerir dificuldades na aplicação de habilidades de decodificação fonética, mas não nos dizem que tipo de dificuldade fonológica a criança experimenta.

Isso enfatiza a necessidade de usar testes seletiva e propositalmente. É importante obter medidas da extensão da dificuldade, mas, igualmente, é importante obter evidências da natureza das dificuldades experimentadas e as razões para essas dificuldades. Essas informações são necessárias para que uma intervenção apropriada e eficaz seja implementada.

Existem testes mais específicos que podem acompanhar alguns dos mencionados anteriormente e fornecer critérios de diagnóstico, bem como medidas relacionadas à idade/série. Um exemplo disso é o Teste Abrangente de Processamento Fonológico (Comprehensive Test of Phonological Processing – CTOPP-2) (Wagner, Torgesen e Rashotte, 1999). Os autores colocaram o teste dentro de um referencial teórico que aponta três tipos de processamento fonológico relevantes para o domínio da linguagem escrita – consciência fonológica, memória fonológica e nomeação rápida.

Consciência fonológica se refere à consciência e ao acesso de um indivíduo à estrutura sonora da linguagem oral. É importante avaliar a consciência fonológica, pois isso costuma ser visto como uma das principais dificuldades na dislexia e em algumas outras DAEs; estudos mostram que crianças que são fracas em consciência fonológica apresentam melhor desempenho de leitura após receberem intervenções destinadas a melhorar sua consciência fonológica (Torgeson, Morgan e Davis, 1992; Torgesen, Wagner e Rashotte, 1997).

As outras áreas do modelo teórico CTOPP são a memória fonológica e a nomeação rápida. Memória fonológica refere-se à codificação fonológica de informações para armazenamento temporário na memória de trabalho ou de curto prazo. Isso é frequentemente referido como o "loop fonológico" (Baddeley, 1986; Torgesen, 1996). Dificuldades nesta área podem restringir as habilidades de uma criança para aprender novos materiais. A codificação fonológica na memória de trabalho, portanto, de acordo com Wagner, Torgesen e Rashotte (1999), desempenha um papel importante na decodificação de novas palavras – particularmente palavras multissilábicas.

O terceiro aspecto do modelo que sustenta o CTOPP é a nomeação rápida. Isso está relacionado à eficiência com que os jovens leitores são capazes de recuperar códigos fonológicos associados a fonemas individuais, segmentos de palavras e palavras inteiras. Isso é importante, pois já foi demonstrado que os indivíduos que têm dificuldade em nomear rapidamente geralmente têm dificuldade na fluência de leitura; aqueles que apresentam dificuldade tanto na nomeação rápida quanto na consciência fonológica (déficit duplo) terão maior dificuldade em aprender a ler do que indivíduos com déficit apenas em uma ou na outra (Bowers e Wolf, 1993). Este tipo de teste não só fornece informações diagnósticas precisas, mas também pode ser usado como um meio de monitorar e avaliar o progresso de uma criança com a intervenção que está sendo usada.

Um processo semelhante é usado nos Testes de Domínio da Leitura Woodcock (revisado) (Woodcock, 1998). Existem três áreas principais para o modelo usado nesta bateria de testes: prontidão de leitura, habilidades básicas e compreensão de leitura. Para prontidão, a aprendizagem visual/auditiva e a identificação de letras estão incluídas; para habilidades básicas, identificação de palavras e ataque de palavras; e, para compreensão de leitura, compreensão de palavras e compreensão de passagens. Isso fornece um modelo abrangente usando dimensões de leitura que podem levar a uma compreensão diagnóstica das dificuldades da criança. Além disso, há um inventário de erros de ataque de palavras que registra os erros da criança em sons e sílabas alvo. Este tipo de inventário de leitura é formal e estruturado. Também há algum benefício em usar medidas mais informais para registrar erros de precisão de leitura, como o sistema de registro de erros. O Gray Oral Reading Tests (GORT-5) faz exatamente isso. Este teste específico analisa os processos ascendente e descendente. Inclui o registro de erros em passagens de texto selecionadas segundo a série escolar para obter pontuações de precisão e leitura cronometrada para fluência, bem como perguntas sobre a passagem para o componente de compreensão de leitura. Além disso, no entanto, inclui um sistema de análise de erros para registrar erros. Os erros são divididos em cinco tipos: semelhança de significado – erro de palavra em relação ao significado da história; similaridade de função – erro de palavra quanto à correção gramatical da palavra substituída na frase; semelhança gráfica/fonêmica – a adequação do erro de palavra quanto à sua semelhança com a aparência e o som da palavra impressa; fontes múltiplas – refere-se ao erro de palavra que possui um significado combinado, função e semelhança gráfico-fonêmica com a palavra; e autocorreção – as ocasiões em que um erro de palavra é imediatamente corrigido pelo aluno (Wiederholt e Bryant, 2001). Este sistema fornecerá informações diagnósticas úteis que, por si sós, podem auxiliar o planejamento.

Contextualizando a avaliação com vista à intervenção

É importante garantir que o processo de avaliação e os resultados de quaisquer testes usados sejam contextualizados em relação ao currículo e à natureza da situação de aprendizagem da criança. Às vezes, fatores dentro da sala de aula e os materiais que estão sendo usados podem ser responsáveis pelas dificuldades que a criança está apresentando, tanto quanto seus próprios atributos. Came e Reid (2008) abordam a questão da avaliação da alfabetização a partir da perspectiva de identificar a preocupação e capacitar o professor para estar em posição de fazer isso. Em sua publicação *Concern, Assess and Provide (CAP) It All!* (ibid.), Came e Reid fornecem uma variedade de materiais que podem ser usados no contexto da sala de aula e focar diretamente no trabalho atual do aluno.

Eles fazem a pergunta-chave "O que é alfabetização?" e sugerem que a resposta a essa pergunta determinará a seleção de informações para realizar uma avaliação. Isso pode significar abordar os aspectos funcionais da alfabetização (técnicos) ou o propósito da alfabetização (significado). Uma das características importantes disso é ter mecanismos de monitoramento eficientes e eficazes para garantir que todos os aspectos do processo de leitura sejam tratados. Ao contrário de alguns outros testes, eles incluem a avaliação da compreensão inferencial das crianças sobre o texto, bem como o significado literal da passagem. Identificar as inferências em textos é um elemento importante para o desenvolvimento de habilidades de raciocínio e processamento de alto nível – e particularmente importante para crianças com dislexia, pois, muitas vezes, seu foco principal é o domínio das sub-habilidades de leitura de baixo para cima; os significados inferenciais do texto às vezes se perdem.

Isso enfatiza a visão de que a avaliação não deve ser realizada isoladamente. Precisa de um contexto, um propósito e uma ligação apropriada com a intervenção. Da mesma forma, o ensino da leitura não deve ser realizado isoladamente. A avaliação é o ponto de partida, mas é importante que o tempo alocado para a avaliação seja usado de forma adequada e produtiva. É por isso que uma variedade de materiais deve ser usada e o professor e o professor especialista precisam ser capacitados para assumir alguma responsabilidade pelo processo de avaliação – observar, diagnosticar, monitorar e planejar intervenções apropriadas com base em uma estrutura sólida.

A abordagem do problema à solução (ibid.) fornece um enfoque útil. Isso inclui as seguintes cinco áreas:

1) esclarecendo a preocupação;

2) obtendo a evidência;

3) planejamento para a aprendizagem;

4) ação/implementação;

5) monitorar/revisar.

Esclarecendo a preocupação

Algumas perguntas que o avaliador deve fazer incluem:
- Posso definir o problema?
- Quem tem um problema?
- Por que existem preocupações?
- O que eu quero alcançar?
- Quais estratégias foram tentadas que funcionam/não funcionam?

Obtendo a evidência
- Observe toda a gama de evidências já disponível.
- Avalie melhor a extensão da dificuldade.
- Considere uma avaliação mais detalhada.
- Estabeleça um ponto de partida para intervenção.
- Esta é uma visão equilibrada, todos foram consultados?

Planejamento para a aprendizagem
- Quais estratégias/programas serão usados?
- Quem os implementará?
- Quais são as metas específicas de curto prazo?
- Como posso envolver os pais?
- Quem vai monitorar o progresso?
- Como o progresso será medido?

Ação/implementação
- Obtenha a concordância de todos.
- Reúna os materiais.
- Conduza o programa.
- Mantenha os pais envolvidos.

Monitorar/revisar
- O que está indo bem?
- Quando está funcionando?
- O progresso foi medido?
- O progresso é evidente?
- O monitoramento auxiliou as metas futuras?
- O plano deve continuar?
- Quais são as metas futuras?

Autoavaliação

A autoavaliação é um aspecto importante na avaliação do progresso do aluno. Todo esforço deve ser feito para ajudar o aluno a se tornar mais consciente de como lidar com uma questão e monitorar seu progresso. Isso dá ao aluno alguma propriedade e responsabilidade sobre sua aprendizagem e também pode ajudar os alunos a desenvolver uma consciência de seus próprios pontos fortes e estratégias de aprendizagem. É importante que eles sejam guiados pelos seguintes estágios mostrados a seguir.

- Questionar – *Por que, o que, onde, como?*
- Esclarecer – *Entendo; mas, e quanto a isso?*
- Compreender – *Certo, agora entendi.*
- Conectar – *Eu fiz algo assim na semana passada.*
- Direcionar – *Tudo bem, eu sei o que fazer agora.*
- Monitorar – *Talvez eu deva fazer isso agora; isso não parece estar correto.*
- Avaliar – *Até agora, tudo bem; acho que estou no caminho certo.*

Idealmente, você deve tentar fazer com que os alunos realizem essas etapas eles próprios, mas, para começar, eles precisarão de algum apoio; eventualmente, eles devem ser capazes de fazer isso sem ajuda.

Resolução de problemas e avaliação

Não existe uma fórmula de ouro para identificar e atender às necessidades específicas de aprendizagem de cada aluno com DAE. Abordar as dificuldades é uma questão de resolver problemas e olhar para a inter-relação e interação entre as características de cada aluno, os requisitos do currículo e fatores relacionados ao ambiente de aprendizagem e pedagogias dos professores.

Entendemos, no entanto, que a dislexia não deve ser identificada apenas por meio de um teste. A identificação da dislexia é um processo e esse "processo" envolve muito mais do que a aplicação de um teste ou grupo de testes. A avaliação deve considerar fatores de sala de aula, culturais e curriculares e as preferências de aprendizagem da criança, bem como dificuldades e pontos fortes específicos. Em resumo, é necessário considerar a tarefa e o currículo, bem como o ambiente de aprendizagem e a experiência de aprendizagem. Vale a pena considerar os quatro pontos a seguir como uma estrutura geral para entender as DAEs, pois isso também tem implicações para a avaliação.

Quatro pontos gerais

Os quatro pontos nesta estrutura em relação às DAEs são:

1) as diferenças são pessoais;
2) a avaliação é dinâmica;
3) a intervenção é educacional;
4) o entendimento é científico.

Esses pontos indicam que precisamos nos concentrar nas características individuais do aluno. Também implica que a avaliação é mais do que administrar um teste; inclui olhar para outros aspectos da aprendizagem e reconhecer que precisamos olhar para o aluno em diferentes contextos ao longo de diferentes períodos.

Também é importante perceber, a partir dos pontos anteriores, que a intervenção é educativa. À primeira vista, isso pode parecer bastante óbvio, mas muitas intervenções que afirmam ter resultados poderosos são o que pode ser descrito como "não educacionais" e, em alguns casos, podem ser médicas e neurobiológicas. Embora não sejam discutidas aqui, algumas das intervenções alternativas (cf. Everatt e Reid, 2009) podem ser úteis como complementares ao foco principal de intervenção – programas educacionais e acesso ao currículo.

O quarto ponto mencionado antes, que a compreensão é científica, é importante. No Reino Unido, tem havido muito debate e controvérsia, particularmente em relação ao trabalho de Eliot sobre a vulnerabilidade do conceito de dislexia. Embora essa visão tenha sido contestada com veemência e sucesso, é importante que tenhamos consciência da base científica da dislexia e de outras DAEs (Galaburda, 2014; Knight e Hynd, 2002; Kirby, 1999; Kirby et al., 2010).

Uma estrutura específica para avaliação

A lista a seguir inclui várias áreas que precisam ser consideradas de alguma forma ao longo do processo de avaliação. A ideia é que esta é uma lista abrangente e precisa ser adaptada e contextualizada para os requisitos individuais da avaliação, dependendo, é claro, do tipo de desafios que a criança apresenta. É importante, no entanto, manter a mente aberta ao conduzir uma avaliação e garantir que uma ampla variedade de testes e outros procedimentos sejam empregados. Os seguintes pontos podem ser usados como um guia:

- *Avaliação sensorial:* audição, visão em particular e especialmente para crianças pequenas.
- *Informações dos pais:* isso é essencial, pois os pais têm muito a oferecer e podem ter uma compreensão bastante detalhada das necessidades de seus filhos, bem como dos pontos fortes e fracos. Os pais precisam ser consultados no início, mas também durante a avaliação e, principalmente, no final da sessão de *feedback*.
- *Teste de reconhecimento de palavras:* é importante porque pode ser um bom teste de habilidades de decodificação. A criança não é capaz de usar o contexto, pois apenas palavras individuais são apresentadas. Ela tem que decodificar a palavra, lê-la visualmente ou acessar a palavra a partir de seu

léxico estabelecido. Esse tipo de teste básico de leitura também pode ser um instrumento de diagnóstico útil e você deve sempre tentar analisar o tipo de erros de leitura cometidos.

- *Teste de reconhecimento de não palavras:* é um teste puro de decodificação. Como não são palavras usadas, os alunos não serão capazes de lê-las visualmente e não as terão visto antes, então, eles têm que decodificá-las. Isso fornecerá uma indicação de suas habilidades fonológicas e sua compreensão das regras das palavras.
- *Teste ortográfico:* é sempre importante usar um teste ortográfico – talvez vários –, pois os erros ortográficos podem ser diagnósticos e podem revelar muito sobre o desenvolvimento da alfabetização do aluno. Você deve tentar identificar um padrão de erros – por exemplo, o uso de letras silenciosas, terminações de palavras, plurais, dígrafos vocálicos e regras de ortografia. O WIAT II tem um bom teste de ortografia de palavras e o Teste de Competência Ortográfica (Test of Orthographic Compentence – TOC™) concentra-se na habilidade de ortografia visual fornecendo parte da palavra; a criança tem que completar a palavra – isto é, essencialmente, um teste de ortografia visual. Também é importante usar um teste de ortografia no contexto para que você possa comparar a ortografia da criança usando palavras isoladas com a ortografia em uma escrita livre.
- *Avaliação fonológica:* é particularmente importante para crianças mais novas e muito importante se houver suspeita de dislexia. Existem muitos testes fonológicos adequados, mas eles devem mostrar se a criança reconhece o início, o fim e os sons médios nas palavras e se ela pode reconhecer o início e o ritmo das palavras. Rimar é importante em um teste fonológico e você deve ser capaz de obter informações que revelem se a criança consegue reconhecer e gerar rimas.
- *Análise de erros:* a avaliação deve ser diagnóstica e padronizada; a análise de erros, independentemente do sistema ou código usado, é uma ferramenta muito útil para analisar erros de leitura e obter um padrão de dificuldades.
- *Teste de leitura/compreensão auditiva:* tanto a compreensão leitora quanto a compreensão auditiva são importantes. Em alguns casos, como pode ser encontrado em crianças com dislexia grave, a compreensão auditiva pode ser a mais útil, pois não inclui a capacidade de ler com precisão. É interessante, no entanto, que muitas crianças que podem não ter uma pontuação alta em termos de precisão de leitura podem ter um desempenho muito bom em compreensão de leitura – sua pontuação costuma ser mais alta do que sua pontuação de precisão. É importante que ambos sejam usados.

- *Escrita livre*: pode ser muito reveladora e muito informativa. Há muitas coisas diferentes para procurar aqui – por exemplo, velocidade de escrita, erros ortográficos, gramática e pontuação, qualidade da escrita em termos de conteúdo, o uso de vocabulário e a estrutura do trabalho escrito. O WIAT II tem várias tarefas de escrita para crianças e jovens adultos de todas as idades. Os voltados para crianças mais novas são altamente estruturados e podem envolver a união de frases, bem como a geração de frases. Para as crianças mais velhas, são fornecidos títulos e elas devem escrever uma história com base nesses títulos. O Teste de Linguagem Escrita (Test of Written Language – TOWL-4™) utiliza dicas de imagem; a imagem estimulante é fornecida e a resposta da criança é medida usando os critérios de pontuação fornecidos no manual do teste. Isso inclui ortografia, estrutura, conteúdo e qualidade e qualidade da resposta.
- *Informações curriculares*: é importante contextualizar a avaliação e incluir informações obtidas a partir do desempenho da criança nas aulas. Por isso a comunicação com o professor da turma é fundamental.
- *Avaliação observacional*: foi detalhada nos capítulos anteriores deste livro; foi reconhecido que isso é importante para todas as DAEs – fatores de alfabetização, habilidades matemáticas, movimento e atenção podem ser incorporados a um cronograma de observação que pode ser implementado na avaliação.
- *Avaliação do movimento*: isso é particularmente importante se houver suspeita de dispraxia e é importante obter informações sobre as habilidades motoras finas e grossas. As habilidades motoras finas envolveriam escrita à mão e tarefas delicadas, como enfiar contas em cordões no teste de triagem de dislexia (DST); esse tipo de tarefa pode ter relevância para dislexia e dispraxia. Habilidades motoras grossas envolveriam consciência corporal e consciência espacial e frequentemente seriam notadas em extrema falta de jeito e dificuldades de coordenação. É útil obter este tipo de informação para todas as DAEs.
- *Avaliação matemática*: é importante realizar diversos tipos de avaliações matemáticas, independentemente do tipo de DAE suspeito. Isso deve incluir matemática mental, que pode ser relevante para discalculia, dislexia e dificuldades de atenção. Também deve envolver habilidades de resolução de problemas de matemática usando exemplos práticos concretos e problemas mais sofisticados usando texto. É importante observar como o aluno enfrenta o problema; você pode obter mais informações observando seu trabalho e as etapas que ele executou para obter uma resposta.
- *Questões de atenção*: isso é claramente essencial se houver suspeita de TDAH; há uma série de escalas de classificação padronizadas para isso.

Mas as informações sobre "atenção" também podem ser anotadas por meio de observação de teste, que pode ser útil para todas as DAEs. O subteste de amplitude de dígitos pode ser um teste de atenção, assim como qualquer um dos testes de velocidade usados.

• *Informações adicionais relevantes*: é importante fazer uma avaliação com a mente bastante aberta e vê-la como um exercício de resolução de problemas. Embora seja bom ter uma bateria de testes estabelecida, é útil se você puder ver essa bateria como flexível e não fixa. Você pode não precisar usar a bateria completa para todas as avaliações e há algumas avaliações nas quais você pode ter que, por qualquer motivo, usar um teste que você não usa normalmente. É importante buscar informações do maior número possível de fontes e de tantos testes relevantes quanto possível. Obviamente, você precisa se lembrar do tempo que leva para uma avaliação. É muito fácil superestimar um aluno, então, você precisa usar os materiais de teste e o tempo disponível com prudência.

É útil ter uma estrutura e ser capaz de justificar a inclusão de diferentes testes e abordagens dentro dessa estrutura. De muitas formas, este tem sido o propósito deste livro – não apenas fornecer informações sobre uma avaliação, mas também ajudá-lo a justificar por que você pode querer usar um determinado teste ou abordagem para aquela avaliação específica.

É importante considerar um ponto que foi abordado ao longo deste livro – isto é, reconhecer as necessidades individuais de cada aluno. Idealmente, portanto, a avaliação deve ser adaptada para atender às necessidades de avaliação e aprendizagem de cada criança. Tom West – em *In the Mind's Eye* (1997), um texto seminal nesta área e avançado para o seu tempo, abrindo caminho para iniciativas inovadoras em dislexia positiva e levando as necessidades e preferências de aprendizagem de cada aluno em conta – sugere:

> Devemos começar a dar menos ênfase em fazer com que todos ultrapassem a colina usando o mesmo caminho. Podemos encorajar alguns a seguirem caminhos diferentes para o mesmo fim. Então, talvez achemos bons motivos para prestar muita atenção às suas descrições do que encontraram. Podemos querer segui-los algum dia.

Esta é, talvez, uma forma adequada de encerrar este capítulo e este livro. Muitos argumentos foram colocados em relação à preservação das necessidades individuais e da dignidade do aluno e todos os esforços devem ser envidados para tornar a avaliação uma experiência gratificante e de aprendizagem, e não apenas um "teste".

12
Fontes e recursos para avaliação

Este capítulo fornecerá uma visão geral de uma variedade de fontes de informações e recursos-chave que podem ser usados para avaliar crianças com DAEs. Talvez o recurso mais importante seja o recurso humano! Ou seja, o papel que diferentes profissionais podem desempenhar no processo de avaliação. Um breve resumo disso é mostrado a seguir; em seguida, uma série de testes e sites que podem ser acessados serão discutidos.

O papel dos profissionais na avaliação
Psicólogos

Os psicólogos educacionais são profissionais altamente qualificados em psicologia e educação que têm uma compreensão dos processos cognitivos envolvidos na aprendizagem. Por esse motivo, eles podem usar testes cognitivos, como os que medem a inteligência.

O benefício disso, no caso da dislexia ou de qualquer outra DAE, é que outras razões para a falta de progresso na aprendizagem ou nas realizações, como baixo QI, podem ser eliminadas. Se o QI for baixo, então as prioridades educacionais podem ser diferentes para uma criança que tem um QI mais alto, mas está tendo um desempenho aquém de sua capacidade. Por exemplo, a criança com um baixo QI pode precisar se concentrar na compreensão da linguagem, enquanto no caso de uma criança com dislexia com um QI mais alto a precisão da leitura pode precisar ser priorizada. Deve-se notar, entretanto, que o teste de QI, devido ao seu foco na linguagem, pode discriminar crianças com, por exemplo, dislexia e o escore de QI pode não revelar seu real potencial.

O teste de QI geralmente usado pelo psicólogo educacional é a Escala de Inteligência Wechsler para Crianças (WISC IV) (para adultos, o teste equivalente é chamado de Escala de Inteligência Wechsler para Adultos (WAIS IV)). Esses testes, no entanto, podem ser complementados por outros testes, como o Teste de Desempenho Individual Wechsler (WIAT II e III) e podem se correlacionar com o WISC IV. O psicólogo educacional tem condições, portanto, de acessar uma bateria de testes.

Na maioria dos países, é o psicólogo educacional que fornece um diagnóstico de DAEs, embora seja sempre melhor obtê-lo em colaboração com a escola.

A avaliação por um psicólogo educacional é geralmente realizada após a escola, ou os pais, suspeitarem que a criança não está fazendo o progresso que seria o esperado, dadas suas habilidades em outras áreas. Também pode ser realizado em privado. A British Psychological Society (BPS) publica uma lista de psicólogos credenciados que é atualizada anualmente e contém detalhes das qualificações e especialidades de cada psicólogo credenciado. Geralmente, essa lista pode ser consultada na biblioteca pública. Os psicólogos, em sua maioria, agora precisam ser registrados no Health and Care Professions Council (HCPC) no Reino Unido, que é responsável por manter os padrões e lidar com questões de garantia de qualidade entre seus membros.

Professor especialista

Algumas escolas têm acesso a professores especializados treinados e experientes que podem realizar uma avaliação na escola. Esses professores terão concluído um curso reconhecido de treinamento em dislexia que deve incluir um componente considerável na avaliação. Por exemplo, a Associação Britânica de Dislexia (BDA) concede o *status* de acreditação (Membro Associado da Associação Britânica de Dislexia (AMBDA)) aos professores que concluíram um curso aprovado (uma lista de cursos aprovados pode ser encontrada no Manual BDA, publicado anualmente). A inscrição agora é necessária por meio da Associação Profissional de Professores e Avaliadores de Alunos com Dificuldades Específicas de Aprendizagem (PATOSS), que também ministram cursos aprovados. Os professores que possuem registro PATOSS são elegíveis para avaliar as acomodações de exame.

Uma avaliação conduzida por um professor especialista fornecerá informações de diagnóstico sobre o nível de leitura, ortografia, escrita e habilidades matemáticas da criança. Razões para qualquer falta de progresso devem ser apresentadas e recomendações sobre programas e estratégias de ensino devem ser feitas, incluindo o que os pais podem fazer em casa.

O professor de apoio à aula/aprendizagem

O professor em sala de aula está bem posicionado para obter conhecimento detalhado e em primeira mão das dificuldades e pontos fortes da criança, bem como de suas preferências de aprendizagem e estilo de aprendizagem.

Muitos professores também têm algum conhecimento sobre dislexia, embora a extensão disso possa variar consideravelmente. As informações dos pais também podem ser acessadas pelo professor da classe, que pode fazer a ligação com o professor de apoio à aprendizagem da escola ou o SENCO, que geralmente terá conhecimento especializado no uso de testes.

Testes padronizados

É importante que, se forem usados testes padronizados, o avaliador verifique a natureza da padronização do teste. Qual a faixa etária da padronização? Ela incorporou diferentes culturas e fatores socioeconômicos? A padronização foi recente?

Critérios padronizados/psicométricos

Testes padronizados ou referenciados por normas fornecem alguma forma de pontuação ou medida, que é comparada com as pontuações médias de uma amostra padronizada. A partir deste tipo de teste se pode obter, por exemplo, uma idade de leitura ou pontuação de QI. Além de fornecer uma indicação do progresso do aluno em relação aos seus colegas, esses testes também podem fornecer informações que podem ser usadas para diagnóstico. Fatores importantes em testes padronizados estão relacionados à construção do teste e, particularmente, aspectos relacionados à validade e confiabilidade. Testes padronizados devem ter alta validade e confiabilidade, e isso geralmente é indicado no manual do teste. Isso significa que os testes são bem construídos, de modo que o avaliador pode usar os dados do teste com certa confiança. É, no entanto, importante verificar se o teste foi construído corretamente e tem alta validade de conteúdo e alta confiabilidade.

Padronização

Se alguém está tentando padronizar um teste que pode ser usado nacionalmente em diferentes populações de crianças ou, de fato, selecionando um teste padronizado para uso, é importante observar uma série de pontos importantes:

A *amostra*: É importante que a amostra seja representativa. Os fatores que devem ser considerados incluem localização urbana/rural, histórico cultural, idade e sexo, idioma materno e tamanho e seleção da amostra. É importante, portanto, que usuários de testes de qualquer tipo verifiquem os procedimentos de padronização que foram utilizados na construção do teste. Também é importante verificar a natureza da experiência-piloto realizada antes da coleta dos dados de padronização.

Confiabilidade: refere-se à confiabilidade em obter as mesmas respostas do teste se repetido em condições semelhantes. A confiabilidade pode ser chamada de "replicabilidade" ou "estabilidade". Essencialmente: em que medida uma criança obteria a mesma pontuação em um teste se ela o tivesse feito em um dia diferente. A confiabilidade é medida ao se determinar até que ponto a pontuação em uma questão pode ser prevista a partir da pontuação do mesmo aluno em outras questões do teste. A confiabilidade pode ser calculada usando o Kuder Richardson Formula 20 (KR20).

Validade: refere-se ao *design* do teste e se o teste realmente mede o que foi projetado para medir, como QI, decodificação, compreensão verbal ou ortografia. Isso não é o mesmo que confiabilidade. Um teste pode muito bem ser confiável e fornecer resultados consistentes ao longo do tempo, e isso significaria que o teste é uma boa medida de algo, mas não necessariamente do item que se destina a medir. Às vezes, o termo "conteúdo" ou "validade aparente" é usado para descrever a validade. Isso se refere à extensão em que as perguntas do teste estão de acordo com a opinião de especialistas sobre quais devem ser as boas perguntas para aquele teste. Isso pode se referir à linguagem usada e à idade apropriada para o material de teste e se fatores culturais e sociais foram considerados no desenvolvimento dos itens do teste.

Intervalo de confiança: refere-se a se o aluno, se fizesse o teste repetidamente, obteria aproximadamente a mesma pontuação.

Homogeneidade: Isso significa que se os diferentes itens do teste realmente medem a mesma habilidade ou desempenho, então, deve-se esperar que, em um grupo de alunos, os itens do teste apresentem altos níveis de intercorrelação. Ao mesmo tempo, se os itens acessarem diferentes habilidades ou realizações, provavelmente mostrarão níveis mais baixos de intercorrelação.

Psicométrico

O termo "psicométrico" refere-se à medição e ao uso de instrumentos padronizados para medir alguma habilidade ou realização. É compreensível, dados os diferentes aspectos descritos anteriormente e que são essenciais para o desenvolvimento de um teste padronizado, que tais testes devam ser tratados com alguma cautela. Às vezes, testes como esses podem ser mal-interpretados.

Testes psicométricos ou padronizados tentam estabelecer o que seria a norma para crianças de uma determinada idade. Esses testes referenciados por normas normalmente produzem medidas em termos de classificações (p. ex., pontuações de leitura padronizadas), mas podem ficar aquém de destacar as estratégias de intervenção apropriadas porque as pontuações não fornecem qualquer informação sobre a criança, além da pontuação. Diz pouco ou nada sobre as estratégias da criança para dar uma resposta, ou sobre o processo de pensamento que foi utilizado pela criança para obter uma resposta.

Testes que podem ser acessados por professores/professores especialistas
O Teste de Triagem de Dislexia
Este teste procura por dificuldades na memória de curto prazo, equilíbrio, coordenação, ortografia, velocidade de processamento, precisão de leitura, fluência de leitura e processamento fonológico.

É um instrumento de triagem que pode ser usado para crianças entre 6,6 e 16,5 anos de idade, embora exista uma versão alternativa desenvolvida pelos mesmos autores para crianças mais novas, o Teste de Triagem Inicial de Dislexia, e uma versão adulta (Nicolson e Fawcett, 1996). Ele consiste nos seguintes testes de realização:
- leitura de um minuto;
- ortografia de dois minutos;
- escrita de um minuto;

e os seguintes testes de diagnóstico:
- nomeação rápida;
- colocação de contas num fio;
- estabilidade postural;
- segmentação fonêmica;
- até onde a contagem reversa alcança;
- leitura de passagem sem sentido;
- fluência verbal e semântica.

Os testes de Triagem de Dislexia podem ser acessados por todos os professores e estão disponíveis na Psychological Corporation.

Sistema de Perfil Cognitivo (CoPS™)
(Lucid Creative Ltd, Beverley, Yorkshire, Reino Unido)

Consiste em atividades que abrangem até nove jogos, cada um com personagens gráficos e de desenhos animados. À medida que a criança joga, o computador registra suas habilidades cognitivas. Isso inclui memória de curto prazo, consciência fonológica, discriminação auditiva e de cores. Também existe um teste chamado Lucid Rapid Dyslexia Screening para crianças de 4 a 15 anos. É composto por três módulos de avaliação, todos testando as habilidades que podem estar relacionadas à dislexia, como a consciência fonológica. Os detalhes estão disponíveis em www.lucid-research.com

Dyslexia Screener
((Turner e Smith, 2004) Granada Learning, disponível em: http: //www.glassessment.co.uk/ (demo) e http://www.gl-assessment.co.uk/dyslexia)

O objetivo é diagnosticar alunos de 5 a 16 anos com características disléxicas por meio da avaliação de:
- raciocínio não verbal;
- fonética;
- ortografia;
- busca visual;
- leitura;
- raciocínio verbal.

Como uma ferramenta de diagnóstico inicial, permite distinguir entre a capacidade de leitura deficiente e dislexia, e dá conselhos sobre as próximas etapas:
- o teste adaptativo fornece informações valiosas e relevantes;
- pontuações padronizadas permitem a comparação dos resultados dos alunos com a média nacional;
- pontuação e análise instantâneas fornecem *feedback* imediato;
- simples de administrar e acessível para usar;
- adequado para uma ampla gama de alunos;
- projetado por especialistas em avaliação e diagnóstico de dislexia.

Teste de Dislexia de Bangor
(LDA, Cambridge, www.LDAlearning.com)

Este é um teste de triagem curto, disponível comercialmente, desenvolvido a partir de um trabalho conduzido na Bangor University (Miles, 1983). O teste é dividido nas seguintes seções:
- esquerda-direita (partes do corpo);
- repetição de palavras polissilábicas;
- subtração;
- gráficos;
- meses para frente/em reverso;

- contar para frente/em reverso;
- confusão entre b e d;
- incidência familiar.

Perfil de avaliação de necessidades especiais (SNAP I–IV™)

O Perfil de Avaliação de Necessidades Especiais (SNAP) (Weedon e Reid, 2003; Weedon, Long e Reid, 2012) é uma avaliação diagnóstica auxiliada por computador e pacote de perfis que torna possível rastrear o próprio perfil de cada criança em uma matriz geral que fornece informações sobre dificuldades de aprendizagem, comportamentais e outras. A partir disso, *clusters* e padrões de pontos fracos e fortes ajudam a identificar as principais características das dificuldades de uma criança: visuais, disléxicas, dispráxicas, fonológicas, de atenção ou quaisquer outros déficits principais visados pelo SNAP. Isso pode sugerir um diagnóstico que aponte o caminho a seguir num programa de ensino para aquela determinada criança. O SNAP inclui uma dimensão comportamental e de autoestima, bem como dimensões com foco em aprendizagem, habilidades matemáticas, movimento e alfabetização. Existe um site dedicado que pode ser acessado por usuários, contendo uma série de ideias sobre ensino para cobrir as dificuldades associadas às diferentes DAEs. O site é www.SNAPassessment.com

WIAT II UK™ para professores

Avalia a leitura de uma palavra, compreensão de leitura, velocidade de leitura e ortografia em uma avaliação. Publicado por Pearson Assessment: http://www.psychcorp.co.uk/Education/Assessments/Achievement/WIAT-IIUKfor Teachers (WIAT-IIUK-T)/WIAT-IIUKforTeachers (WIAT-IIUK-T).aspx

A faixa etária para este teste é de 4 a 16 anos e 11 meses. O teste oferece subtestes nas três áreas principais de leitura:

- precisão de uma única palavra não cronometrada;
- compreensão de leitura;
- velocidade de leitura.

Listas de verificação

Existem muitas variações de listas de verificação para identificar a dislexia. As listas de verificação, entretanto, precisam ser tratadas com bastante cautela. Elas não são, de forma alguma, um diagnóstico definitivo de dislexia e podem ser de valor bastante limitado, exceto, talvez, para uma triagem preliminar antes de uma avaliação mais detalhada. As listas de verificação podem fornecer informações que indicam os pontos fortes e fracos das crianças, embora isso seja de valor limitado; não há substituição real para uma avaliação educacional abrangente contemplando o ambiente de sala de aula e o currículo, bem como os pontos fortes e fracos do aluno. As listas de verificação podem ser usadas para monitorar o progresso.

Estágio de pré-escola

Houston (2004) forneceu diretrizes extremamente úteis com base na prática da Câmara Municipal de Edimburgo. Ela fornece uma espécie de lista de verificação, entre outras estratégias que recomenda. Alguns dos componentes principais são mostrados a seguir:
- linguagem e pronúncia fracas;
- rima pobre;
- padrão de fala e comunicação imaturos;
- consciência fonológica fraca;
- conceito de tempo deficiente;
- má organização;
- habilidades de escuta deficientes;
- memória insuficiente para rimas, histórias, eventos, instruções;
- não consegue bater palmas ou manter uma batida musical;
- é desajeitado, contorcido e sujeito a acidentes;
- é difícil de se envolver, mostra pouco interesse nas atividades;
- pode ser facilmente distraído;
- tem má postura;
- fracas habilidades motoras finas, incluindo desenho, cópia e formação de letras;
- rastreamento ocular deficiente e incapacidade de convergir de longe para perto;
- conceitos espaciais deficientes;
- imagem corporal ruim;
- não estabeleceu domínio de mão;
- fracas habilidades com bola;
- equilíbrio e coordenação fracos;
- baixo conhecimento de letras;
- as habilidades sociais são muito limitadas ou malsucedidas.

Estágio primário inferior (alunos de cinco a oito anos)
- Acha difícil aprender relações entre letras e sons.
- Confunde letras ou palavras com formas ou sons semelhantes.
- Acha difícil pronunciar palavras simples.
- Inverte, insere ou omite palavras, letras e números.
- Tem dificuldade em soletrar palavras regulares muito simples.
- Confunde a ordem das letras e palavras.
- Se perde a todo instante do ponto do texto em que se encontra.
- Lê e faz o trabalho escrito muito lentamente.
- Tem dificuldade em pronunciar palavras comuns mais longas.
- Tem dificuldade em ouvir rimas e sons dentro das palavras.
- Tem escrita mal-espaçada, malformada, grande e desbotada ou pequena e fortemente recuada.
- Tem dificuldade de memorizar (especialmente no trabalho com números), apesar da prática escolar com suporte adequado.
- Lento para aprender a dizer as horas.
- Lento para aprender a amarrar cadarços.
- Confunde esquerda/direita e em cima/embaixo.
- Tem dificuldade em aprender o alfabeto, meses e dias em ordem.
- Tem discurso e desenvolvimento da linguagem atrasado ou idiossincrático.
- Tem dificuldade em seguir uma instrução oral ou, mais comumente, várias instruções orais.
- Tem pouca capacidade de organização – perde e esquece coisas.
- Tem coordenação e percepção de profundidade ruins – tropeça e esbarra em coisas.
- Tem dificuldade para encontrar palavras.
- Dificuldades de comportamento, frustração, baixa autoimagem.
- Facilmente distraído – ou hiperativo ou sonhando acordado.
- Outro – forneça detalhes.

É importante reiterar que não se espera que os professores de classe sejam capazes de diagnosticar dislexia, mas algumas indicações gerais estão listadas a seguir. Se várias delas forem observadas com frequência na aula, isso pode justificar uma investigação mais aprofundada.

Crianças de oito anos ou mais
- Ainda tem dificuldade para ler.
- Lê de forma adequada, mas lentamente, cometendo erros por descuido e cansando-se em situações de leitura prolongada.
- Tem dificuldades consideráveis de grafia.
- Tem dificuldade em copiar com precisão do quadro-negro ou de um livro.
- Não conseguiu acumular um núcleo de palavras-chave comuns.
- Ainda confunde b com d ou, por exemplo, "alas" e "sala" na leitura e na escrita.
- Ainda tem dificuldade em pronunciar palavras comuns mais longas.
- Faz o trabalho escrito muito lentamente.
- Perde sons ou sílabas em palavras, faladas e/ou escritas.
- Tem dificuldade em memorizar títulos e tabuada.
- Inverte números; por exemplo, 36 ou 63.
- Ainda confunde esquerda/direita e em cima/embaixo.
- Ainda tem dificuldade com a sequência dos dias, dos meses e do alfabeto.
- Tem caligrafia imatura, malformada e mal-espaçada.
- Tem dificuldade em se lembrar de instruções orais.
- Muitas vezes, parece confuso e processa apenas partes da lição.
- Tem dificuldade para encontrar palavras.
- Bom oralmente, mas o trabalho escrito é decepcionante.
- Má organização e apresentação; esquece livros e lição de casa.
- Dificuldades de comportamento, frustração, baixa autoimagem.
- Facilmente distraído – ou é hiperativo ou sonha acordado.
- Desajeitado, impopular em jogos de equipe, não gosta de Educação Física.
- Outro – forneça detalhes.

Testes padronizados

Teste de Consciência Fonológica – Segunda Edição: PLUS (TOPA-2+™) (Torgensen e Bryant)
- Idades: 5 a 8 anos.
- Tempo de teste: jardim de infância – 30-45 minutos; começo do ensino fundamental – 15-30 minutos.
- Administração: em grupo ou individual.

Esta é uma medida de consciência fonológica referenciada por normas para crianças de cinco a oito anos. A escala, que também pode ser administrada individualmente, demonstrou confiabilidade e o teste produz resultados válidos que são relatados em termos de classificações de percentis e uma variedade de pontuações padrão.

Teste Abrangente de Processamento Fonológico (CTOPP-2™)
(Wagner, Torgesen e Rashotte, 1999)
- Idades: cinco anos e zero mês a 24 anos e 11 meses.
- Tempo de teste: 30 minutos.
- Administração: individual.

Este teste avalia consciência fonológica, memória fonológica e nomeação rápida. Pessoas com déficits em um ou mais desses tipos de habilidades de processamento fonológico podem ter mais dificuldade de aprender a ler do que aqueles que não têm.

Launch into Reading Success (teste de consciência fonológica)
(Bennett e Ottley)

Este é um programa de consciência fonológica projetado apenas para crianças pequenas. A falha de leitura pode ser evitada em um estágio inicial se ocorrer a identificação e intervenção com o programa correto. O *Launch into Reading Success* é um programa de treinamento de habilidades fonológicas desenvolvido para ser usado por professores e outros profissionais, em escolas, e para pais em casa. Pode ser um primeiro e eficaz passo a ser dado por uma criança na busca pela alfabetização.

Testes de Leitura Oral de Gray, quinta edição (GORT-5™)
(Weiderholt e Bryant)

Um teste de habilidade de leitura oral administrado individualmente.
- Idades: 6 anos e zero mês a 18 anos e 11 meses.
- Tempo de administração: 20-30 minutos.
- Qualificação do usuário: Nível B.

Este teste fornece uma medida eficiente e objetiva do crescimento na leitura oral e um auxílio no diagnóstico de dificuldades de leitura oral. Cinco pontuações fornecem informações sobre as habilidades de leitura oral de um aluno em termos de:

- taxa – a quantidade de tempo que um aluno leva para ler uma história;
- precisão – a capacidade de o aluno pronunciar cada palavra da história corretamente;
- fluência – a taxa do aluno e as pontuações de precisão combinadas;
- compreensão – a adequação das respostas do aluno às perguntas sobre o conteúdo de cada história lida;
- habilidade geral de leitura – uma combinação da fluência do aluno (ou seja, taxa e precisão) e notas de compreensão.

Teste de Eficiência de Leitura de Palavras (TOWRE™)
(Torgesen, Wagner e Rashotte)
- Idades: 6 anos e zero mês a 24 anos e 11 meses.
- Tempo de teste: 5-10 minutos.
- Administração: individual.

Esta é uma medida de precisão e fluência na leitura de palavras normatizada nacionalmente.

Teste de Identificação e Ortografia de Palavras (WIST™)
(Wilson)

Muitos professores com treinamento especializado usam esse teste. Ele pode identificar se um input especial ajudaria o aluno (e também pode ser feito em grupo).

Teste de Desempenho Individual Wechsler (WIAT II™) (Normas do Reino Unido e III normas dos Estados Unidos e Canadá apenas)
Avaliação Pearson: www.pearsonassess.com

Esta é uma ferramenta de medição abrangente útil para avaliação de habilidades de desempenho, diagnóstico de deficiência de aprendizagem e planejamento de currículo; é adequada para testar desde crianças em idade pré-escolar até adultos. As novas normas também permitem a avaliação e o planejamento acadêmico de universitários com deficiência.

O teste inclui leitura e compreensão auditiva, leitura de palavras e leitura de pseudopalavras, ortografia e expressão escrita, bem como expressão oral. Existem também subtestes sobre operações numéricas e raciocínio matemático.

Bateria de Avaliação Fonológica – revisada (PhAB-2™)
(Frederickson, Frith e Reason, 1997)

Granada Learning: http://shop.gl-assessment.co.uk/home.php?cat=351

A Bateria de Avaliação Fonológica (PhAB) identifica as crianças de seis anos a 14 anos e 11 meses que precisam de ajuda, fornecendo uma avaliação individual das habilidades fonológicas. É composta por seis testes de processamento fonológico, incluindo:

- aliteração;
- velocidade de nomeação;
- rima;
- trocadilhos;
- fluência;
- teste de leitura de não palavras.

Esta bateria de testes:
- fornece uma compreensão clara do nível de habilidade de uma criança;
- ajuda os professores a prevenir problemas potenciais e remediar os existentes;
- é ideal para uso com crianças que têm o inglês como idioma adicional;
- pode ser usado em conjunto com o Teste de Palavras e Conscientização Gramatical para estabelecer a habilidade metalinguística geral de uma criança.

O manual fornece informações sobre a interpretação do teste e o planejamento do programa. A PhAB é uma ferramenta útil para alunos bilíngues e dá uma boa medida de como os alunos estão respondendo às intervenções.

Teste de Ortografia Helen Arkell (HAST-2™)
(Caplan, Bark e McLean)

Helen Arkell Dyslexia Center: http://www.arkellcentre.org.uk/bookshop/

O HAST-2 é um teste de soletração de uma palavra desenvolvido para professores, professores especialistas e psicólogos educacionais para uso com indivíduos de cinco anos a adultos. Pode ser administrado individualmente ou em grupos, tornando-o adequado para uso em escolas e avaliações diagnósticas. Ele contém duas formas paralelas, bem como uma forma combinada mais longa. Pontuações padronizadas, intervalos de confiança, classificações de percentis e equivalentes de idade são fornecidos. Grades de diagnóstico foram desenvolvidas para mapear os tipos de erros e auxiliar na definição de metas. São oferecidas estratégias de suporte para ortografia.

Sites e contatos

Dislexia: recursos

- Crossbow Education, 41 Sawpit Lane, Brocton, Stafford, ST17 0TE
www.crossboweducation.com
- IANSYT Ltd, The White House, 72 Fen Road, Cambridge, CB4 1UN
www.iansyst.co.uk e www.dyslexic.com
- Xavier Educational Software Ltd
www.xavier-educational-software.co.uk
- Texthelp Systems Ltd, Enkalon Business Centre, 25 Randalstown Road, Antrim BT41 4LJ, Irlanda do Norte. Tel. + 44 1849 428 105, Fax. + 44 1849 428 574
Email: info@texthelp.com
www.texthelp.com
Text Help® Nova Zelândia, http://www.heurisko.co.nz/texthelp
- Centro de Dislexia Helen Arkell
http://www.arkellcentre.org.uk
- LDA - Fax de Recursos de Alfabetização para Necessidades Especiais. 0800 783 8648
www.LDAlearning.com
- Learning Works International Ltd, 9 Barrow Close, Marlborough, Wiltshire, SN8 2BD, Reino Unido
www.learning-works.org.uk
Fornece uma variedade de materiais destinados a crianças para melhorar a aprendizagem. Alguns materiais e atividades excelentes sobre trabalho de memória. Também publica um excelente livro, *Working with Dyscalculia* de Anne Henderson, Fil Came e Mel Brough (2003).
- O mistério das cartas perdidas – uma ferramenta trilíngue de autoajuda para alunos disléxicos e seus mentores.
http://www.dyslexia-international.org

Dislexia: informação e suporte

- Red Rose School, St. Annes on Sea, Lancashire, Reino Unido. Atende necessidades educacionais, emocionais e sociais de, no máximo, 48 meninos e meninas, com idades entre 7 e 16 anos. www.redroseschool.co.uk
- International Dyslexia Association, antiga Orton Dyslexia Association. Fornece recursos para profissionais e famílias que lidam com pessoas com deficiência de leitura.

www.interdys.org
- Associação Britânica de Dislexia (BDA). Informações e conselhos sobre dislexia para pessoas disléxicas e aqueles que as apoiam.

www.bdadyslexia.org.uk
- Learning Disabilities Worldwide. Informações sobre causas, diagnósticos, tratamento, primeiros sinais e avisos.

www.LDWorldwide.org
- Dyslexia Association of Ireland.

www.dyslexia.ie
- Adult Dyslexia Organisation (ADO). Oferece ajuda e assistência a todos os adultos disléxicos. www.futurenet.co.uk/charity/ado/index.html
- Fun Track Learning Center, PO Box 134, Mosman Park, WA 6912. E-mail: info@funtrack.com.au http://www.funtrack.com.au/
- Centro de Dislexia Helen Arkell http://www.arkellcentre.org.uk

Oferece cursos, apoio a pais e professores, avaliações e excelente livraria online.
- Dylexia Action.

http://www.dyslexiaaction.org.uk
Centro de suporte, treinamento e avaliação – possui 21 filiais no Reino Unido.
- DysGuise Ltd. www.dysguise.com

Ajuda as pessoas com dificuldades de aprendizagem a atingirem todo o seu potencial na vida. É especialista em avaliação de dislexia e outras dificuldades de aprendizagem específicas relacionadas, incluindo discalculia, dispraxia e disgrafia. O DysGuise pode mostrar como pessoas com essas dificuldades abordam a aprendizagem. O DysGuise também revela os aspectos positivos – que podem incluir habilidades visuais, resolução de problemas e criatividade.

A equipe de profissionais associados em toda a Escócia realiza avaliações que ajudam as pessoas a aproveitar ao máximo suas habilidades e a realizar seu potencial de aprendizagem.
- Dr. Gavin Reid www.drgavinreid.com

Realiza avaliações e seminários no Reino Unido, Europa, Oriente Médio, Austrália e Nova Zelândia e América do Norte.
- REACH Orton-Gillingham Learning Center Inc.

http://www.reachlearningcentre.com 1051 Churchill Crescent, North Vancouver, BC V7P 1P9, Canadá é um centro de remediação acadêmico que foi formado para ajudar pessoas que estão lutando para aprender a ler ou soletrar.

Usando a abordagem Orton-Gillingham para remediar as dificuldades de aprendizagem baseadas na linguagem, todos os funcionários foram treinados especificamente para ensinar leitura, escrita e habilidades linguísticas básicas para alunos que têm dificuldade em adquirir tais habilidades.

Outras DAEs
• Avaliação SNAP. Uma ferramenta para informar sobre 17 DAEs. O SNAP-DAE é abrangente, estruturado e sistemático: ele mapeia a combinação de problemas de cada criança em uma matriz geral de dificuldades de aprendizagem, sociais e pessoais.
http://www.snapassessment.com/

Transtornos de déficit de atenção
• The National Attention Deficit Disorder Information Service
www.addiss.co.uk
• AttentionDeficitDisorderAssociation
www.chadd.org e www.add.org
• Gerenciamento de comportamento no TDAH
www.StressFreeADHD.com
• Livros sobre TDAH
www.adders.org e www.addwarehouse.com
• Dieta para TDAH
www.feingold.org
• Dyscovery Center – centro de avaliação multidisciplinar para dislexia, dispraxia, transtornos de déficit de atenção e transtornos do espectro autista.
www.dyscovery.co.uk
• Fintan O'Regan Behavior Management Training and Consultancy
http://www.fintanoregan.com

Transtornos do desenvolvimento da coordenação/dispraxia
• Dyspraxia Foundation
www.dyspraxiafoundation.org.uk
• Grupo de Apoio à Dispraxia da Nova Zelândia.
www.dyspraxia.org.nz

- Mindroom (uma instituição de caridade que visa ajudar crianças e adultos com dificuldades de aprendizagem)
www.mindroom.org

Transtornos do espectro autista; síndrome de Asperger
- National Autistic Society
www.nas.org.uk

Dificuldades de fala e linguagem
- Afasic www.afasic.org.uk
- I CAN www.ican.org.uk
- www.childspeech.net
- www.talkingpoint.org.uk

Referências

Abikoff, H.B.; Jensen, P.S.; Arnold, L.I.; Hoza, B., Hechtman, I.; & Pollack, I. (2002). Observed classroom behavior of children with ADHD: relationship to gender and comorbidity. *Journal of Abnormal Child Psychology*, 30, 349-359.

Adams, J.W.; Snowling, M.J.; Nehhessy, S.M.; & Kind, P. (1999). Problems of behaviour, reading and arithmetic. *British Journal of Educational Psychology*, 69, 571-585.

Adams, K. & Christenson, S. (2000). Trust and the family-school relationship: examination of parent-teacher differences in elementary and secondary grades. *Journal of School Psychology*, 38, 477-497.

Addy, L.M. (2003). *How to Understand and Support Children with Dyspraxia*. Wisbech: Learning Development Aids.

Alexander, R. (2000). *Culture and Pedagogy: International Comparisons in Primary Education*. Oxford: Blackwell.

Al-Sharhan, A. (2012). Efficacy of interventions aimed at reducing behavioural and educational difficulties amongst Kuwaiti students. PhD thesis, University of Surrey, UK. American Psychiatric Association (APA) (1994). *Diagnostic and Statistical Manual of Mental Disorders (DSM-IV)*. 4th edition. Washington, DC: APA.

American Psychiatric Association (APA) (2000). *Diagnostic and Statistical Manual of Mental Disorders (DSM-IVR)*. 4. ed. rev. Washington, DC: APA.

American Psychiatric Association (APA) (2013). *Diagnostic and Statistical Manual of Mental Disorders (DSM-V)*. 5. ed. Arlington, VA: APA.

Ammer, J.J. (1983). A flowchart guide to assist educators in their selection of appropriate assessment instruments. São Francisco, CA (ERIC Document Reproduction Service n. ED 238 208).

Anderson, C. (2011). Developing professional learning for staff working with children with speech, language and communication needs combined with moderate-severe learning difficulties. *British Journal of Special Education*, 38 (1), 9-18.

Anderson, J.A.; Kutash, K.; & Duchnowski, A.J. (2001). A comparison of the academic progress of students with EBD and students with LD. *Journal of Emotional and Behavioral Disorders*, 9, 106-115.

Ansari, D. & Dhital, B. (2006). Age-related changes in the activation of the intraparietal sulcus during non-symbolic magnitude processing: an event-related fMRI study. *Journal of Cognitive Neuroscience*, 18, 1.820-1.828.

Applegate, A.J.; Applegate, M.; & Turner, J.D. (2010). Learning disabilities or teaching disabilities? Rethinking literacy failure. *Reading Teacher*, 64 (3), 211-213.

Ardila, A. (2004). There is not any specific brain area for writing: from cave-paintings to computers. *International Journal of Psychology*, 39, 61-67. Disponível em http://dx.doi.org/10.1080/00207590344000295

Ashcraft, M.H. & Krause, J.A. (2007). Working memory, math performance, and math anxiety. *Psychonomic Bulletin and Review*, 14, 243-248.

Ashton, C. (2001). Assessment and support in secondary schools: an educational psychologist's view. In: L. Peer & G. Reid (eds.). *Dyslexia: Successful Inclusion in the Secondary School*. Londres: David Fulton.

Athey, I. (1982). Reading: the affective domain reconceptualised. *Advances in Reading and Language Research*, 1, 203-217.

Baddeley, A. (1986). Working memory. *Science*, 255, 556-559.

Baer, R.A. & Nietzel, M.T. (1999). Cognitive and behavioural treatment of impulsivity in children: a meta-analytic review of the outcome literature. *Journal of Clinical Child Psychology*, 20, 400-412.

Bandura, A. (1993). Perceived self-efficacy in cognitive development and functioning. *Educational Psychologist*, 28, 117-148.

Barkley, R.A. (2006). *Attention Deficit Hyperactivity Disorder: A Handbook of Diagnosis and Treatment*. 3. ed. Nova York: Guilford.

Barnett, A.L. (2008). Motor assessment in developmental coordination disorder: from identification to intervention. *International Journal of Disability, Development and Education*, 55 (2), 113-129. Doi: 10.1080/10349120802033436

Barnett, A. & Henderson, S.E. (2005). Assessment of handwriting in children with developmental coordination disorder. In: D.A. Sugden & M.E. Chambers (eds.). *Children with Developmental Coordination Disorder*. Londres: Whurr, 168-188.

Bart, O.; Hajami, D.; & Bar-Haim, Y. (2007). Predicting school adjustment from motor abilities in kindergarten. *Infant and Child Development*, 16 (6), 597-615. Disponível em http://onlinelibrary.wiley.com/doi/10.1002/icd.514/abstract

Bartlett, D. & Moody, S. (2000). *Dyslexia in the Workplace*. Londres: Whurr.

Barton, P.E. (2004). *What Jobs Require: Literacy, Education, and Training, 1940-2004*. Washington, DC: Educational Testing Service.

Baxter, J. & Frederickson, N. (2005). Every Child Matters: can educational psychology contribute to radical reform? *Educational Psychology in Practice*, 21 (2), 87-102.

Beasley, T.M.; Long, J.D.; & Natali, M. (2001). A confirmatory factor analysis of the mathematics anxiety scale for children. *Measurement and Evaluation in Counseling and Development*, 34, 14-26.

Bell, S. & McLean, B. (2015). Good practice in training specialist teachers and assessors of people with dyslexia. In: L. Peer & G. Reid (eds.). *Special Educational Needs: A Guide for Inclusive Practice*. 2. ed. Londres: Sage.

Bender, W.N. (1997). *Understanding ADHD: A Practical Guide for Teachers and Parents*. Columbus, OH: Merrill.

Berch, D.B. & Mazzocco, M.M.M. (eds.) (2007). *Why is Math so Hard for Some Children? The Nature and Origins of Mathematical Learning Difficulties and Disabilities*. Baltimore, MD: Paul H. Brookes.

Berninger, V.W. (2007). *Process Assessment of the Learner (PAL-II) Assessment for Reading and Writing*. Santo Antonio, TX: Psychological Corporation.

Betts, J.E.; Appleton, J.J.; Reschly, A.L.; Christenson, S.L.; & Huebner, E.S. (2010). A study of the factorial invariance of the Student Engagement Instrument (SEI): results from middle and high school students. *School Psychology Quarterly*, 25, 84-93.

Bianco, M. (2005). The effects of disability labels on special education and general education teachers' referrals for gifted programs. *Learning Disability Quarterly*, 28 (4), 285-293.

Bird, R. (2009). *Overcoming Difficulties with Number: Supporting Dyscalculia and Students who Struggle with Maths*. Londres: Sage.

Bishop, D.V.M. & Snowling, M.J. (2004). Developmental dyslexia and specific language impairment: same or different. *Psychological Bulletin*, 130, 858-886.

Black, P. & Wiliam, D. (1998). Assessment and Classroom Learning, *Assessment in Education*, 5 (1), 7-74.

Bond, C. (2011). Supporting children with motor skills difficulties: an initial evaluation of the Manchester Motor Skills Programme. *Educational Psychology in Practice*, 27 (2), 143s. Doi: 10.1080/02667363.2011.567093

Borgelt, C. & Conoley, J.C. (1999). Psychology in the schools: systems intervention case example. In: C.R. Reynolds & T.B. Gutkin (eds.). *The Handbook of School Psychology*. 3. ed. Nova York: Wiley, 1.056-1.076.

Bowers, P.G. & Wolf, M. (1993). Theoretical links among naming speed, precise timing mechanisms and orthographic skill in dyslexia. *Reading and Writing: An Interdisciplinary Journal*, 5, 69-85.

Boyle, M. & Korn-Rothschild, S. (1994). Two dozen-plus ideas that will help special needs kids. *Teaching Pre K-8*, 25 (1), 74-75.

Braden, J.P. (1992). Test reviews: the differential ability scales and special education. *Journal of Psychoeducational Assessment*, 10, 92-98.

Bransford, J.D.; Brown, A.L.; & Cocking, R.R. (eds.) (2000). How people learn; brain, mind, experience and school. Commission on Behavioural and Social Sciences and Education, National Research Council. Washington, DC: National Academy Press.

British Dyslexia Association (BDA) (2005). *The Employer's Guide to Dyslexia*. Sundial: BDA.

British Psychological Society (BPS) (1999). *Dyslexia, Literacy and Psychological Assessment*. Report of a Working Party of the Division of Educational and Child Psychology of the British Psychological Society. Leicester: BPS.

Brown, A.L. & Campione, J.C. (1994). Guided discovery in a community of learners. In: K. McGilly (ed.). *Classroom Lessons: Integrating Cognitive Theory and Classroom Practice*. Cambridge MA: MIT Press, 229-270.

Bruininks, R.H. & Bruininks, B.D. (2005). *Bruininks and Oseretsky Test of Motor Proficiency* (BOT-2). 2. ed. Windsor: NFER-Nelson.

Bryant, B.R. & Bryant, D.P. (2008). Introduction to the special series: mathematics and learning disabilities. *Learning Disability Quarterly*, 31, 3-8.

Bryant, P.E. (1985). The distinction between knowing when to do a sum and knowing how to do it. *Educational Psychology*, 5, 207-215.

Bullis, M. & Yovanoff, P. (2006). Idle hands: community employment experiences of formerly incarcerated youth. *Journal of Emotional and Behavioral Disorders*, 14, 71-85.

Bundy, A.C.; Lane, S.J.; & Murray, E.A. (2002). *Sensory Integration: Theory and Practice*. 2. ed. Filadélfia, PA: F.A. Davis.

Burden, R.L. (2002). A cognitive approach to dyslexia: learning styles and thinking skills. In: G. Reid & J. Wearmouth (eds.). *Dyslexia and Literacy*. Chichester: Wiley.

Burden, R.L. (2005). *Dyslexia and Self-concept: Seeking a Dyslexic Identity*. Londres: Whurr.

Burden, R. & Burdett, J. (2005). Factors associated with successful learning in pupils with dyslexia: a motivational analysis. *British Journal of Special Education*, 32, 100-104.

Burden, R.L. & Burdett, J. (2007). What's in a name? Students with dyslexia: their use of metaphor in making sense of their disability. *British Journal of Special Education*, 34, 77-81.

Butrowsky, I.S. & Willows, D.M. (1980). Cognitive-motivational characteristics of children varying in reading ability: evidence for learned helplessness in poor readers. *Journal of Educational Psychology*, 72, 408-422.

Butterworth, B. (2003). *Dyscalculia Screener*. Londres: NFER-Nelson.

Butterworth, B. & Laurillard, D. (2010). Low numeracy and dyscalculia: identification and intervention. *ZDM Mathematics Education*, 42, 527-539.

Butterworth, B. & Yeo, D. (2004). *Dyscalculia Guidance: Helping Pupils with Specific Learning Difficulties in Maths*. Londres: NFER-Nelson.

Cairney, J.; Hay, J.; Faught, B.; Mandigo, J.; & Flouris, A. (2005). Developmental coordination disorder, self-efficacy toward physical activity and participation in free play and organized activities: does gender matter? *Adapted Physical Activity Quarterly*, 22 (1), 67-82.

Came, F. & Reid, G. (2008). *Concern, Assess and Provide (CAP) It All!* Wiltshire: Learning Works.

Campbell, J.I.D. (ed.) (2005). *The Handbook of Mathematical Cognition: Developmental Dyscalculia Series*. Hove: Psychology Press.

Cantell, M.; Smyth, M.M.; & Ahonen, T. (1994). Clumsiness in adolescence: educational, motor and social outcomes of motor delay detected at 5 years. *Adapted Physical Activity Quarterly*, 11, 115-129.

Cantell, M.H.; Smyth, M.M.; & Ahonen, T.P. (2003). Two distinct pathways for developmental coordination disorder: Persistence and resolution. *Human Movement Science*, 22, 413-431.

Case-Smith, J. (2001). *Occupational Therapy for Children*. St. Louis: Mosby.

Caygill, R. & Elley, L. (2001). Evidence about the effects of assessment task format on student achievement. Paper presented at the British Educational Research Association, University of Leeds.

CBI (2008). *Taking Stock: CBI Education and Skills Survey 2008*. Londres: CBI.

Cermak, S.; Gubbay, S.; & Larkin, D. (2002). What is developmental coordination disorder? In: S. Cermak & D. Larkin (eds.). *Developmental Coordination Disorder*. Albânia, NY: Delmar, 2-22.

Chan, L.K.S. (1994). Relationship of motivation, strategic learning, and reading achievement in Grades 5, 7, and 9. *Journal of Experimental Education*, 62, 319-339.

Chang, M.K. (1996). *Accommodating Students with Disabilities: A Guide for School Teachers*. Montgomery, AL: National Institute on Disability and Rehabilitation Research (ED/ OSERS), Washington, DC (ERIC Document Reproduction Service n. ED 404 826).

Chapman, J. (1988). Learning disabled children's self-concepts. *Review of Educational Research*, 58, 347-371.

Chapman, J.W.; Silva, P.; & Williams, S. (1984). Academic self-concept: some developmental and emotional correlates in nine year old children. *British Journal of Educational Psychology*, 54, 284-292.

Chard, D.J.; Clarke, B.; Baker, S.; Otterstedt, J.; Braun, D.; & Katz, R. (2005). Using measures of number sense to screen for difficulties in mathematics: preliminary findings. *Assessment for Effective Intervention*, 30, 3-14.

Chinn, S. (2009). Dyscalculia and learning difficulties in mathematics. In: G. Reid (ed.), *The Routledge Companion to Dyslexia*. Londres: Routledge.

Chinn, S. (ed.) (2014). *Routledge International Handbook: Mathematics Learning Difficulties and Dyscalculia*. Abingdon: Routledge.

Chinn, S.J. & Ashcroft, J.R. (2007). *Mathematics for Dyslexia Including Dyscalculia*. 3. ed. Londres: Wiley.

Chrestensen, C.A. & Baker, C.D. (2000). *Pedagogy, Observation and the Construction of Learning Disabilities*. Nova Orleans: Routledge (ERIC Document Reproduction Service n. ED 451 672).

Christensen, C.A. (2004). Relationship between orthographic-motor integration and computer use for the production of creative and well-structured text. *British Journal of Educational Psychology*, 74 (A), 551-564.

Clark, C.; Dyson, A.; Millward, A.; & Skidmore, D. (1997). *New Directions in Special Needs*. Londres: Cassell.

Clarke, S.; Timperley, H.; & Hattie, J. (2003). *Unlocking Formative Assessment: Practical Strategies for Enhancing Students' Learning in the Primary and Intermediate Classroom*. Auckland: Hodder Moa Beckett.

Cobb, B.; Sample, P.L.; Alwell, M.; & Johns, N.P. (2006). Cognitive-behavioural interventions, dropout, and youth with disabilities: a systematic review. *Remedial and Special Education*, 27, 259-275.

Coffield, F. (2005). Kinesthetic nonsense. *Times Educational Supplement*, 14 January, 28.

Coffield, F.; Moseley, D.; Hall, E.; & Ecclestone, K. (2004). Should we be using learning styles? What the research has to say to practice. Learning and Skills Research Centre. Londres: Learning and Skills Development Agency. Disponível em www.LSRC.ac.uk

Cohen, G.; Kiss, G.; & Le Voi, M. (1993). *Memory: Current Issues*. 2. ed. Buckingham: Open University.

Cohen, I. & Goldsmith, M. (2000). *Hands On: How to Use Brain Gym in the Classroom*. 3. ed. Ventura, CA: Edu-Kinesthetics.

Conderman, G. & Hedin, L. (2011). Cue cards: a self-regulatory strategy for students with learning disabilities. *Intervention in School and Clinic*, 46, 165-173.

Conners, C.K.; Epstein, J.N.; March, J.S.; Angold, A.; Wells, K.C.; Klaric, J.; Swanson, J.; et al. (2001). Multimodal treatment of ADHD in the MTA: an alternative outcome analysis. *Journal of the American Academy of Child and Adolescent Psychiatry*, 40, 159-167.

Connolly, A.J. (2007). *KeyMath-3*. Mineápolis: Pearson.

Coopersmith, S.A. (1967). *The Antecedents of Self-esteem*. São Francisco: Freeman.

Council for Learning Disabilities (2011). Comprehensive assessment and evaluation of students with learning disabilities: a paper prepared by the National Joint Committee on Learning Disabilities. *Learning Disability Quarterly*, 34 (1), 3-16.

Critchley, M. & Critchley, E.A. (1978). *Dyslexia Defined*. Londres: Heinemann.

Crombie, M.; Knight, D.; & Reid, G. (2004). Dyslexia: early identification and early intervention. In: G. Reid & A. Fawcett (eds.). *Dyslexia in Context: Research, Policy and Practice*. Londres: Whurr.

Cullinan, D. & Sabornie, E.J. (2004). Characteristics of emotional disturbance in middle and high school students. *Journal of Emotional and Behavioral Disorders*, 12, 157-167.

Curtis, P. (2008). Education: primary pupils without basic skills highlight Labour's biggest failure, says schools minister. *Guardian*, Thursday, 21 August. Disponível em http://www.guardian.co.uk/education/2008/aug/21/primaryschools.earlyyearseducation

DeCastella, K.; Byrne, D.; & Covington, M. (2013). Unmotivated or motivated to fail? A cross-cultural study of achievement motivation, fear of failure and student disengagement. *Journal of Educational Psychology*, 105, 861-880.

Decker, S.L.; Englund, J.A.; Carboni, J.A.; & Brooks, J.H. (2011). Cognitive and developmental influences in visual-motor integration skills in young children. *Psychological Assessment*, 23 (4), 1.010-1.016. Disponível em http://dx.doi.org/10.1037/a0024079

Dehaene, S.; Piazza, M.; Pinel, P.; & Cohen, L. (2003). Three parietal circuits for number processing. *Cognitive Neuropsychology*, 20, 487-506.

Dehaene, S.; Spelke, E.; & Pinet, R. (1999). Sources of mathematical thinking: behavioural and brain-imaging evidence. *Science*, 284, 970-973.

Denckla, M.B. (1984). Developmental dyspraxia: the clumsy child. In: M.D. Levine & P. Satz (eds.). *Middle Childhood: Development and Dysfunction*. Baltimore, MD: University Park Press, 245-260.

Denicolo, P. & Pope, M. (2001). *Transformational Professional Practice: Personal Construct Approaches to Education and Research*. Londres: Whurr.

Dennison, P.E. & Dennison, G.E. (1989). *Brain Gym: Teacher's Edition Revised*. Ventura, CA: Edu-Kinesthetics.

Department for Children, Schools and Families (DCSF) (2009). Sir Jim Rose presents findings of review into dyslexia, 22 June 2009. Press notice 2009/0114. Londres: DCSF.

Department for Education/Department of Health (DfE/DoH) (2014). *SEN Code of Practice*. Londres: DfE/DfH.

Department for Education and Skills (DfES) (2001). *The National Numeracy Strategy: Guidance to Support Learners with Dyslexia and Dyscalculia*. Londres: DfES.

Department for Education and Skills (DfES) (2004). *Behaviour in the Classroom: A Course for Newly Qualified Teachers*. Londres: DfES.

Disability Rights Advocates (2001). *Do No Harm: High Stakes Testing and Students with Learning Disabilities*. Oakland, CA: LD Access Foundation, Inc. (ERIC Document Reproduction Service n. ED 457 648).

Dockrell, J. & McShane, J. (1993). *Children's Learning Difficulties: A Cognitive Approach*. Oxford: Blackwell.

Dodds, D. & Lumsden, D. (2001). Examining the challenge: preparing for examinations. In: L. Peer & G. Reid (eds.). *Dyslexia: Successful Inclusion in the Secondary School*. Londres: David Fulton.

Donlan, C. (1998). Number without language? Studies of children with specific language impairments. In: C. Donlan (ed.). *The Development of Mathematical Skills*. Hove: Psychology Press, 255-274.

Dove Ministries for Children (2012). Strengthening fine motor skills. Disponível em www.doverehab.com, último acesso em 3 de julho de 2013.

Dunford, C.; Street, E.; O'Connell, H.; Kelly, J.; & Sibert, J.R. (2004). Are referrals to occupational therapy for developmental coordination disorder appropriate? *Archives of Disease in Childhood*, 89, 143-147.

Dunham, J. (1995). *Developing Effective School Management*. Londres: Routledge.

Dunn, R.; Dunn, K.; & Price, G.E. (1975, 1979, 1985, 1987, 1989). *Learning Styles Inventory*. Lawrence, KA: Price Systems, Inc.

Durand, M.; Hulme, C.; Larkin, R.; & Snowling, M. (2005). The cognitive foundations of reading and arithmetic skills in 7-to 10-year-olds. *Journal of Experimental Child Psychology*, 91, 113-136.

Dweck, C.S. & Licht, B.G. (1980). Learned Helplessness and Intellectual Achievement. In: J. Garber & M.E.P. Seligman (eds.). *Human Helplessness: Theory and Applications*. Nova York: Academic Press.

Dyspraxia Trust (2001). Disponível em Dtspraxia Trust, PO Box 30, Hitchin, Herts SG5 1UU.

Edwards, J. (1994). *The Scars of Dyslexia*. Londres: Cassell.

Elbaum, B. & Vaughn, S. (2001). School-based interventions to enhance the self-concept of students with learning disabilities: a meta-analysis. *The Elementary School Journal*, 101, 303-329.

Elbeheri, G. & Everatt, J. (2009). IQ and dyslexia: from research to practice. In: G. Reid; G. Elbeheri; J. Everatt; D. Knight; & J. Wearmouth (eds.). *The Routledge Companion to Dyslexia*. Abingdon: Routledge, 22-32.

Elbeheri, G.; Everatt, J.; & Al-Malki, M. (2009). The incidence of dyslexia among young offenders in Kuwait. *Dyslexia*, 15, 86-104.

Elbro, C. & Petersen, D.K. (2004). Long-term effects of phoneme awareness and letter sound training: an intervention study with children at risk for dyslexia. *Journal of Educational Psychology*, 96, 660-670.

Elkins, J. (2002). Learning difficulties/disabilities in literacy. *Australian Journal of Language and Literacy*, 25 (3), 11-18.

Elliott, C.D.; Smith, P.; & McCulloch, K. (1996). *British Ability Scales*. 2. ed. (BAS II). Windsor: NFER-Nelson.

Elliott, J.G. & Grigorenko, E.L. (2014). *The Dyslexia Debate*. Cambridge: Cambridge University Press.

Ericsson, I. (2008). Motor skills, attention and academic achievements: an intervention study in school years 1-3. *British Educational Research Journal*, 34 (5), 301-313. Disponível em http://www.tandfonline.com/doi/abs/10.1080/01411920701609299#.VPweiPmsXng

Everatt, J. & Reid, G. (2009). Dyslexia: an overview of recent research. In: G. Reid; G. Elbeheri; J. Everatt; J. Wearmouth; & D. Knight (eds.). *The Routledge Dyslexia Companion*. Londres: Routledge, cap. 1.

Everatt, J. & Reid, G. (2010). Motivating children with dyslexia. In: J. Fletcher; F. Parkhill; & G. Gillon (eds.). *Motivating Literacy Learners in Today's World*. Wellington: NZCER Press, 67-78.

Everatt, J.; Elbeheri, G.; & Brooks, P. (2013). Dyscalculia: research and practice on identification and intervention across languages. In: A.J. Holliman (ed.). *The Routledge International Companion to Educational Psychology*. Abingdon: Routledge, 317-326.

Everatt, J.; Mahfoudhi, A.; Al-Manabri, M.; & Elbeheri, G. (2014). Dyscalculia in Arabic speaking children: assessment and intervention practices. In: S. Chinn (ed.). *Routledge International Handbook: Mathematics Learning Difficulties and Dyscalculia*. Abingdon: Routledge, 183-192.

Everatt, J.; Al-Azmi, Y.; Al-Sharhan, A.; & Elbeheri, G. *Emotion and educational achievement in Arabic children* [s.n.t.].

Everatt, J.; Al-Sharhan, A.; Al-Azmi, Y.; Al-Menaye, N.; & Elbeheri, G. (2011). Behavioural/attentional problems and literacy learning difficulties in children from non-English language/cultural backgrounds. *Support for Learning*, 26, 127-133.

Farah, L.G.; Fayyad, J.A.; Eapen, V.; Cassir, Y.; Salamoun, M.M.; Tabet, C.C.; Mneimneh, Z.N.; & Karam, E.G. (2009). ADHD in the Arab world: a review of epidemiological studies. *Journal of Attentional Disorders*, 13, 211-222.

Faraone, S.V.; Biederman, J.; Morley, C.P.; & Spencer, T.J. (2008). Effects of stimulants on height and weight: a review of the literature. *Journal of the American Academy of Child and Adolescent Psychiatry*, 47, 994-1.009.

Farrell, P.; Woods, K.; Lewis, S.; Rooney, S.; Squires, G.; & O'Conner, M. (2006). *Function and Contribution of Educational Psychologists in Light of the "Every Child Matters: Change for Children" Agenda*. Londres: DfES.

Fawcett, A. & Nicolson, R. (1995). Persistent deficits in motor skill for children with dyslexia. *Journal of Motor Behaviour*, 27, 235-240.

Fawcett, A. & Nicolson, R. (2008). Dyslexia and the Cerebellum. In: G. Reid; A. Fawcett; F. Manis; & L. Siegel (eds.). *The Sage Handbook of Dyslexia*. Londres: Sage.

Fawcett, A. & Reid, G. (2009). Dyslexia and alternative interventions. In: G. Reid (ed.). *The Routledge Companion to Dyslexia*. Nova York: Routledge, 193-202.

Figueroa, R.A. & Newsome, P. (2006). The diagnosis of LD in English language learners: is it nondiscriminatory? *Journal of Learning Disabilities*, 39 (3), 206-214.

Flory, S. (2000). Identifying, assessing and helping dyspraxic children. *Dyslexia*, 6 (3), 205-208.

Fox, A.M. & Lent, B. (1996). Clumsy children: primer on developmental coordination disorder. *Canadian Family Physician*, 42, 1.965-1.971.

Frederickson, N.; Frith, U.; & Reason, P. (1997). *Phonological Assessment Battery*. Windsor: NFER Nelson.

Friend, M. & Cook, L. (1996). *Interactions: Collaboration Skills for School Professionals*. 2. ed. White Plains, NY: Longman.

Fuchs, L.S. & Fuchs, D. (2001). Principles for the prevention and intervention of mathematics difficulties. *Learning Disabilities Research and Practice*, 16, 85-95.

Galaburda, A. (2014). Dyslexia and Neuroscience Paper presented at Learning Differences Convention, Sydney, August.

Geary, D.C. (2004). Mathematics and learning disabilities. *Journal of Learning Disabilities*, 37, 4-15.

Geary, D.C. & Widaman, K.F. (1992). Numerical cognition: on the convergence of componential and psychometric models. *Intelligence*, 16, 47-80.

Geary, D.C.; Bow-Thomas, C.C.; & Yao, Y. (1992). Counting knowledge and skill in cognitive addition: a comparison of normal and mathematically disabled children. *Journal of Experimental Child Psychology*, 54, 372-391.

Gerber, P.J. (1997). Life after school: challenges in the workplace. In: P.J. Gerber & D.S. Brown (eds.). *Learning Disabilities and Employment*. Austin, TX: Pro-Ed.

Gerber, P.J.; Ginsberg, R.; & Reiff, H.B. (1992). Identifying alterable patterns in employment success for highly successful adults with learning disabilities. *Journal of Learning Disabilities*, 8, 475-487.

Gersch, I. (1995). Involving the child. *Schools' Special Educational Needs Policies Pack*. Londres: National Children's Bureau.

Gersch, I. (2001). Listening to children. In: J. Wearmouth (ed.). *Special Educational Provision in the Context of Inclusion*. Londres: Fulton, 228-244.

Gersten, R.; Chard, D.J.; Jayanthi, M.; Baker, S.K.; Morphy, P.; & Flojo, J. (2009). Mathematics instruction for students with learning disabilities: a meta-analysis of instructional components. *Review of Educational Research*, 79, 1.202-1242.

Geuze, R.H. & Borger, H. (1993). Children who are clumsy: five years later. *Adapted Physical Activity Quarterly*, 10, 10-21.

Gibbs, J.; Appleton, J.; & Appleton, R. (2007). Dyspraxia or developmental coordination disorder? Unravelling the enigma. *Archive of Diseases in Childhood*, 92, 534-539.

Gillon, G.T. (2004). *Phonological Awareness: From Research to Practice*. Nova York: Guilford Press.

Ginsburg, H.P. & Baroody, A.J. (2003). *Test of Early Mathematics Ability*. 3. ed. Austin, TX: PRO-ED.

Giorcelli, L.R. (1999). Inclusion and other factors affecting teachers' attitudes to literacy programmes for students with special needs. In: A.J. Watson & L.R. Giorcelli (eds.). *Accepting the Literacy Challenge*. NSW, Australia: Scholastic.

Given, B.K. (1996). The potential of learning styles. In: G. Reid (ed.). *Dimensions of Dyslexia. Vol. 2: Literacy, Language and Learning*. Edinburgh: Moray House.

Given, B.K. & Reid, G. (1999). *Learning Styles: A Guide for Teachers and Parents*. St. Anne's-on-Sea, Lancashire: Red Rose.

Gjessing, H.J. & Karlsen, B. (1989). *A Longitudinal Study of Dyslexia*. Nova York: Springer.

Goldberg, R.; Higgins, E.; Raskind, M.; & Herman, K. (2003). Predictors of success in individuals with learning disabilities: a qualitative analysis of a 20 year longitudinal study. *Learning Disabilities Research and Practice*, 18, 222-236.

Goodman, K. (1967). A linguistic study of cues and miscues. *Elementary English*, 42, 639-643.

Goodman, R. (1997). The Strengths and Difficulties Questionnaire: a research note. *Journal of Child Psychology and Psychiatry*, 38, 581-586.

Graham, S. (1990). The role of production factors in learning disabled students' compositions. *Journal of Educational Psychology*, 82 (4), 781-791. Disponível em http://dx.doi.org/10.1037/0022-0663.82.4.781

Graham, S. & Harris, K.R. (2006). Preventing writing difficulties: providing additional handwriting and spelling instruction to at-risk children in first grade. *Teaching Exceptional Children*, 38 (5), 64-66.

Gray, C. (2004). Understanding cognitive development: automaticity and the early years [sic] child. *Child Care in Practice*, 10 (1), 39-47. Disponível em http://dx.doi.org/10.1080/1357527042000188070

Green, D.; Bishop, T.; Wilson, B.; Crawford, S.; Hooper, R.; Kaplan, B.; et al. (2005). Is questionnaire-based screening part of the solution to waiting lists for children with developmental coordination disorder? *British Journal of Occupational Therapy*, 68, 2-10.

Greenbaum, P.E.; Dedrick, R.F.; Friedman, R.M.; Kutash, K.; Brown, E.C.; Lardierh, S.P.; & Pugh, A.M. (1996). National Adolescent and Child Treatment Study (NACTS): outcomes for children with serious emotional and behavioral disturbance. *Journal of Emotional and Behavioral Disorders*, 4, 130-146.

Gregorc, A.F. (1985). *Inside Styles: Beyond the Basics*. Colúmbia, CT: Gregorc Assoc., Inc.

Grigg, W.; Donahue, P.; & Dion, G. (2007). The nation's report card: 12th-grade reading and mathematics 200S (NCES 2007-468). US Department of Education, National Center for Education Statistics. Washington, DC: US Government Printing Office.

Grissmer, D.; Grimm, K.J.; Aiyer, S.; Murrah, W.M.; & Steele, J.S. (2010). Fine motor skills and early comprehension of the world: two new school readiness indicators. *Developmental Psychology*, 46 (5), 1.008-1.017. Disponível em http://dx.doi.org/10.1037/a0020104

Gutkin, T.B. & Ajchenbaum, M. (1984). Teachers' perceptions of control and preferences for consultative services. *Professional Psychology: Research and Practice*, 15, 565-570.

Gutkin, T.B. & Curtis, M.J. (1999). School-based consultation: theory and practice: the art and science of indirect service delivery. In: C.R. Reynolds & T.B. Gutkin (eds.). *The Handbook of School Psychology*. 3. ed. Nova York: Wiley, 598-637.

Hallam, S. (2006). *Music Psychology in Education*. Londres: Institute of Education, University of London.

Hannaford, C. (1995). *Smart Moves: Why Learning is Not All in Your Head*. Virginia: Great Ocean.

Harter, S. (2012). *Self-perception Profile for Children: Manual and Questionnaires*. Denver, CO: University of Denver.

Haynes, C.W.; Ayre, A.; Haynes, B.; & Mahfoudhi, A. (2009). Reading and reading disabilities in Spanish and Spanish–English contexts. In: G. Reid (ed.). *The Routledge Companion to Dyslexia*. Londres: Routledge.

Hazel, C.E.; Vazirabadi, G.E.; Albanes, J.; & Gallagher, J. (2014). Evidence of convergent and discriminant validity of the Student School Engagement Measure. *Psychological Assessment*, 26, 806-814.

Healy, J. (1992). *How to have Intelligent and Creative Conversations with Your Kids*. Nova York: Doubleday.

Henderson, A.; Came, F.; & Brough, M. (2003). *Working with Dyscalculia*. Wiltshire: Learning Works.

Henderson, S.E. & Henderson, L. (2002). Towards an understanding of developmental coordination disorders. The second G. Lawrence Rarick Memorial Lecture. *Adapted Physical Activity Quarterly*, 19, 11-31.

Henderson, S.E. & Sugden, D.A. (2007). *Movement Assessment Battery for Children*. 2. ed. Londres: Psychological Corporation.

Hettinger, C. (1982). The impact of reading deficiency on the global self concept of the adolescent. *Journal of Early Adolescence*, 2, 293-300.

Hill, E.L. (2001). The nonspecific nature of specific language impairment: a review of the literature with regard to concomitant motor impairments. *International Journal of Language and Communication Disorders*, 36, 149-171.

Hinshaw, S.P. (1992). Externalizing behavior problems and academic under achievement in childhood and adolescence. *Psychological Bulletin*, 111, 127-155.

Hinshaw, S.P. (1994). *Attention Deficits and Hyperactivity in Children*. Thousand Oaks, CA: Sage.

HMG (1995). Disability Discrimination Act (1995, 2004). Londres: HMSO. Houston, M. (2004). *Guidelines for Dyslexia*. Edimburgo: Edinburgh City Council.

Hresko, W.; Schlieve, P.; Herron, S.; Swain, C.; & Sherbenau, R. (2003). *Comprehensive Mathematical Abilities Test (CMAT)*. Austin, TX: PRO-ED.

Hubert, B. (2001). *Bal-A-Vis-X: Rhythmic Balance/Auditory/Vision Exercises for Brain and Brain-Body Integration*. Wichita, KS: Bal-A-Vis-X.

Hughes, L. & Cooper, P. (2007). *Understanding and Supporting Children with ADHD: Strategies for Teachers, Parents and Other Professionals*. Londres: Sage.

Humphrey, N. & Mullins, P.M. (2002). Personal constructs and attribution for academic success and failure in dyslexia. *British Journal of Special Education*, 29, 196-203.

Huntington, D.D. & Bender, W.N. (1993). Adolescents with learning disabilities at risk? Emotional well-being, depression, suicide. *Journal of Learning Disabilities*, 26, 159-166.

Jamieson, C. & Morgan, E. (2008). Managing Dyslexia at University: A Resource for Students, Academic and Support Staff. Londres: David Fulton.

Jitendra, A.K.; Edwards, L.L.; & Starosta, K. (2004). Early reading instruction for children with reading difficulties: meeting the needs of diverse learners. *Journal of Learning Disabilities*, 37 (5), 421-440.

Jones, A. & Kindersley, K. (2013). *Dyslexia: Assessing and Reporting. The PATOSS Guide*. Londres: Hodder.

Jongmans, M. (2005). Early identification of children with developmental coordination disorder. In: D. Sugden & M. Chambers (eds.). *Children with Developmental Coordination Disorder*. Londres: Whurr, 155-167.

Jorm, A.F.; Share, D.L.; Matthews, R.; & MacLean, R. (1986). Behavior problems in specific reading retarded and general reading backward children: a longitudinal study. *Journal of Child Psychology and Psychiatry*, 27, 33-43.

Julian, G. & Ware, J. (1998). Specialist teachers for pupils with learning difficulties? A survey of head teachers in schools and units. *British Journal of Special Education*, 25 (1), 28-32.

Junaid, K.; Harris, S.; Fulmer, K.; & Carswell, A. (2000). Teachers' use of the MABC checklist to identify children with motor coordination difficulties. *Pediatric Physical Therapy*, 12, 158-163.

Kadesjo, B. & Gillberg, C. (1999). Developmental coordination disorder in Swedish 7-year-old children. *Journal of the American Academy of Child and Adolescent Psychiatry*, 38 (7), 820-828.

Kaplan, B.J.; Dewey, D.M.; Crawford, S.G.; & Wilson, B.N. (2001). The term comorbidity is of questionable value in reference to developmental disorders: data and theory. *Journal of Learning Disabilities*, 34 (6), 55-65.

Kaplan, B.J.; Wilson, B.N.; Dewey, D.; & Crawford, S.G. (1998). DCD may not be a discrete disorder. *Human Movement Science*, 17, 471-490.

Kaufman, A.S.; Lichtenberger, E.O.; & Naglieri, J.A. (1999). Intelligence testing in the schools. In: C.R. Reynolds & T.B. Gutkin (eds.). *The Handbook of School Psychology*. 3. ed. Nova York: Wiley, 307-349.

Kaufman, A. & Kaufman, N. (2004). *Kaufman Assessment Battery for Children*. 2. ed. Santo Antônio: Pearson Education.

Kern, L.; Mantegna, M.E.; Vorndran, C.; Bailin, D.; & Hilt, A. (2001). Choice of task sequence to reduce problem behaviours. *Journal of Positive Behaviour Interventions*, 3, 3-10.

Killick, S. (2005). *Emotional Literacy: At the Heart of the School Ethos*. Londres: Paul Chapman.

Kirby, A. (1999). *Dyspraxia: The Hidden Handicap*. Londres: Souvenir Press.

Kirby, A. (2006). *Dyspraxia: Developmental Co-ordination Disorder*. Human Horizon Series. Londres: Souvenir Press.

Kirby, A.; Edwards, L.; Sugden, D.; & Rosenblum, S. (2010). The development and standardisation of the Adult Developmental Coordination Disorders/Dyspraxia Checklist (ADC). *Research in Developmental Disability*, 31, 131-139.

Kirby, A.; Sugden, D.; Beveridge, S.; Edwards, L.; & Edwards, R. (2008). Dyslexia and developmental co-ordination disorder in further and higher education: similarities and differences. Does the "label" influence the support given? *Dyslexia*, 14 (3), 197-213. Doi: 10.1002/DYS.367

Kirk, J. & Reid, G. (2003). *Adult Dyslexia Checklist: Criteria and Considerations*. BDA Handbook. Reading: BDA.

Knight, D.F. & Hynd, G.W. (2002). The neurobiology of dyslexi. In: G. Reid & J. Wearmouth (eds.). *Dyslexia and Literacy: Theory and Practice*. Chichester: Wiley.

Kolb, D.A. (1984). *Learning Styles Inventory Technical Manual*. Boston: Hay Group.

Landerl, K.; Fussenegger, B.; Moll, K.; & Willburger, E. (2009). Dyslexia and dyscalculia: two learning disorders with different cognitive profiles. *Journal of Experimental Child Psychology*, 103, 309-324.

Lane, K.L.; Carter, E.W.; Pierson, M.R. & Glaeser, B.C. (2006). Academic, social, and behavioral characteristics of high school students with emotional disturbances and learning disabilities. *Journal of Emotional and Behavioral Disorders*, 14, 108-117.

Lane, K.L.; Barton-Arwood, S.M.; Nelson, J.R.; & Wehby, J. (2008). Academic performance of students with emotional and behavioral disorders served in a self-contained setting. *Journal of Behavior Education*, 17, 43-62.

Lauth, G.W.; Heubeck, B.G.; & Mackowiak, K. (2006). Observation of children with attention-deficit hyperactivity (ADHD) problems in three natural classroom contexts. *British Journal of Educational Psychology*, 76, 385-404.

Lawrence, D. (1996). *Enhancing Self-esteem in the Classroom*. Londres: Paul Chapman.

Lawrence, G. (1993). *People Types and Tiger Stripes*. 3. ed. Gainsville, FL: Center for Applications of Psychological Type, Inc.

Leather, C.; Hogh, H.; Seiss, E.; & Everatt, J. (2011). Cognitive function and work success in adults with dyslexia. *Dyslexia*, 17, 327-338.

Lee, Y.; Sugai, G.; & Horner, R. (1999). Using an instructional intervention to reduce problem and off-task behaviours. *Journal of Positive Behaviour Interventions*, 1, 195-204.

Lemer, C.; Dehaene, S.; Spelke, E.; & Cohen, L. (2003). Approximate quantities and exact number words: dissociable systems. *Neuropsychologia*, 41 (14), 1.942-1.958.

Lewis, C.; Hitch, G.J.; & Walker, P. (1994). The prevalence of specific arithmetic difficulties and specific reading difficulties in 9-to 10-year-old boys and girls. *Journal of Child Psychology*, 35, 283-292.

Lewis, H.W. (1984). A structured group counseling program for reading disabled elementary students. *School Counselor*, 31, 454-459.

Lindquist, M.M. & Vicky, L.K. (1989). Measurement. In: M.M. Lindquist (ed.). *Results from the Fourth Mathematics Assessment of the National Assessment of Educational Progress*. Reston, VA: National Council of Teachers of Mathematics.

Lipton, J.S. & Spelke, E.S. (2003). Origins of number sense: large number discrimination in human infants. *Psychological Science*, 14, 396-401.

Livingstone, R. (1990). Psychiatric comorbidity with reading disability: a clinical study. *Advances in Learning Disabilities*, 6, 143-155.

Lloyd, G. & Norris, C. (1999). Including ADHD? *Disability and Society*, 14, 505-517.

Lockhart, J. & Law, M. (1994). The effectiveness of a multisensory writing programme for improving cursive writing ability in children with sensori-motor difficulties. *Canadian Journal of Occupational Therapy*, 61 (A), 206-214.

Losse, A.; Henderson, S.E.; Elliman, D.; Hall, D.; Knight, E.; & Jongmans, M. (1991). Clumsiness in children – do they grow out of it? A 10-year follow-up study. *Developmental Medicine and Child Neurology*, 33, 55-68.

Mahfoudhi, A.; Elbeheri, G.; & Everatt, J. (2009). Reading and dyslexia in Arabic. In: G. Reid (ed.). *The Routledge Companion to Dyslexia*. Londres: Routledge.

Malloy-Miller, T.; Polatajko, H.; & Anstett, B. (1995). Handwriting error patterns of children with mild motor difficulties. *Canadian Journal of Occupational Therapy*, 62 (5), 258-267.

Maloney, E.; Risko, E.F.; Ansari, D.: & Fugelsang, J.F. (2010). Mathematics anxiety affects counting but not subitizing during visual enumeration. *Cognition*, 114, 721-729.

Manset-Williamson, G. & Nelson, J.M. (2005). Balanced, strategic reading instruction for upper elementary and middle school students with reading disabilities: a comparative study of two approaches. *Learning Disability Quarterly*, 28 (11), 59-72.

Margerison, A. (1996). Self-esteem: its effect on the development and learning of children with EBD. *Support for Learning*, 11, 176-180.

Mari, M.; Castiello, U.; Marks, D.; Marraffa, C.; & Prior, M. (2003). The reach-to-grasp movement in children with autism spectrum disorder. *Philosophical Transactions of the Royal Society Series B*, 358, 393-404.

Martin, D.; Martin, M.; & Carvalho, K. (2008). Reading and learning-disabled children: understanding the problem. *Clearing House*, 81 (3), 113-118.

Martin, N.C.; Piek, J.P.; & Hay, D. (2006). DCD and ADHD: a genetic study of their shared aetiology. *Human Movement Science*, 25, 110-124.

Maughan, B. (1995). Behavioural development and reading disabilities. In: C. Hulme & M. Snowling (eds.). *Reading Development and Dyslexia*. Londres: Whurr.

Mazzocco, M.M.M. & Thompson, R.E. (2005). Kindergarten predictors of math learning disability. *Learning Disabilities Research and Practice*, 20, 142-155.

May-Benson, T.; Ingolia, P.; & Koomar, J. (2002). Daily living skills and developmental coordination disorder. In: S. Cermak & D. Larkin (eds.). *Developmental Coordination Disorder*. Albânia, NY: Delmar, 140-156.

McCarthy, B. (1987). *The 4MAT System: Teaching to Learning Styles with Right/Left Mode Techniques*. Barrington, IL: Excel, Inc.

McConaughy, S.H.; Mattison, R.E.; & Peterson, R.L. (1994). Behavioral/emotional problems of children with serious emotional disturbances and learning disabilities. *School Psychology Review*, 23, 81-98.

McInerney, D.M. & Ali, J. (2006). Multidimensional and hierarchical assessment of school motivation: cross-cultural validation. *Educational Psychology: An International Journal of Experimental Educational Psychology*, 26, 717-734.

MacIntyre, C. (2009). *Dyspraxia 5-14*. Londres: David Fulton/NASEN.

McKinney, J.D. (1989). Longitudinal research on the behavioral characteristics of children with learning disabilities. *Journal of Learning Disabilities*, 22, 141-150.

McLean, A. (2004). *The Motivated School*. Londres: Sage.

McLoughlin, D.; Fitzgibbon, G.; & Young, V. (1994). *Adult Dyslexia: Assessment, Counselling and Training*. Londres: Whurr.

McLoughlin, D.; Leather, C.; & Stringer, P. (2002). *The Adult Dyslexic: Interventions and Outcomes*. Londres: Whurr.

McMurray, S.; Drysdale, J.; & Jordan, G. (2009). Motor processing difficulties: guidance for teachers in mainstream classrooms. *Support for Learning*, 24 (3), 119-125.

Medwell, J. & Wray, D. (2008). Handwriting: a forgotten language skill? *Language and Education: An International Journal*, 22 (1), 34-47. Disponível em http://wrap.warwick.ac.uk/461/

Michaels, C.R. & Lewandowski, L.J. (1990). Psychological adjustment and family functioning of boys with learning disabilities. *Journal of Learning Disabilities*, 23, 446-450.

Miles, T.R. (1983). *Bangor Dyslexia Test*. Cambridge: Learning Development Aids.

Miles, T.R. (ed.) (2004). *Dyslexia and Stress*. 2. ed. Londres: Whurr.

Miles, T.R. & Miles, E. (1992). *Dyslexia and Mathematics*. Londres: Routledge.

Miles, T.R. & Miles, E. (1999). *Dyslexia a Hundred Years On*. 2. ed. Buckingham: Open University Press.

Miller, L.T.; Missiuna, C.A.; Macnab, J.J.; Malloy-Miller, T.; & Polatajko, H.J. (2001). Clinical description of children with developmental coordination disorder. *Canadian Journal of Occupational Therapy*, 68, 5-15.

Miller, S.P. & Mercer, C.D. (1997). Educational aspects of mathematics disabilities. *Journal of Learning Disabilities*, 30, 47-56.

Missiuna, C. (2003). Children with developmental coordination disorder: at home and in the classroom [booklet]. McMaster University, ON: CanChild [on-line].

Missiuna, C.; Rivard, L.; & Pollock, N. (2004). They're bright but can't write: developmental coordination disorder in school aged children. *TEACHING Exceptional Children Plus*, 1 (1), art. 3.

Moats, L. (2004). Relevance of neuroscience to effective education for students with reading and other learning disabilities. *Journal of Child Neurology*, 19 (10), 840-845.

Montague, M. & Castro, M. (2004). Attention deficit hyperactivity disorder: issues and concerns. In: P. Clough; P. Garner; J.T. Pardeck; & F. Yuen (eds.). *Handbook of Emotional and Behavioural Difficulties*. Londres: Sage, 399-416.

Montgomery, D. (2007). *Spelling, Handwriting and Dyslexia*. Londres/Nova York: Routledge.

Moody, S. (ed.) (2009). *Dyslexia and Employment: A Guide for Assessors, Trainers and Managers*. Chichester: Wiley.

Mooney, P.; Ryan, J.B.; Reid, R.; Uhing, B.M.; & Epstein, M.H. (2005). A review of self-management learning interventions on academic outcomes for students with emotional and behavioral disorders. *Journal of Behavioral Education*, 14, 203-221.

Moser, C. (2000). *Better Basic Skills: Improving Adult Literacy and Numeracy*. Londres: Department for Education and Employment.

Mosley, J. (1996). *Quality Circle Time in the Primary Classroom*. Cambridge: LDA.

Mruk, C. (1990). *Self-esteem: Research, Theory and Practice*. Londres: Free Association.

MTA Co-operative Group (1999). A 14-month randomized clinical trial of treatment strategies for attention-deficit/hyperactivity disorder. *Archives of General Psychiatry*, 56, 1.073-1.086.

Murray, M.E. (1978). The relationship between personality adjustment and success in remedial programs for dyslexic children. *Contemporary Educational Psychology*, 3, 330-339.

Nasser, R. (2014). Social motivation in Qatar schools and their relation to school achievement. *Psychological Reports: Relationships and Communications*, 115, 584-606.

National Committee on Learning Disabilities (2008). Adolescent literacy and older students with learning disabilities. *Learning Disability Quarterly*, 31 (4), 211-218.

National Longitudinal Transition Study II (2003). National Center for Special Education Research at the Institute of Education Sciences. Washington, DC: US Department of Education.

Nelson, J.R.; Benner, G.J.; Lane, K.; & Smith, B.W. (2004). An investigation of the academic achievement of K-12 students with emotional and behavioral disorders in public school settings. *Exceptional Children*, 71, 59-73.

Nicol, D. (2009). Assessment for learner self-regulation: enhancing achievement in the first year using learning technologies. *Assessment and Evaluation in Higher Education*, 34 (3), 335-352.

Nicolson, R.I. & Fawcett, A.J. (1996). *The Dyslexia Early Screening Test*. Londres: Psychological Corporation.

Nicolson, R.; Agahi, S.; West, T.; & Eide, B. (2012). Positive dyslexia: working to our strengths. Simpósio apresentado na IDA Parents Conference, Baltimore, outubro.

Nunes, T. & Bryant, P. (eds.) (1997). *Learning and Teaching Mathematics: An International Perspective*. Hove: Psychology Press.

Oakland, T.D. & Cunningham, J. (1999). The futures of school psychology: conceptual models for its development and examples of their applications. In: C.R. Reynolds & T.B. Gutkin (eds.). *The Handbook of School Psychology*. 3. ed. Nova York: Wiley, 34-54.

Ofiesh, N. & Mather, N. (2012). Resilience and the child with learning disabilities. In: S. Goldstein & R.B. Brooks (eds.). *Handbook of Resilience in Children*. Nova York: Springer Science, 329-348.

Oka, E.R. & Paris, S.G. (1987). Patterns of motivation and reading skills in underachieving children. In: S.J. Ceci (ed.). *Handbook of Cognitive, Social and Neurological Aspects of Learning Disabilities. Vol. II*. Hillsdale, NJ: LEA.

Orban, P.; Lungu, O.; & Doyon, J. (2008). Motor sequence learning and developmental dyslexia. *Annals New York Academy of Sciences*, 1.145, 151-172.

Overvelde, A. & Hulstijn, W. (2012). Implicit motor sequence learning in children with learning disabilities: deficits limited to a subgroup with low perceptual organization. *Developmental Neuropsychology*, 37 (7), 579-589. Doi: 10.1080/87565641.2012.691141

Pagani, L.S.; Fitzpatrick, C.; Archambault, I.; & Janosz, M. (2010). School readiness and later achievement: a French Canadian replication and extension. *Developmental Psychology*, 46 (5), 984-994. Disponível em http://dx.doi.org/10.1037/a0018881

Palincsar, A. & Klenk, L. (1992). Fostering literacy learning in supportive contexts. *Journal of Learning Disabilities*, 4, 211-225.

Paul, G.; Elam, B.; & Verhulst, S.J. (2007). A longitudinal study of students' perceptions of using deep breathing meditation to reduce testing stresses. *Teaching and Learning in Medicine*, 19, 287-292.

Peer, L. & Reid, G. (eds.) (2000). *Multilingualism, Literacy and Dyslexia: A Challenge for Educators*. Londres: David Fulton.

Peer, L. & Reid, G. (eds.) (2001). *Dyslexia: Successful Inclusion in the Secondary School*. Londres: David Fulton.

Pelham, W.E. & Fabiano, G.A. (2008). Evidence-based psychosocial treatments for attention-deficit/hyperactivity disorder. *Journal of Clinical Child and Adolescent Psychology*, 37, 184-214.

Pellegrini, A.D. & Horvatt, M. (1995). A developmental contextual critique of attention deficit hyperactivity disorder (ADHD). *Educational Researcher*, 24, 13-20.

Penso, S. (2002). Pedagogical content knowledge: how do student teachers identify and describe the causes of their pupils' learning difficulties? *Asia-Pacific Journal of Teacher Education*, 30 (1), 25-37. Doi: 10.1080/13598660120114959

Perie, M.; Grigg, M.; & Donahue, P. (2005). The nation's report card: reading 2005 (NCES 2006-451). US Department of Education, National Center for Education Statistics. Washington, DC: US Government Printing Office.

Piaget, J. (1970). *The Science of Education and the Psychology of the Child*. Nova York: Viking Press.

Pianta, R.C. & Caldwell, C. (1990). Stability of externalizing symptoms in five and six year old children and factors related to instability. *Development and Psychopathology*, 2, 247-258.

Piek, J.P. & Edwards, K. (1997). The identification of children with developmental coordination disorder by class and physical education teachers. *British Journal of Educational Psychology*, 67 (Pt 1), 55-67.

Piers, E.V. & Harris, D.B. (2002). *Piers-Harris Children's Self-Concept Scales*. 2. ed. Los Angeles, CA: Western Psychological Services.

Pitcher, T.M.; Piek, J.P.; & Hay, D.A. (2003). Fine and gross motor ability in males with ADHD. *Developmental Medicine and Child Neurology*, 45, 525-535.

Pollak, D. (ed.) (2009). *Neurodiversity in Higher Education*. Chichester: Wiley.

Portwood, M. (1999). *Developmental Dyspraxia, Identification and Intervention*. Londres: David Fulton.

Pryce, L. & Gerber, P. (2007). Students with dyslexia in further and higher education: perspectives and perception. In: G. Reid; A. Fawcett; F. Manis; & L. Siegel (eds.). *The Sage Handbook of Dyslexia*. Londres: Sage.

Pumfrey, P. (2002). Specific developmental dyslexia: "basics to back" in 2000 and beyond? In: J. Wearmouth; J. Soler; & G. Reid (eds.). *Addressing Difficulties in Literacy Development: Responses at Family, School, Pupil and Teacher Levels*. Londres: Routledge Falmer.

Rabiner, D. (2013). *Attention Difficulties Update*. Disponível em http://www.add.org/?page=DiagnosticCriteria

Ramaa, S. (2000). Two decades of research on learning disabilities in India. *Dyslexia*, 6, 268-283.

Ramaa, S. & Gowramma, I.P. (2002). A systematic procedure for identifying and classifying children with dyscalculia among primary school children in India. *Dyslexia*, 8, 67-85.

Ramus, F.; Rosen, S.; Dakin, S.; Day, B.L.; Castellote, J.M.; White, S.; & Frith, U. (2003). Theories of developmental dyslexia: insights from a multiple case study of dyslexic adults. *Brain*, 126, 841-865.

Rasmussen, P. & Gillberg, C. (2000). Natural outcome of ADHD with developmental coordination disorder at age 22 years: a controlled, longitudinal, community-based study. *Journal of the American Academy of Child and Adolescent Psychiatry*, 39, 1.424-1.431.

Reed, T. (2000). The literacy acquisition of Black and Asian "English-as-an Additional Language" learners. In: L. Peer & G. Reid (eds.). *Multilingualism, Literacy and Dyslexia*. Londres: David Fulton.

Reid, G. (1998). An examination of teacher stress within a school organization framework. Tese de PhD não publicada, University of Glasgow, UK.

Reid, G. (2007). *Motivating Learners in the Classroom: Ideas and Strategies*. Londres: Sage.

Reid, G. (2008). *Motivating Learners in the Classroom*. Londres: Sage.

Reid, G. (2009). *Dyslexia: A Practitioner's Handbook*. 4. ed. Chichester: Wiley-Blackwell.

Reid, G. (2011). *Dyslexia: A Complete Guide for Parents*. 2. ed. Chichester: Wiley.

Reid, G. & Green, S. (2009) *Effective Learning: Ideas into Action*. Londres: Continuum.

Reid, G. & Green, S. (2011) *100+ Ideas for Children with Dyslexia*. Londres: Continuum.

Reid, G. & Hinton, J. (1999). Teacher work stress and school organisation: a suitable case for inset. *Education Today*, dezembro.

Reid, G. & Kirk, J. (2001). *Dyslexia in Adults: Education and Employment*. Chichester: Wiley.

Reid, G. & Strnadova, I. (2004). The development of teacher and student measures for identifying learning styles. Pilot research study, University of Edinburgh, in collaboration with Charles University, Prague.

Reid, R.; Gonzalez, J.; Nordness, P.D.; Trout, A.; & Epstein, M.H. (2004). A meta--analysis of the academic status of students with emotional/ behavioral disturbance. *The Journal of Special Education*, 38, 130-143.

Reynolds, S.L.; Johnson, J.D.; & Salzman, J.A. (2012). Screening for learning disabilities in adult basic education students. *Journal of Postsecondary Education and Disability*, 25 (2), 179-195.

Rice, M. & Brooks, G. (2004). *Developmental Dyslexia in Adults: A Research Review*. Londres: NRDC.

Richards, C.; Pavri, S.; Golez, F.; Canges, R.; & Murphy, J. (2007). Response to intervention: building the capacity of teachers to serve students with learning difficulties. *Issues in Teacher Education*, 16 (2), 55-64.

Riddick, B. (1996). *Living with Dyslexia: The Social and Emotional Consequences of Specific Learning Difficulties/Disabilities*. Londres: Routledge.

Riddick, B. (2010). *Living with Dyslexia: The Social and Emotional Consequences of Specific Learning Difficulties/Disabilities*. 2. ed. Londres: Routledge.

Riding, R. & Raynor, S. (1998). *Cognitive Styles and Learning Strategies: Understanding Style Difference in Learning and Behaviour*. Londres: David Fulton.

Ripley, K. (2001). *Inclusion for Children with Dyspraxia/DCD: A Handbook for Teachers*. Londres: David Fulton.

Ritchey, K.D. (2006). Learning to write: progress-monitoring tools for beginning and at-risk writers. *Teaching Exceptional Children*, 39 (2), 22-26.

Ritchman, N.; Stevenson, J.; & Graham, P.J. (1982). *Pre-school to School: A Behavioural Study*. Londres: Academic Press.

Rivard, L.M.; Missiuna, C.; Hanna, S.; & Wishart, L. (2007). Understanding teachers' perceptions of the motor difficulties of children with developmental coordination disorder (DCD). *British Journal of Educational Psychology*, 77 (3), 633-648.

Rose, B.; Larkin, D.; & Berger, B.G. (1997). Coordination and gender influences on the perceived competence of children. *Adapted Physical Activity Quarterly*, 12, 210-221.

Rose, E. & Larkin, D. (2002). Perceived competence, discrepancy scores, and global self-worth. *Adapted Physical Activity Quarterly*, 19, 127-140.

Rose, J. (2009). *Identifying and Teaching Children and Young People with Dyslexia and Literacy Difficulties*. Londres: DCSF.

Rosenberg, M. (1989). *Society and the Adolescent Self-Image*. Ed. rev. Middletown, CT: Wesleyan University Press. Disponível em http://www.socy.umd.edu/quick-links/rosenberg-self-esteem-scale

Rosenberg, M.S. & Sindelar, P.T. (1982). Educational assessment using direct, continuous data. In: J.T. Neisworth (ed.). *Assessment in Special Education*. Rockville, MD: Aspen.

Rosenthal, J.H. (1973). Self esteem in dyslexic children. *Academic Therapy*, 9, 27-39.

Rourke, B.P. (1989). *Nonverbal Learning Disabilities: The Syndrome and the Model*. Nova York: Guilford Press.

Rubinsten, O. & Henik, A. (2006). Double dissociation of functions in developmental dyslexia and dyscalculia. *Journal of Educational Psychology*, 98, 854-867.

Rutherford, R.B.; Quinn, M.M.; & Mathur, S.R. (eds.) (2004). *Handbook of Research in Emotional and Behavioural Disorders*. Nova York: Guilford Press.

Rutter, M. (1995). Relationships between mental disorders in childhood and adulthood. *Acta Psychiatrica Scandinavica*, 91, 73-85.

Sadler, D.R. (2009). Indeterminacy in the use of preset criteria for assessment and grading. *Assessment and Evaluation in Higher Education*, 34 (2), 159-179.

Sadler, D.R. (2010). Beyond feedback: developing student capability in complex appraisal. *Assessment and Evaluation in Higher Education*, 35 (5), 535-550.

Savion-Lemieux, T.; Bailey, J.A.; & Penhune, V.B. (2009). Developmental contributions to motor sequence learning. *Experimental Brain Research*, 195, 293-306.

Schoemaker, M.M. & Kalverboer, A. (1994). Social and affective problems of children who are clumsy: how early do they begin? *Adapted Physical Activity Quarterly*, 11, 130-140.

Schön, D. (1983) *The Reflective Practitioner: How Professionals Think in Action*. Nova York: Basic Books.

Schön, D. (1987). *Educating the Reflective Practitioner*. Londres: Jossey-Bass.

Sela, I.; Karni, A.; & Maurits, N.M. (2012). Differences in learning volitional (manual) and non-volitional (posture) aspects of a complex motor skill in young adult dyslexic and skilled readers. *Plos ONE*, 7 (9), 1-12. Doi: 10.1371/journal.pone.0043488

Semrud-Clikeman, M.; Bierderman, J.; Sprich-Buckminster, S.; Lehman, B.K.; Faraone, S.V.; & Norman, D. (1992). Comorbidity between ADHD and learning disability. *Journal of the American Academy of Child and Adolescent Psychiatry*, 31, 439-448.

Seung-Hee, S. & Meisels, S.J. (2006). The relationship of young children's motor skills to later reading and math achievement. *Merrill-Palmer Quarterly*, 52 (4), 755-778.

Shalev, R.S.; Manor, O.; & Gross-Tsur, V. (2005). Developmental dyscalculia: a prospective six-year follow-up. *Developmental Medicine and Child Neurology*, 47, 121-125.

Shalev, R.S.; Manor, O.; Kerem, B.; Ayali, M.; Bidichi, N.; et al. (2001). Developmental dyscalculia is a familial learning disability. *Journal of Learning Disabilities*, 34, 59-65.

Siegel, L. (1989). Why we do not need intelligence test scores in the definition and analyses of learning disabilities? *Journal of Learning Disabilities*, 22 (8), 514-518.

Siegel, L.S. (1999). Issues in the definition and diagnosis of learning disabilities: a perspective on Guckenberger v. Boston University. *Journal of Learning Disabilities*, 32, 304-319.

Siegel, L.S. & Lipka, O. (2008). The definition of learning disabilities: who is the individual with learning disabilities? In: G. Reid; A. Fawcett; F. Manis; & L. Siegel (eds.). *The Sage Handbook of Dyslexia*. Londres: Sage.

Sigurdsson, E.; Van Os, J.; & Fombonne, E. (2002). Are impaired childhood motor skills a risk factor for adolescent anxiety? Results from 1958 UK birth cohort and National Child Development Study. *American Journal of Psychiatry*, 159, 1.044-1.046.

Singleton, C. (Chair) (1999). *Dyslexia in Higher Education: Policy, Provision, and Practice. Report of the National Working Party on Dyslexia in Higher Education*. Hull: University of Hull.

Skinner, R.A. & Piek, J.P. (2001). Psychosocial implications of poor motor coordination in children and adolescents. *Human Movement Science*, 20, 73-94.

Smiley, P.A. & Dweck, C.S. (1994). Individual differences in achievement goals among young children. *Child Development*, 65, 1.723-1.743.

Smith, C.; Worsfold, K.; Davies, L.; Fisher, R.; & McPhail, R. (2013). Assessment literacy and student learning: the case for explicitly developing students "assessment literacy". *Assessment and Evaluation in Higher Education*, 38 (1), 44-60. Doi: 10.1080/02602938.2011.598636

Smythe, I. (ed.) (2009). *Employment and Dyslexia Handbook*. Bracknell: BDA.

Smyth, M.M. & Anderson, H.I. (2000). Coping with clumsiness in the school playground: social and physical play in children with coordination impairments. *British Journal of Developmental Psychology*, 18, 389-413.

Snowling, M.J. (2000). *Dyslexia*. 2. ed. Oxford: Blackwell.

Snowling, M.J. (2012). Editorial: seeking a new characterisation of learning disorders. *Journal of Child Psychology and Psychiatry*, 53 (1), 1-2.

Sorenson, L.G.; Forbes, R.W.; Bernstein, J.H.; Weiler, M.D.; Mitchell, W.M.; & Waber, D.R. (2003). Psychosocial adjustment over a two-year period in children referred for learning problems: risk, resilience, and adaption. *Learning Disabilities Research and Practice*, 8, 59-65.

St. John, S. (2013). Factoring in fine motor: how improving fine motor abilities impacts reading and writing. *Illinois Reading Council Journal*, 41 (4), 16-24.

Stanovich, K.E. (1988). Explaining the differences between the dyslexic and the garden variety poor reader: the phonological-core variable difference model. *Journal of Learning Disabilities*, 21, 590-604.

Stevenson, J.; Penningtan, B.F.; Gilger, J.W.; Defries, J.C.; & Gillis, J.J. (1993). Hyperactivity and spelling disability: testing for shared genetic aetiology. *Journal of Child Psychology and Psychiatry*, 34, 1.137-1.152.

Stuck, M. & Gloeckner, N. (2005). Yoga for children in the mirror of the science: working spectrum and practice fields of the training of relaxation with elements of yoga for children. *Early Childhood Development and Care*, 175, 371-377.

Sugden, D.A. (ed.) (2006). *Leeds Consensus Statement: Economic Science Research Council Seminar Series*. Cardiff: Dyscovery Trust.

Sugden, D. & Chambers, M. (eds.) (2005). *Children with Developmental Coordination Disorder*. Londres: Whurr.

Sugden, D.A. & Wright, H.C. (1998). *Motor Coordination Disorders in Children*. Thousand Oaks, CA: Sage.

Sullivan, M. & McGrath, M. (2003). Perinatal morbidity, mild motor delay and later school outcomes. *Developmental Medicine and Child Neurology*, 45, 104-112.

Swanson, E.A. (2008). Observing reading instruction for students with learning disabilities: a synthesis. *Learning Disability Quarterly*, 31 (3), 115-133.

Swanson, H.L. & Malone, S. (1992). Social skills and learning disabilities: a meta--analysis of the literature. *School Psychology Review*, 21, 427-443.

Swanson, J.M.; Flockhart, D.; Udrea, D.; Cantwell, D.; Connor, D.; & Williams, L. (1995). Clonidine in the treatment of ADHD: questions about safety and efficacy. *Journal of Child and Adolescent Psychopharmacology*, 5, 301-304.

Task Force on Dyslexia (2001). Report. Dublin: Government Publications. Disponível em http://www.irlgov.ie/educ/pub.htm

Terras, M.M.; Thompson, L.C.; & Minnis, H. (2009). Dyslexia and psycho-social functioning: an exploratory study of the role of self-esteem and understanding. *Dyslexia*, 15, 304-327.

The Forensic Echo: Behavioural and Forensic Sciences in the Courts (2000). Dyslexia a disability, but training enough hi-tech employee's discrimination case sputters. *The Forensic Echo*, 4 (6), 30 de abril.

Thomson, M. (2001). *The Psychology of Dyslexia*. Londres: Whurr.

Torgesen, J.K. (1996). A model of memory from an informational processing perspective: the special case of phonological memory. In: G.R. Lyon & N.A. Krasnegor (eds.). *Attention, Memory and Executive Function*. Baltimore, MD: Brookes, 157-184.

Torgesen, J.K. (2005). Recent discoveries on remedial interventions for children with dyslexia. In: M.J. Snowling & C. Hulme (eds.). *The Science of Reading: A Handbook*. Malden, MA: Blackwell.

Torgesen, J.K.; Morgan, S.T.; & Davis, C. (1992). Effects of two types of phonological training on word learning in kindergarten children. *Journal of Educational Psychology*, 84, 364-370.

Torgesen, J.K.; Wagner, R.K. & Rashotte, C.A. (1997). Prevention and remediation of severe reading disabilities: keeping the end in mind. *Scientific Studies of Reading*, 1, 217-234.

Tridas, E.Q. (2007). *From ABC to ADHD: What Parents Should Know About Dyslexia and Attention Problems*. Baltimore, MD: International Dyslexia Association.

Trout, A.L.; Nordness, P.D.; Pierce, C.D.; & Epstein, M.H. (2003). Research on the academic status of children with emotional and behavioral disorders: a review of the literature from 1961 to 2000. *Journal of Emotional and Behavioral Disorders*, 11, 198-210.

Tsang, K.; Stagnitti, K.; & Lo, S. (2010). Screening children with developmental coordination disorder: the development of the caregiver assessment of movement participation. *Children's Health Care*, 39 (3), 232-248. Doi: 10.1080/02739615.2010.493772

Tunmer, W.E. & Chapman, J. (1996). A developmental model of dyslexia: can the construct be saved? *Dyslexia*, 2 (3), 179-189.

Turner, M. (1999). *Psychological Assessment of Dyslexia*. Londres: Whurr.

Turner, M. & Smith, P. (2004). *Dyslexia Screener*. Londres: Nfer Nelson.

Umbreit, J.; Lane, K.; & Dejud, C. (2004). Improving classroom behavior by modifying task difficulty: effects of increasing the difficulty of too-easy tasks. *Journal of Positive Behavior Interventions*, 6, 13-20.

US Department of Education (2000). *Learning Disabilities and Spanish-Speaking Adult Populations: The Beginning of a Process*. Washington, DC: Office of Vocational and Adult Education, Division of Adult Education and Literacy.

US Government (2001). Full Funding of the Individuals with Disabilities Education Act, 2001.

Vygotsky, L.S. (1962). *Thought and Language*. Cambridge, MA: MIT Press.

Vygotsky, L.S. (1978). *Mind in Society: The Development of Higher Psychological Processes*. Cambridge MA: Harvard University Press.

Vygotsky, L.S. (1987). *The Collected Works, Vol 1. Problems of General Psychology*. Nova York: Plenum.

Wagner, D.A. (2000). *EFA 2000 Thematic Study on Literacy and Adult Education: For Presentation at the World Education Forum, Dakar*. Filadélfia: International Literacy Institute.

Wagner, R.K.; Torgesen, J.K.; & Rashotte, C.A. (1999). *Comprehensive Test of Phonological Processing*. Austin, TX: PRO-Ed.

Walberg, H.J. (1982). Educational productivity: theory, evidence and prospect. *Australian Journal of Education*, 26, 115-122.

Walberg, H.J. (1984). Improving the productivity of America's schools. *Educational Leadership*, 41, 19-30.

Walker, H.M.; Ramsey, E.; & Gresham, F.M. (2004). *Antisocial Behavior in School: Evidence-based Practices*. 2. ed. Belmont, CA: Wadsworth.

Wardrop, M. (2014). Comunicação pessoal.

Watkinson, E.J.; Causgrove Dunn, J.; Cavaliere, N.; Calzonetti, K.; Wilhelm, L.; & Dwyer, S. (2001). Engagement in playground activities as a criterion for diagnosing developmental coordination disorder. *Adapted Physical Activity Quarterly*, 18, 18-34.

Wearmouth, J. (2001). Inclusion: changing the variables. In: L. PEER & G. Reid (eds.). *Dyslexia: Successful Inclusion in the Secondary School*. Londres: David Fulton.

Wechsler, D. (2005). *Wechsler Individual Achievement Test 2nd Edition (WIAT II)*. Londres: Psychological Corporation.

Wechsler, D. (2008). *Wechsler Adult Intelligence Scale*. 4. ed. Santo Antônio, TX: Pearson.

Wedell, K. (2000). Interview transcript in *E831 Professional Development for Special Educational Co-ordinators*. Milton Keynes: Open University.

Weedon, C. & Long, R. (2010). *Special Needs Assessment Profile: Behaviour (SNAP-B)*. Londres: Hodder.

Weedon, C. & Reid, G. (2003, 2005, versão 3 2009). *Special Needs Assessment Profile (SNAP)*. Londres: Hodder.

Weedon, C.; Long, R.; & Reid, G. (2012). *SNAP-I™*. Londres: Hodder.

Weeks, S.; Brooks, P.; & Everatt, J. (2002). Differences in learning to spell: relationships between cognitive profiles and learning responses to teaching methods. *Educational and Child Psychology*, 19, 47-62.

West, T. (1997). *In the Mind's Eye: Visual Thinkers, Gifted People with Dyslexia and Other Learning Difficulties, Computer Images and the Ironies of Creativity*. Nova York: Prometheus.

Wiederholt, J.L. & Bryant, B.R. (2001). *Gray Oral Reading Tests – Fourth Edition (GORT-4)*. Austin, TX: Pro-Ed.

Wilkinson, C.Y.; Ortiz, A.A.; Robertson, P.M.; & Kushner, M.I. (2006). English language learners with reading-related LD: linking data from multiple sources to make eligibility determinations. *Journal of Learning Disabilities*, 39 (2), 129-141.

Wilkinson, G.S. & Robertson, G.J. (2006). *Wide Range Achievement Test 4*. Lutz, FL: Psychological Assessment Resources.

Willburger, E.; Fussenegger, B.; Moll, K.; Wood, G.; & Landerl, K. (2008). Naming speed in dyslexia and dyscalculia. *Learning and Individual Differences*, 18, 224-236.

Willcutt, E.G. & Pennington, B.F. (2000). Comorbidity of reading disability and attention-deficit/hyperactivity disorder: differences by gender and subtype. *Journal of Learning Disabilities*, 33 (2), 179-191.

Wilson, A.J. & Dehaene, S. (2007). Number sense and developmental dyscalculia. In: D. Coch; G. Dawson; & K. Fischer (eds.). *Human Behavior, Learning and the Developing Brain: Atypical Development*. Nova York: Guilford Press, 212-238.

Wilson, A.J.; Revkin, S.K.; Cohen, D.; Cohen, L.; & Dehaene, S. (2006). An open trial assessment of "The Number Race", an adaptive computer game for remediation of dyscalculia. *Behavioral and Brain Function*, 30, 2-20.

Wilson, P.H. (2005). Practitioner review: approaches to assessment and treatment of children with DCD: an evaluative review. *Journal of Child Psychology and Psychiatry*, 46, 806-823.

Wilson, P.H. & McKenzie, B.E. (1998). Information processing deficits associated with developmental coordination disorder: a meta-analysis of research findings. *Journal of Child Psychology and Psychiatry*, 39, 829-840.

Wisconsin State Department of Public Instruction, Madison/Div. for Handicapped Children and Pupil Services (1985). *Educational Assessment: A Guide for Teachers of the Learning Disabled. Revised edition. Bulletin n. 5.232 (Report No. WSDPI–Bull–5232)*. Madison, WI: Office of Special Education and Rehabilitative Services (ED), Washington, DC (ERIC Document Reproduction Service No. ED 257 225).

Woodcock, R.W. (1998). *Woodcock Reading Mastery Tests: Revised*. Circle Pines, MN: American Guidance Service.

Woodcock, R.W.; McGrew, K.S.; & Mather, N. (2001). *Woodcock-Johnson III*. Itasca, IL: Riverside.

Woods, K. (2012). The role and perspectives of practitioner educational psychologists. In: L. Peer & G. Reid (eds.). *Special Educational Needs: A Guide for Inclusive Practice*. Londres: Sage.

World Health Organization (1992). *The ICD-10 Classification for Mental and Behavioural Disorders: Diagnostic Criteria for Research*. Genebra: WHO.

Wray, D. (1994). *Literacy and Awareness*. Londres: Hodder & Stoughton.

Wright, J. & Jacobs, B. (2003). Teaching phonological awareness and metacognitive strategies to children with reading difficulties: a comparison of the two instructional methods. *Educational Psychology*, 23 (1), 17-45.

Wright, H. & Sugden, D.E. (1998). School based intervention programme for children with developmental coordination disorder. *European Journal of Physical Education*, 3, 35-50.

Yeo, D. (2003). *Dyslexia, Dyspraxia and Mathematics*. Londres: Whurr.

Yoshimoto, R. (2005). Gifted dyslexic children: characteristics and curriculum implications. Apresentação na 56th Annual Conference IDA, Denver, 9-12 novembro.

Young, G. & Browning, J. (2004). Learning disability/dyslexia and employment. In: G. Reid & A. Fawcett (eds.). *Dyslexia in Context: Research, Policy and Practice*. Londres: Whurr.

Young, G. (2001). Seven critical needs for successful programs for adults with dyslexia/ LD. Estudo apresentado na 5th International Conference, BDA, York, abril.

Zentall, S.S. (2006). *ADHD and Education: Foundations, Characteristics, Methods, and Collaboration*. Upper Saddle River, NJ: Pearson Merrill Prentice Hall.

Zigmond, N.; Vallecorsa, A.; & Silverman, R. (1983). *Assessment for Instructional Planning in Special Education*. Englewood Cliffs, NJ: Prentice-Hall.

Zins, J.E. & Ponti, C.R. (1996). The influence of direct training on problem solving on consultee problem clarification skills and attributions. *Remedial and Special Education*, 17, 370-376.

Zoia, S.S.; Barnett, A.A.; Wilson, P.P.; & Hill, E.E. (2006). Developmental coordination disorder: current issues. *Child: Care, Health and Development*. Novembro, 613-618. Doi: 10.1111/j.1365-2214.2006.00697.x

Índice remissivo

11 plus, exame 131

Abikoff, H.B. 106
Abordagem
  de aprendizagem baseada em
    problemas 133
  fônica para matemática 17-18
Abordagem Orton-Gillingham 17, 157
Aconselhamento de carreira 168
Adaptações ambientais 115
Adições 27
Adult Dyslexia and Skills Development
  Centre 167
Ahonen, T.P. 87
Ajchenbaum, M. 129
Al-Azmi, Y. 137
Al-Sharhan, A. 137
Alunos
  autorregulados 69-70
  talentosos 157-158
Americans with Disabilities Act (1994)
  159
Análise 60-61
  de erros linguísticos 42-44, 53, 176, 181
Aprendizagem
  autônoma 27
  DAEs 154-156
  empoderamento 153
  feedback 156
  identificando e utilizando estilos e
    preferências de 28, 147-158
  inventários de estilo 147-152
  procedural 77
  processo de 155
  utilizando estilos de 152-154
  vinculando avaliação com prática 152
Aquisição de alfabetização 24-25
Ashton, C. 123, 126
Assistida
  avaliação 47-48
Associação Britânica de Dislexia (ABD)
  57, 159-160, 185
Associação Profissional para Professores
  de Alunos com Dificuldades de
  Aprendizagem Específicas (PATOSS)
  69, 185
Autoavaliação 178-179
Autoconsciência 136
Autocorreções 43
Autodefesa 168
  aumentando a dos professores 129
Autoestima 104, 1123, 135-146,
  168-170
  barreiras à aprendizagem 139-141
  controle e sucesso 136
  desenvolvendo competências de
    aprendizagem 142
  e questões motivacionais 138-139
  experiências de aprendizagem
    144-145
  fatores responsáveis para baixa 142
  locus de controle 136
  motivação e êxito 137
  rotulação 141
Autoquestionamento 49
Avaliação
  abrangente e análise 60-61, 63
  baseada no currículo 65-66

capacidade e habilidades de leitura 45-46
cinco pressupostos fundamentais 63-64
considerações e estratégias para dislexia 32-34
contextualizando a avaliação com vista à intervenção 46-47
de linha de base 140
de triagem/linha de base 35-36
do professor 56-72
fonológica 35, 53, 181
formal 35-42
formativa 34, 60
habilidades exibidas por bons leitores 50
informal e diagnóstico 42-43, 68
matemática 182
metacognitiva 26, 47-50
observacional 53, 182
pontos gerais 30-31
proativa 27-28
processamento da informação 51-52
processo de 30-55
professores especialistas e envolvimento de toda a escola 44-45
propósito de 31-32
psicológica 163-164
sensorial 53, 180
uso do termo 60-61
vincular com a intervenção 25-27, 51-52, 54-55
Avaliação da alfabetização 56-72, 176-177
  consequências de habilidades subdesenvolvidas 58
  contexto cultural e linguístico 70-71
  diretrizes para professores 69-70
  formas de 65-66
  importância de avaliação para professores 60-61
  papel no planejamento da aprendizagem 67-68
  processo 61-65
  triagem pré-alfabetização 59-60

Avaliação de Estilos de Aprendizagem do Aluno (AEAA) 150-152
Avaliação de Memória e Aprendizagem de Ampla Extensão 164
Avaliação do Processo de Aprendizagem 173
Avaliação Nacional Americana de Progresso Educacional 57

Baixo desempenho inesperado 67
Bal-A-Vis-X 93
Barkley, R.A. 21
Barreiras à aprendizagem 23-24, 43-44, 139-141
  antecipando e lidando com 27-29
Barton, P.E. 58
Bateria de Avaliação de Movimento para Crianças-2 91
Bateria de Avaliação Fonológica 196
Bateria de Avaliação Kaufman para Crianças (K-ABC) 125
Bateria Psicoeducacional de Woodcock-Johnson 67, 124
Baxter, J. 121
Bell, S. 44, 62
Bender, W.N. 103
Borgelt, C. 130
Braden, J.P. 124
BrainGym 94
Brough, M. 17
Brown, A.L. 47-48
Brown, G. 44
Bryant, B.R. e Bryant, D.P. 83
Burden, R.L. 136, 139, 155
Butrowsky, I.S. 104, 135
Butterworth, B. 83-84

Caligrafia 95, 96-98
Came, F. 17, 45-47, 140, 176
Campione, J.C. 47-48
Cantell, M. 87
Capacidade e habilidades de leitura 45-46, 97
Carvalho, K. 56
Castro, M. 116
Cermak, S. 89

Certificado de Prática de Avaliação 69
Chambers, M. 94
Chan, L.K.S. 136
Chapman, J. 49
Clark, C. 131
Código de Práticas de NEE 44
Coffield, F. 153, 154
Cohen, G. 88
Comorbidade 13, 21-22, 79
Competências de aprendizagem
  desenvolvendo 142
Compreensão 25-26
Concern, Assess and Provide (CAP) It All!
  47, 176-177
Conoley, J.C. 130
Conquistas
  nível atual de 25
Consciência
  do aluno 28
  fonológica 175-176
Construtivismo 143
Consulta de sistemas 130
Consultoria 120, 127-129
Controle e sucesso 136
Cooper, P. 115
Criatividade 156-158
Cunningham, J. 122
Curtis, M.J. 128-129
Curtis, P. 57

Decodificação/codificação de
  impressão 32-33, 172
Dehaene, S. 77-78, 82
Dennison, P.E. e Dennison, G.E. 90
Depressão 103, 106
Desamparo aprendido 17, 135, 136, 139
Desatenção 19, 107-108, 110-111
Desenvolvimento da fala 32
Diagnóstico diferencial 68
Diferenças
  aspecto da avaliação 32, 34, 35-36
Diferenciação 28, 54-55
Dificuldades
  de percepção visual 98
  pontos fortes (aspecto da avaliação)
    24, 32

Dificuldades de aprendizagem em
    matemática (DAM) 73-85
  aspectos 75-77
  avaliação 79-83
  características e definições 73-75
  comorbidade e 79
  deficiência específica e subtipos 77-79
  intervenção 83-85
Dificuldades de aprendizagem
    específicas (DAEs)
  aumento de alunos com 57-58
  significado 13
  sobreposição 21-23
"Diga não ao fracasso"
  projeto 140
Discalculia 13, 17
  cf. tb. Dificuldades de aprendizagem
    em matemática
Discrepâncias (aspecto da avaliação)
  32, 33 36, 172
Discussão pré-tarefa 155
Disgrafia 13, 16
Dislexia 13-14
  características específicas para 31-32
  considerações e estratégias de
    avaliação 32-33
  listas de verificação para identificar
    190-193
  preferências de aprendizagem 44
  relatório do grupo de trabalho da
    BPS sobre 120
  TDAH e 21
Dislexia em Adultos para Emprego,
  Prática e Treinamento (ADEPT) 159
Dispraxia 14-16, 99
  cf. tb. Transtorno do desenvolvimento
    da coordenação; Movimento
Distúrbio do sono 113
Distúrbio específico do desenvolvimento
  da função motora; cf. Transtorno do
  desenvolvimento da coordenação
Diversidade cultural e linguística 70
Dyslexia: Assessing and Reporting 141
Dyslexia in Higher Education 159
Dyslexia Screener 189

Educação física 99
Edwards, J. 104
Elbeheri, G. 125, 137
Emoções negativas 75, 103-106, 113
Empoderamento 153
  e modelo social da deficiência 166
Empunhadura do lápis 97, 98
Ensino
  explícito 91
  recíproco 48
Ensino superior e local de trabalho 159-170
  aconselhamento de carreira 168
  avaliação psicológica 163-164
  etapas de suporte 161-162
Entrada 51
Envolvimento de toda a escola 44
Erro
  sistemático e aleatório 64
Erros
  semânticos 42
  simbólicos 42
  sintáticos 42
Escala de Autoestima de Rosenberg 112
Escala de Capacidade Diferencial (DAS) 124
Escala de Inteligência de Adultos Wechsler 164, 184
Escala Wechsler de Inteligência para Crianças 124, 125, 172-173, 184
Escalas de Conners 113
Escolas abrangentes
  estabelecimento de 131
Escolas especiais 121, 123, 128, 131
Escrita livre 53, 181
Estados Unidos
  alfabetização nos 57, 58
Estilo cognitivo 147
Estratégias cognitivo-comportamentais 114
Estrutura de avaliação 53-54, 171-183
  áreas de consideração 180-183
  autoavaliação 178-179
  contextualizando com vista à intervenção 176-178
  habilidades de processamento 173-176

medidas cognitivas 172-173
resolução de problemas 179-180
uso de testes 172
Estudantes da língua inglesa (ELL) 70
Everatt, J. 82-83, 125, 137
Êxito
  motivação e 137
Experiência ambiental 24
Experiências de aprendizagem 144-145

Farrell, P. 121
Feedback 34, 143, 156, 164
Fitzgibbon, G. 104, 135
Formação das letras 95
Frases resumidas 49
Frederickson, N. 121
Fuchs, L.S. e Fuchs, D. 83

Gerber, P.J. 159
Giorcelli, L.R. 117
Goodman, K. 42, 112
Gowramma, I.P. 82
"Grande queda" no desempenho 25
Gray, C. 97
Grips para lápis 98
Grissmer, D. 89
Gutkin, T.B. 128-129

Habilidades
  cognitivas 24
  de escrita; cf. Caligrafia
  exibidas por bons leitores 50
  matemáticas 73-85
  motoras; cf. Movimento
Habilidades Básicas para Adultos Wechsler 164
Henderson, A. 17
Hesitações 43
Hinton, J. 129
Hiperatividade 107, 109
  cf. tb. TDAH
Houston, M. 191
Hughes, L. 115
Humphrey, N. 136
Huntington, D.D. 103

Imagens visuais 49
Implicações sociais para as dificuldades de alfabetização 60
Impulsividade 19, 107, 109, 111
In the Mind's Eye 28, 183
Inclusão 121, 128, 130
Índice de Capacidade Conceitual Geral (GCA) 124
Índice de estilo observacional interativo 37-41, 149-150
Informação
　análise e interpretação 64
　coleta de 63
　processamento da 51-52
Informações do currículo 53, 182
Instrução fonética 24
Instrumento de Engajamento do Aluno 137
Integração
　bilateral 90
　ortográfica 96
　social 144
Intervenção
　afeto e motivação 144
　baseada em medicamentos 114
　contextualizando com vista à 46, 176-178
　habilidades matemáticas 83-85
　problemas comportamentais 113-116
　teste individual *versus* intervenção baseada no sistema 121
　vincular com a avaliação 25-27, 51-52, 54
　cf. tb. Intervenção precoce
Intervenção baseada no sistema teste individual *versus* 121
Intervenção precoce
　importância da 67-68, 94-95
Intervenções psicossociais 114
Inventário de Autoestima de Coopersmith 112
Inventário de estilos de aprendizagem de Dunn e Dunn 148
Inventário de estilos de aprendizagem de Kolb 148
Inventário de motivação escolar 137

Jones, A. 141

Kaplan, B.J. 22
Kaufman, A. e Kaufman, M. 123-125
KeyMath 81
Kindersley, K. 141
Kirk, J. 168
Kiss, G. 88

Landerl, K. 82
Launch into Reading Success 194
Laurillard, D. 84
Lawrence, D. 136
Le Voi, M. 88
Leather, C. 167, 168
Lei da Educação de 1944 131
Lemer, C. 77
Lewis, C. 145
Lichtenberger, E.O. 123-125
Lindquist, M.M. 103
Listas de verificação
　informais 35
　para identificar dislexia 190-193
Lloyd, G. 117
Local de trabalho 165-170
　aconselhamento de carreira 168
　autodefesa 168
　autoestima 169-170
　revelação 165-166
　tecnologia 166
Locus de controle 136
Lucid Rapid Dyslexia Screening 188

MacIntyre, C. 96, 98
Manual Diagnóstico e Estatístico de Transtornos Mentais 18, 86, 108
Manual sobre Emprego e Dislexia 159
Manual sobre Emprego e Dislexia da BDA 159, 165, 166-167
Margerison, A. 136
Martin, D. e Martin, M. 56
Maughan, B. 103
Mazzocco, M. 83
McGrath, M. 87
McLean, B. 44, 62
McLoughlin, D. 104, 135, 167, 168

Medida de Envolvimento do Aluno na Escola 137
Medwell, J. 98
Memória fonológica 175
Métodos de aprendizagem multissensorial 84, 99
Miles, T.R. 103, 126, 144
Moats, L. 56
Modalidade tátil 24
Modelo
 médico de deficiência 167, 171
 social da deficiência 166-168
Montague, M. 116-117
Montgomery, D. 94
Moody, S. 169
Motivação 135-146
 autoestima e 138-139
 e êxito 137
 estratégias para manter a 143-144
 intervenção, afeto e 144-145
 percepções individuais e 137-138
Movimento 32, 86-101
 avaliação de habilidades motoras finas 91-94, 182
 habilidades motoras e alfabetização 89-91
 importância da intervenção precoce 94-96
 importância de habilidades motoras finas no processo de aprendizagem 87-89
 relação entre motricidade fina e alfabetização 89-91
Mruk, C. 136
Mullins, P.M. 136

Naglieri, J.A. 123-125
National Literacy Trust 56
Necessidades educacionais especiais (NEE) 44, 132, 138
Necessidades emocionais; cf. Motivação; Autoestima
Nelson, J.R. 107
Nomeação rápida 175
Norris, C. 117

Oakland, T.D. 122
Omissões 42
Organização 32, 115-116

Papéis para escrever 99
Papel colorido 55
Peer, L. 49
Pennington, B.F. 21
Perfil de Autopercepção para Crianças de Harter 112
Perfil de Avaliação de Necessidades Especiais (SNAP) 22, 66, 138, 190
Perspectiva holística na avaliação 24
Piaget, J. 143, 148
Placas inclinadas 99
Planejamento 24-25, 27-28, 62-63
 para aprendizagem 67-68, 178
Ponti, C.R. 129
Portwood, M. 15, 99
Problemas comportamentais 102-119
 apresentando dificuldades/uso de rótulos 116-119
 avaliação de 110-113
 dificuldades de aprendizagem e TDAH 107-110
 intervenções 113
 relação com problemas de aprendizagem 102-105
 transtornos emocionais e comportamentais (TEC) 105-106
Problemas de peso 113
Processamento 51, 52, 173
Processando informação 26-27
Professor da turma/de apoio à aprendizagem 186
Professores
 especialistas 44, 185
 reflexivos 34
Programa de Habilidades Motoras de Manchester (MMSP) 94
Psicólogos educacionais 69, 120-134
 consenso e caminhos 132-133
 consultoria 127-130
 implicações para serviços psicológicos e DAEs 130-132
 necessidades individuais 121-122

papel dos 184-185
práticas de trabalho baseadas em problemas 133
testando 122-123
teste individual *versus* intervenção baseada no sistema 121
testes padronizados e 126
trabalhando com as escolas 126-127

Questionário de Pontos Fortes e Dificuldades (SDQ) 112
Questionários 50, 137

Ramaa, S. 82
Raynor, S. 147
Recompensas 143
Rede 49
Reid, G. 22, 23, 49, 69-70, 117-119, 125, 140, 168, 176
  abordagem organizacional 129-130
  avaliação da capacidade e habilidades de leitura 45-46
  estilos de aprendizagem 148-151
Relatório da força-tarefa sobre dislexia 59-60
Relatório Moser sobre "Alfabetização de Adultos" 159
Relatório Warnock 130-131
Relaxamento 114
Repetições 42, 84, 100
Resolução de problemas 179-181
Revelação de DAEs a empregadores 165-167
Reversões 42
Riddick, B. 140-141, 169
Riding, R. 147
Ritchey, K.D. 98
Rotulação 117-119, 141
Rutter, M. 21

Saída 51, 52
School action plus 126-127
Sequenciamento visual 90
Siegel, L. 125, 173
Síndrome do desastrado; cf. Transtorno do desenvolvimento da coordenação

Síntese 64
Sistema de aprendizagem de Given 148
Sistema de Perfil Cognitivo (CoPS) 188
Smyth, M.M. 87, 166
Sobreposição e *continuum* das DAEs 13, 22-23
Solidão 106
Stringer, P. 167, 168
Subsídio para alunos com deficiência (DSA) 160
Substituições 42
Sucesso
  controle e 136
Sugden, D. 94
Suicídio 103
Sullivan, M. 87
Superaprendizagem 100, 154

Taking Stock 57
Táticas de conversa interna 28, 113-114
Taxonomia de Blooms 143
TDA 18
  cf. tb. TDAH
TDAH 18, 106, 182
  comorbidade e 21
  dificuldades de aprendizagem e 107-110
  três apresentações de 110
  cf. tb. Problemas comportamentais
TDC; cf. Transtorno do desenvolvimento da coordenação
Tecnologia 166
Teoria da Atribuição 27, 150
Teoria da Construção Pessoal de Kelly 139
Teste Abrangente de Habilidade Não Verbal 164
Teste Abrangente de Habilidades Matemáticas 81
Teste Abrangente de Processamento Fonológico 164, 175, 194-195
Teste de Competência Ortográfica 181
Teste de Compreensão Leitora/Auditiva 53, 181
Teste de Consciência Fonológica 193

Teste de Desempenho de Ampla Extensão 81
Teste de Desempenho Individual de Wechsler 67, 164, 174, 180, 181, 184, 189-191, 195
Teste de Dislexia de Bangor 189
Teste de Eficiência de Leitura de Palavras 195
Teste de Habilidade Matemática Precoce 81
Teste de Identificação e Ortografia de Palavras 195
Teste de Leitura Oral Gray 123, 164, 176, 194
Teste de Linguagem Escrita 182
Teste de Ortografia Helen Arkell 196
Teste de Proficiência Motora Bruininks-Oseretsky-2 91
Teste de QI 79, 80, 123-126, 173, 184
Teste de Triagem de Dislexia 66, 188-189
Teste individual *versus* intervenção baseada no sistema 121
Testes 172
  dinâmicos 48
  de ortografia 53, 181-182
  de reconhecimento de não palavras 53, 181
  de reconhecimento de palavras 53, 180
  estáticos 48
  padronizados 186-188, 193-197
  papel dos psicólogos e padronizados 126
  psicométricos 122-123, 131, 187
  uso apropriado de 63
Testes de Domínio da Leitura Woodcock 176
Thompson, R.E. 83, 125
Tomada de decisão 65
Trackers de leitura 100
Transtorno do déficit de atenção; cf. TDA
Transtorno do déficit de atenção com hiperatividade; cf. TDAH

Transtorno do desenvolvimento da coordenação (TDC) 86-87, 91-93, 95, 100-101
  cf. tb. Movimento
Transtornos de conduta 106
Transtornos emocionais e comportamentais (TECs) 105-106
  avaliação de 110-113
Triagem 66-67
  pré-alfabetização 59
Triagem computadorizada Butterworth 82, 83
Tunmer, W.E. 49
Turner, M. 125, 127

Universidade de Sheffield 161-162
Universidade de Southampton 160

Varredura 90
Vicky, L.K. 103
Vigilância visual 90
Vygotsky, L. 143, 155

Wagner, D.A. 60
Wearmouth, J. 131
Websites e contatos 197-200
Weedon, C. 22, 119
West, T. 183
Willcutt, E.G. 21
Willows, D.M. 104, 135
Wilson, A.J. 78, 84
Woods, K. 120, 121
Wray, D. 50, 98
Wright, H. 94

Yoshimoto, R. 157
Young, G. 160
Young, V. 104, 135

Zins, J.E. 129

EDITORA VOZES Editorial

CULTURAL
- Administração
- Antropologia
- Biografias
- Comunicação
- Dinâmicas e Jogos
- Ecologia e Meio Ambiente
- Educação e Pedagogia
- Filosofia
- História
- Letras e Literatura
- Obras de referência
- Política
- Psicologia
- Saúde e Nutrição
- Serviço Social e Trabalho
- Sociologia

CATEQUÉTICO PASTORAL
Catequese
- Geral
- Crisma
- Primeira Eucaristia

Pastoral
- Geral
- Sacramental
- Familiar
- Social
- Ensino Religioso Escolar

TEOLÓGICO ESPIRITUAL
- Biografias
- Devocionários
- Espiritualidade e Mística
- Espiritualidade Mariana
- Franciscanismo
- Autoconhecimento
- Liturgia
- Obras de referência
- Sagrada Escritura e Livros Apócrifos

Teologia
- Bíblica
- Histórica
- Prática
- Sistemática

REVISTAS
- Concilium
- Estudos Bíblicos
- Grande Sinal
- REB (Revista Eclesiástica Brasileira)

VOZES NOBILIS
Uma linha editorial especial, com importantes autores, alto valor agregado e qualidade superior.

VOZES DE BOLSO
Obras clássicas de Ciências Humanas em formato de bolso.

PRODUTOS SAZONAIS
- Folhinha do Sagrado Coração de Jesus
- Calendário de mesa do Sagrado Coração de Jesus
- Almanaque Santo Antônio
- Agendinha
- Diário Vozes
- Meditações para o dia a dia
- Encontro diário com Deus
- Guia Litúrgico

CADASTRE-SE
www.vozes.com.br

EDITORA VOZES LTDA.
Rua Frei Luís, 100 – Centro – Cep 25689-900 – Petrópolis, RJ
Tel.: (24) 2233-9000 – Fax: (24) 2231-4676 – E-mail: vendas@vozes.com.br

UNIDADES NO BRASIL: Belo Horizonte, MG – Brasília, DF – Campinas, SP – Cuiabá, MT
Curitiba, PR – Fortaleza, CE – Juiz de Fora, MG – Petrópolis, RJ – Recife, PE – São Paulo, SP